| 유머의 인문학 |

유머를 알면 인생이 바뀐다

유머리스트 봉주르 **박 봉 주** 지음

쉽고 친근하게 다가가는 유머는
삶의 활력소가 된다.

오늘의
문학사

국립중앙도서관 출판예정도서목록(CIP)

유머를 알면 인생이 바뀐다 : 유머의 인문학 / 지은이: 박봉주.
-- 대전 : 오늘의문학사, 2018
p. ;   cm

ISBN 978-89-5669-929-5 03810 : ₩15000

유머[humour]

817-KDC6
895.775-DDC23 CIP2018021760

유머를 알면 인생이 바뀐다

들어가는 말

◇ 당신은 누구인가?

① 유**모**리스트

② 유**머**리스트

◇ 유모리스트는 유머맹이다. 유머맹은 유머를 할 줄도 모르고, 들을 줄도 모르고, 들어도 웃을 줄도 모른다. 설령 들었다 하더라도 유머를 썰렁하다고 고개를 흔들거나 손사래를 치기도 하고, 아재 개그라고 무시하면서 "그만해~!" 라고 소리친다. 때로는 유머를 하면 상대를 존경하지 않는 것으로 간주하곤 한다. 한마디로 유머를 경시하는 사람이다. 이런 사람을 소맹증(笑盲症) 환자 또는 웃음경화증(硬化症) 환자라고 정의하고 싶다. 웃음이 없는, 막혀버린, 굳어버린 환자라는 뜻이다. 갓난아기에게는 유모(乳母)가 필요하다. 그러나 성인에게는 유머(humor)가 필요하다. 유머로써 막힌 것을 뚫고, 굳어버린 표정을 펴야 한다. 유머를 알면 인상이 바뀌고, 인상이 바뀌면 인생이 바뀌기 때문이다.

◇ 그러나 유머리스트는 유머맨이다. 유머맨은 언제 어디서나 유머를 수집하려고 하고, 이야기하고, 듣고, 반응하며 즐길 수 있는 사람이다. 유머맨은 회의를 할 때나 강의할 때, 일상적인 말을 할 때, 글을 쓸 때도, 연설할 때도 듣는 사람의 입장을 배려하면서 유머를 생각하고 머리보다는 가슴을 데우는 말을 많이 한다. 같은 말을 하

더라도 감칠맛나게 말하는 사람이다. 사물을 남다르게 본다. 창의적인 시각을 가지고 있다. 그래서 그의 말은 항상 재미있으면서도 늘 새롭고 의미가 있다. 즉 허투르거나 비루하지 않다. 그의 주변에는 항상 귀가 열려 있고, 마음이 열려 있어 많은 사람이 모이게 된다. 그가 있는 자리는 항상 지상의 꽃처럼, 하늘의 별처럼 빛난다.

◇ 당신은 누구인가?

① 유머 리스트(humor list)

② 유머리스트(humorist)

◇ 영국의 철학자 베이컨은 '아는 게 힘이다.'라고 했다. 유머 리스트(humor list)가 많아야 TOP(시간, 상황, 장소)에 맞는 유머를 구사함으로써 웃음 분위기를 배가시킬 수 있는 유머리스트(humorist)가 될 수 있다. 유머리스트(humorist)가 되기 위해선 먼저 유머 리스트(humor list)가 되어야 한다는 것이다. 어른들 앞에서 어린아이 유머를 할 수 없는 것이고, 예식장에서 장례식장 유머를 할 수는 없다. 유머를 잘 구사하려면 일단 많이 읽고, 보고, 들음으로써 많은 정보를 수집해야 한다. 서양 격언에 '천재보다 몽당연필이 낫다.'는 말이 있다. 미국 역대 대통령 중에서 가장 유머러스하다는 링컨은 모자 속에 종이와 연필을 넣어 두고 언제나 기록할 수 있는 준비를 하고 다녔다고 한다. 필자도 메모 수첩을 150여 권을 가지고 있다. 그중

일반적인 내용을 적은 수첩 100여 권, 유머수첩은 60여 권을 가지고 있다. 지금도 과거에 적었던 것을 넘기면 그때 이런 것도 적었나 하는 미소와 함께 새로운 내용에 감탄을 할 때가 많다. 그래서 '기록은 기억을 지배한다.'고 했나 보다. 이렇게 수집된 유머는 체계적으로 잘 정리해서 필요할 때 잘 뽑아 써야 한다. 그렇지 않으면 쓰레기통과 다름없다.

◇ 잘 정리된 유머 리스트가 있다고 유머리스트가 되는 건 아니다. 수집된 유머를 체계적으로 정리하고, 정리된 유머를 내 것으로, 자기 것으로 만들어야 한다. 일단 유머 자료를 많이 알게 되면 서로 비슷한 유머끼리, 서로 상반된 유머끼리 이종교배가 이루어져 제3의 새로운 창작 유머도 만들 수 있다. 유머리스트는 기존의 유머를 재구성하고 자기화해서 재미있게 전달할 수 있어야 한다.

◇ 탈무드에서는 '수업에 유머를 곁들여라'고 했다. 그러면 친밀감이 생기고, 기분이 전환되고, 집중력이 높아져서 수업의 효과를 높일 수 있다고 했다. 미국 문학의 링컨으로 불리는 마크 트웨인은 '배울 것이 풍부한 강연보다는 청중이 더 높게 쳐 주는 것이 있는데 바로 재미있는 강연이다.'라고 했다. 독일의 철학자 임마누엘 칸트는 '유머 없는 이야기는 어떤 지혜도 없다.'고 말하기도 했다. 일본 속담은 '웃으며 보낸 시간은 신들과 함께 지낸 시간이다.'라고 했다. 영국

수상을 역임한 윈스턴 처칠은 '웃으시오. 그리고 부하들에게도 웃음을 가르치시오.'라고 유머의 필요성을 적극적으로 말했다. 이제는 유머시대다. 유머가 장기(長技)가 되어야 하고, 유머가 무기가 되어야 한다. 유머가 생활어가 되어야 한다.

이 책은 유머를 사랑하는 사람들, 유머에 필요성을 느끼는 사람들을 위한 책이다. 이 책을 통해서 유머가 어떻게 창작되고, 어떻게 활용될 수 있는지를 찾을 수 있다면 이 책의 소임은 다한 것이다. 이 책은 그 동안 필자가 교육기관, 연수원, 군부대, 기업가들을 대상으로 강의했던 자료들을 한데 묶었다. 이 책에 나오는 많은 유머 사례들이 속담이나 격언, 이솝우화처럼 교육 자료로 인용되어 삶의 유용한 지혜가 되기를 바란다. 부디 이 책으로 인해서 유머가 쉽게, 친근하게 다가가고, 좌중에서나 강단에서 또 일상생활에서 유용한 웃음꽃을 피울 수 있는 마중물이 되었으면 한다.

2018년 7월

유머리스트 봉주르 박 봉 주

| 차례 |

2. 유머의 습관 만들기

3. 유머의 효능

5. 유머 강의의 비법

6. 유머의 응용

1
유머의 창작 원리

웃으시오. 그리고 부하들에게도 웃음을 가르치시오.
이것저것도 아니라면 물러나 있으시오.

— 윈스턴처칠(1874~1965). 영국의 정치인

【예시 0】	【예시 1】
○ 당신은 누구인가?	○ 노래 가사는?
① 유모리스트	남자는 배, 여자는 (?)
② 유머리스트	① 항구 ② 사과

【예시 1】 에서 심수봉의 노랫말 '남자는 배, 여자는 (?)'에 당신은 뭐라고 대답했는가? 아마도 대부분 사람은 (항구)라고 대답했을 것이다. 필자는 그런 사람에게 【예시 0】 과 같이 "당신은 노래방에 많이 갔거나, 노래를 좋아하는 '① 유모리스트' 일지도 모른다."라고 말한다. 왜냐하면 아이 키우는 유모도〈여기서는 아이 키우는 유모만이 아니라 유머리스트의 상대말로 유머리스트가 아닌 일반적인 사람을 지칭함〉 '남자는 배 여자는 (항구)'라고 말할 수 있기 때문이다. 그러나 만약에 누군가 남자는 배, 여자는 (사과)라고 했다면 소리 나는 쪽으로 눈길을 돌리며 웃어줄 것이다. 엉뚱한 소리, 기대 밖의 소리, 예상 외의 소리, 창의적인 소리를 했기 때문이다. 이렇게 엉뚱한 소리를 낼 수 있다면 그는 ②유머리스트가 될 확률이 매우 높다고 할 수 있다. 만약에 남녀가 섞여 있는 강의장에서 누군가 남자는 배, 여자는 (가슴)이라고 말했다면 그 웃음은 더욱 폭발적일 것이다. '사과'보다는 '가슴'이 더 유머러스하기 때문이다. 여기서 유머이론을 하나씩 찾아보자. 유머이론은 유머 원리를 알면 그 만큼 유머를 이해하고, 창작하고, 활용하는 데 도움이 될 것이다.

1) 유머의 격차이론

이것은 일반 사람들이 예상했던 것을 뛰어넘을 때 그 격차만큼 웃음소리가 그 격차가 메워진다는 이론이다. 독일의 철학자 칸트(1724~1804)는 '무엇인가 중대한 것을 기대하고 바싹 긴장해 있을 때 예상 밖의 결과가 나타난다. 그 순간 갑자기 긴장이 풀려 우스꽝스럽게 느껴지는 감정의 표현이 웃음이다.'라고 했다. 폴란드의 염세주의 철학자 쇼펜하우어(1788~1860)는 '추상적으로 생각했던 일과 현실 사이의 불일치를 갑자기 파악했을 때 웃음이 유발된다.'고 했다. 정리해 보면 우스운 장면을 보거나 유머를 듣게 될 때 예상 결말과 전혀 다른 엉뚱한 실제 결말이 나타날 경우 심리상으로 양자 간의 격차(황당함)가 만들어진다. 인체는 그렇게 생긴 격차를 없애고 다시 격차가 없던 이전의 평온한 상태로 돌아가려는 반응을 나타내게 된다. 하지만 이미 벌어진 격차를 인위적으로 좁힐 수 없으므로 대신에 그 격차를 다른 것으로 채우게 되는데 그것이 바로 인체 반응인 '웃음'인 것이다.

〔군대 면제〕

친구 중에 군대 가기 싫어하는 친구가 있었다. 그래서 손가락 하나 자르기로 했다. 검지를 자르면 총을 쏠 수 없기 때문에 면제라는 말을 들었다. 그런데 마을 사람들이 하나 가지고는 어림도 없다고 해서 양손 검지를 다 잘랐다. 드디어 검사 날 그는 예상대로 면제였다. 기분이 좋았다. 그런데 교관이 하는 말, "평발, 면제~!"

■ 양손 '검지'를 잘라서 군대 면제받으려고 했는데, 엉뚱하게도 기대하지 않았던 '평발'로 병역면제를 받아서 독자는 그 엉뚱함에 크게 웃었을 것이다. 아마 평발로 면제 받을 줄 알았다면 그는 양손 검지를 잘랐을까? 30년이 지난 지금도 엄청 후회하며 살고 있을 것이다.

〔추기경의 참말과 거짓말〕

김수환 추기경을 찾아오는 사람들 중에는 외국인들이 제법 있다. 어느 날 궁금증이 일어, 추기경께서 몇 개 국어를 하시는지 식당에서 물어보았다. 추기경은 당신은 두개의 언어를 잘하는데, 그 말이 무엇인지 맞추어 보라고 하였다. 같이 식사를 하고 있던 신부들이 저마다 추론하여 대답을 했다. 어느 신부는 추기경은 독일에서 유학을 하셨으니 독일어를 잘하실 것이고, 일제 강점기를 사셨으니 일본어를 잘하실 것 같다고 말씀을 드렸다. 그랬더니 추기경은 '아니다.' 라고 대답했다. 다른 신부가 추기경이 영어로 이야기를 하는 모습을 자주 뵈었으니 영어와 독일어가 아니겠느냐고 추론하였지만 추기경은 또 '아니다.' 라고 대답을 했다. 스무고개를 하듯이 '영어와 일어', '독일어와 우리말', 심지어는 라틴어를 소학교 때부터 배우셨으니 라틴어와 우리말이라고까지 하였는데 전부 틀렸다고 했다. 더 이상의 조합을 만들어 낼 수 없을 것 같아서 도대체 잘하시는 말이 무엇이냐고 물어보았다. 그러자 추기경은 웃으시면서 "나는 두 가지 말을 잘 하는데 그게 뭐냐면, 하나는 〈거짓말〉이고, 다른 하나는 〈참말〉이야."라고 대답했다.

■ 추기경이 두 개의 언어를 잘한다고 했을 때 누구나 〈외국어〉로 생각했을 텐데, 뜻밖의 〈거짓말〉과 〈참말〉이라는 엉뚱한 대답에 기대와 현실에 대한 격차에서 '웃음'이라는 인체반응이 나오게 된다. 아마도 그 자리에서 크게 웃음이 터졌을 것이라는 짐작을 쉽게 할 수 있다.

세상에서 가장 많이 쓰이는 말은? 3위〈영국말〉, 2위〈중국말〉, 1위〈거짓말〉이라고 한다.

【예시 2】

○ 남자는 배 ⟶ 배 ⟶ 배

여자는 (①항구) ⟶ (②사과) ⟶ (③가슴)

(①항구)는 누구나 아는 내용이므로 격차가 거의 없다고 봐야 할 것이다. 그러나 대답이 (②사과)나 (③가슴)이라고 대답했다면 상황은 달라진다. 같은 배를 가지고 ①번은 바다에 관하여 이야기 했고,

②번은 과일을 가지고 이야기 했다. 반면에 ③번은 사람의 신체를 가지고 이야기 했다. 과연 어느 쪽이 더 웃음을 크게 유발한다고 생각하느냐? ①번보다는 ②번이 ②번보다는 ③번이 웃음 격차가 더 클 것이다. 그래서 관념과 실제의 차이에서 웃음도 더 크게 웃는다는 게 칸트나 쇼펜하우어, 홉스 등의 유머 격차이론이다.

2) 유머의 카타르시스[정화(淨化)]

카타르시스(Catharsis)라는 용어는 아리스토텔레스의 『시학』에 나오는 용어이다. '우리말로 정화(淨化)라고 한다. 비극에 등장하는 인물들의 비참한 운명을 보고 간접 경험을 함으로써 자신의 두려움과 슬픔이 해소되고 마음이 깨끗해지는 일'이라고 해석하고 있다. 이것을 원용하여 유머로 인하여 웃음을 유발함으로써 인간의 불안감이나 긴장감 또는 우울한 감정들이 해소된다면 이 또한 인간의 불편한 감정치유에 유익하게 작용될 것이다. 웃음의 효능 중에 실제로 스트레스나 우울증으로 고통 받았던 많은 감정 환자들이 치유되었다는 사실은 이미 널리 알려진 사실이다. 미국뿐만 아니라 국내에서도 조직에 웃음을 불어넣기 위해 웃음전문가(유머리스트, 웃음치료사, 웃음코칭지도사 등)를 많은 비용을 주고 초빙하는 사례도 있다. 프로이드는 '억압된 자아가 긴장을 해소하고 싶어서 웃는다.'는 해소론을 주장했다. 크게 웃을수록 크게 해소가 될 것이다.

[카타르시스의 의미]

1) 문학적 의미 : 글(그림, 영화, 음악, 시낭송 등)을 통하여 배설(시원함, 상쾌함, 개운함 등) 함으로써 비극(슬픔)을 대리만족함.

2) 종교적 의미 : 죄의 더러움을 씻고, 심신을 깨끗이 함.

3) 의학적 의미 : 마음에 쌓인 우울, 불안, 긴장감, 마음의 상처나

콤플렉스를 배설함.

〔생일선물〕

부인이 옆집에 다녀온 뒤 무척 화가 난 표정으로 남편을 째려보며 말했다.

– 부인 : 옆집 여자는 생일이라고 남편한테서 외제 화장품 세트를 선물로 받았는데, 당신은 내 생일 때 해준 게 뭐죠?

– 남편 : 통닭 사줬잖아.

– 부인 : 겨우 통닭 한 마리로 때우다니 그게 말이나 돼요?

– 남편 : 쯧쯧, 그 여자 참 불쌍하네.

– 부인 : (이해가 안 된다는 듯이 고개를 갸우뚱하며 다시 물었다.)

아니, 그 여자가 불쌍하다니 그게 무슨 말이에요?

– 남편 : (미소 지으며) 그 여자가 당신처럼 예뻐 봐. 화장품이 무슨 필요가 있겠어. ㅎㅎㅎ

■ 위기를 칭찬으로 돌리며, 멋있게 웃게 만들었다. 뛰어난 유머는 뛰어난 칭찬보다 낫다. 왜냐하면 유머는 칭찬에 재미있는 스토리까지 덧붙였으니까. 저 정도 센스 있는 화술을 가진 유머맨이라면 저 집안은 항상 웃음꽃으로 행복할 것이다. 그래도 다음부터는 통닭이나 유머로 때우지 말고 작은 거라도 부인이 원하는 것 하나쯤 사줬으면 한다. 예를 들면 작은 것 있잖아요? 손가락에 끼면 잘 보이지도 않아요. 0.2g밖에 안하니까요. 큰 것 말고 아주 작은 것으로 선물……ㅎㅎㅎ

3) 유머의 창의성이론

다시 【예시 2】로 돌아가서 보면, 남자는 똑같은 배를 가지고 있었는데, 여자는 ①항구에서 ②사과, ③가슴으로 새로운 단어를 찾아냈다. 이것을 유머의 창의성이라고 한다. 유머를 하는 사람은 남이 생각하지 못하는 새로운 사실을 찾으려고 노력해야 한다. 남과 똑같아서는 웃길 수 없기 때문이다. 창의력 관련 많은 심리학자들은 창의력과 유머가 서로 밀접한 관련이 있다고 한다. 일반적으로 아이디어를 만드는 대표적인 방법 두 가지가 있는데,

첫째는 역발상이다. 사람들의 생각에는 정해진 틀이 있다. 이것이 고정관념이다. 우리가 이러한 낡고 오래된 사고를 뒤집을 수 있다면 참신한 아이디어를 얻을 수 있다. 이것을 사고의 융통성, 유연성이라고 말한다. 웃음도 사람들의 일상적인 사고의 흐름에서 이탈했을 때 웃음을 보여준다. 창의적인 사고란 거꾸로 생각하고, 뒤집어 보고, 이종결합시켜야 한다. 다르게 볼 수 있다면 예술이 된다.

〔뒤집어라〕

몹시 추운 겨울날 털 복숭이 강아지와 털이 없는 빼빼마른 강아지가 길을 걷고 있었다. 털복숭이 강아지가 털 없는 강아지에게 말했다.

- 털복숭이 강아지 : 난 털이 많아서 따뜻한데, 넌 참 안됐구나.
- 털 없는 강아지 : 자식, 빈정대긴. 난 뒤집어 입었어 임마!

둘째는 연합이다. 두 개 이상의 대상을 연합하는 능력이다. 창의적인 사람일수록 서로 관련이 없는 듯한 사물이나 현상들 간의 관련성을 잘 결합해 내는 능력이 있다. 짜장면과 바둑알이 어떻게 연관을 맺는지 보자.

〔짜장면과 바둑알〕

어느 중국집에서 짜장면을 시켜 먹는데 짜장면에서 바둑알이 나왔다. 손님은 고래고래 고함을 질렀다. "사람 먹는 음식에서 바둑알이 나오다니 사장 누구야? 사장 당장 나오라고 해~!" 이윽고 사장이 나오더니 손님이 꺼내놓은 바둑알을 보고는 손뼉을 치면서 "네~, 손님 축하드립니다. 탕수육에 당첨되셨습니다."

■ 바둑알을 행운 당첨으로 연합하여 탕수육을 추가로 서비스함으로써 위기를 넘겼다. 이 정도 유머와 사장의 서비스로 손님의 불편했던 마음은 펴졌을 것이다.

4) 유머의 말놀이(Pun)이론

말놀이(Pun)는 말장난, 농담, 언어유희 등으로 해석된다. 문학적으로 좋게 말하면 언어유희이고, 장난스럽게 이야기하면 말장난이다. 비슷한 말로 워드플레이(Wordplay)도 있다. 같은 배를 가지고 바다에 띄우고 탈 수 있는 배와 과일의 배 그리고 사람의 배라는 동음이의어(同音異義語)를 통하여 사람들을 웃길 수 있도록 했다. 유머에서 말놀이를 잘 사용하면 순간 재미있고 재치 있는 시간을 가질 수 있다.

예를 들면

【 반기문 방문 】

반기문이 온다는데 어쩐다요?

뭐가 어째, 그냥 반기믄 되지 ……ㅎㅎㅎ

【 산만하다 】

A : 너 정말 산만하구나

B : 뭐? 내가 정신없다고?

A : 아니, 산(山)만 하다구 …… 디지게 터질 수 있음.

【 결혼기념일 선물 】

女 : 자기야, 이번 결혼기념일 선물로 나 뭐해 줄거야?

男 : 말만 해

女 : 진짜? 그럼 나 명품백 사줘

男 : 말만하라니까. 말만(명품백, 다이아반지, 외제차 이렇게 말만 하라고) …… 2박 3일 밥 굶을 수도 있다.

【 말 뒤집어 세상의 이치 배우기 】

(1) 성실(誠實)하지 않으면 일을 그르쳐 실성(失性)하고

(2) 실상(實狀)을 제대로 파악하지 않으면, 상실(喪失)의 아픔을 겪을 수 있지요,

(3) 체육(體育)으로 몸을 단련하지 않으면 육체(肉體)를 잃을 수 있으며

(4) 관습(慣習)을 타파하지 않으면 나쁜 습관(習慣)에 얽매여 살게 됩니다.

(5) 사고(思考)하지 않으면 고사(枯死)당하고

(6) 문인(文人)들의 세계를 파고들지 않으면 인문(人文)의 세계로 진입할 수 없으며

(7) 성숙(成熟)의 시간을 마련하지 않으면 절대로 사람이 숙성(熟成)되지 않습니다.

(8) 수고(受苦)하지 않으면 고수(高手)가 될 수 없으며

(9) 자살(自殺)을 거꾸로 읽으면 살자가 되고, 역경(逆境)을 거꾸로 읽으면 경력(經歷)이 되며, 인연(因緣)을 거꾸로 읽으면 연인(戀人)이 됩니다. 그리고 내 힘들다를 거꾸로 읽으면 다들 힘내가 되지요.

■ 모든 것은 어떻게 생각하느냐에 달려있는 것 같습니다. 그래서 인생은 팩트(fact)가 아니고 해석이라고 했던가?

〔아내의 부탁〕

(1) 아내가 애를 보라고 해서 열심히 애를 뚫어지게 쳐다보다가 아내에게 뒤통수를 맞았다.

(2) 아내가 분유를 타라고 해서 분유통 위에 앉아 '끼랴끼랴' 하고 열심히 탔다가 아내가 걸레를 던져 맞았다.

(3) 아내가 빨래를 개주라고 해서 개한테 주었다가 복날 개 맞듯이 맞았다.

(4) 아내가 세탁기를 돌리라고 해서 있는 힘을 다해 세 바퀴쯤 돌리다가 행주로 눈탱이를 얻어맞았다.

(5) 아내가 커튼을 치라고 해서 커튼을 툭툭툭 계속 치다가 아내에게 손톱으로 할퀴었다.

(6) 아침에 회사로 출근하는데, 아내가 문 닫고 나가라고 해서 일단 문을 닫고 나가려고 시도하며 30분을 헤매다가 아내에게 엉덩이를 발로 채였다.

〔띄어쓰기 중요성〕 : 옳은 예 → 나쁜 예

(1) 서울시 체육회 → 서울 시체 육회

(2) 서울시 장애인 복지관 → 서울시장 애인 복지관

(3) 무지개 같은 사장님 → 무지 개같은 사장님

(4) 게임하는데 남자친구가 자꾸만 져요. → 게임하는데 남자친구가 자꾸 만져요.

(5) 나는야 한 여자가 좋다. → 나는 야한 여자가 좋다.

■ 이거 보고도 정말 안 웃으면 …… 감기 조심하세요. ㅋㅋㅋ

〔주교의 설교-깡총깡총〕

주교가 신년 설교를 했다. "매년 새해가 되면 모두들 사자성어를 만들어 발표를 하는데, 우리 가톨릭에서도 머리를 맞대고 고민을 했습니다. 그러던 중 머리에 사자성어가 확 떠올랐습니다. 올해가 토끼해입니다. 그래서 올해 우리 가톨릭의 사자성어는 '깡총깡총' 입니다." (여기저기 신자들의 웃음이 터져 나왔다.) "여러분, 깡총깡총을 한자로 어떻게 쓰는지 아세요? 깡은 내릴 강(降)이고, 총은 은총 총(寵)입니다. 세게 내려 달라고 강을 깡으로 했습니다. 그리고 깡총을 두 번 했습니다. 깡총깡총, 올해는 은혜를 두 배로 세게 내려달라는 의미입니다.(주교님의 말씀이 있기 전 엄숙하고 조용하기만 했던 그곳에서 모든 신자가 웃음과 박수로 화답했다.)

〔레이건과 SOB〕

레이건 미국 대통령이 기자회견을 하는데 기자들이 난감한 질문들을 쏟아내자 홧김에 "Son of bitch(개새끼)"라고 욕을 했다. 화가 난 기자들이 나중에 대통령에게 T셔츠 한 장을 선물하면서 앞가슴에 SOB라는 글귀를 써넣었다. '선 오브 비치'의 약자를 새겨 넣어 앙갚음한 것이다. 그러나 이를 받아 본 레이건이 빙그레 웃었다. "SOB라?"이건 당연히 "Saving of budget(예산 절약)라는 뜻이겠죠?"

■ 얼마나 멋지고 재치있는 응대인가. 이런 게 바로 정치 유머의 진수(眞髓)라 할 것이다.

5) 유머의 복선(伏線)이론

【예시 3】

(　　　　　　　　)

○ 산은 산이요,

물은 (?)이다.

【예시 3】의 말은 누가 했나요? 라고 물으면 아마 성철 스님(1912~1993)이 했다고 말할 것이다. 그러면 그 분에게 【예시 0】과 같이 이렇게 말한다. 선생님은 불교에 관심이 많거나 불교 신자일지도 모르는 ①유모리스트 일지도 모른다. 그러나 필자가 【예시 3】을 이야기하기 전에 먼저 괄호 속에 ('우리 동네 유명한 사람이 이런 말을 했습니다.') 라고 말했다면 상황은 달라진다. 성철 스님은 이미 돌아가셨기 때문에 우리 동네 안 산다. 그래서 나는 '산은 산이요, 물은 (?)이다'라고 누구나 아는 성철 스님의 말씀을 말하기 전에 먼저

괄호 이야기를 했다. 즉 복선(伏線)을 깔은 것이다. 복선이란 사전에서는 '문학(소설이나 희곡 등) 등에서 앞으로 발생할 사건에 대하여 그에 관련된 일을 넌지시 비쳐 보이는 일' 또는 '만일의 경우를 대비해서 뒷일에 대처하려고 몰래 미리 꾸며 놓는 일'이라고 정의하고 있다. 따라서 필자는 누구나 아는 성철 스님의 명언 '산은 산이요, 물은 물이다.'를 이용하여 '우리 동네 유명한 사람이 이런 말을 했다.'고 먼저 복선을 깔은 것이다. 미안하지만, 실수를 일부러 유도한 것이다.

〔사장님, 생일 축하〕

사장과 사장 친구가 만나서 이야기를 나누고 있었다.

- 친구 : 왜 그렇게 오만상을 찌푸리고 있나?

- 사장 : 정말 죽고만 싶은 심정일세! 자네도 내 여비서 알지?

- 친구 : 아, 그 금발의 미녀 말인가?

- 사장 : 그래, 그 애가 말이야, 내 생일날 저녁에 혼자서 자기 집으로 와 달라지 뭐야. 생일 축하를 해 주겠다길래 기꺼이 갔지.

- 친구 : 거 참 재미있었겠군.

- 사장 : 그게 아니라니깐! 글쎄 오늘 오후에 일을 대충 끝내고 그 친구 집에 갔더니 맛좋은 칵테일을 내놓길래 몇 잔 마셨다네. 알맞게 취기가 돌아서 황홀경을 헤매는데 그 애가 와서 내 귀에 대고 속삭이는 거야. "사장님을 깜짝 놀라게 해 드릴 일이 있으니까, 5분 뒤에 제 방으로 오세요. 너무 일찍 오시면 안 돼요. 아셨죠?" 아, 이러질 않겠나?

- 친구 : 허허, 일이 잘 돼 가는군 그래.

- 사장 : 나도 그럴 줄 알았지. 그런데 내가 5분 뒤에 살금살금 그 애 방 앞으로 가서 방문을 활짝 열었는데 무슨 일이 벌어졌는지 알아?

- 친구 : 그 비서가 준비하고 기다리고 있던가?

- 사장 : 천만에! 우리 회사 직원들 수십 명이 튀어나오면서 "사장님, 생일

축하합니다!" 하고 소리를 지르지 뭔가!

– 친구 : 저런! 그래도 직원들하고 같이 어울리게 됐으니 그나마 괜찮았겠군.

– 사장 : 괜찮았겠다구? 이봐, 난 그때 벗고 있었단 말이야!

■ 에구머니나, 좀 심한 예를 들었네. 어쨌든 이 이야기에서는 '금발 미녀 여비서'와 '혼자서' 라는 복선을 깔았다. 그리고 친구나 독자로 하여금 마음껏 상상하게 만들었다. 그러나 결말은 기대와는 다른 반전으로 사장은 망신당했겠지만, 멋있고 맛있는 유머가 된 것이다. 기대의 불일치, 남의 사소한 체면 상실에 대한 쾌감이라는 정서적 표현이 웃음을 일으키게 된다.

【예시 4】

(우리 동네 유명한 사람이 이런 말을 했습니다.)

○ 산은 산이요,

물은 (　　　)이다.

우리 동네 유명한 사람은 음식 잘 하기로 소문난 식당 사장 겸 주방장이다. 그 분은 정수기에다 이렇게 써 붙였다. '산은 산이요'는 작은 글씨로, '물은 셀프'는 큰 글씨로 써 붙였다. 물은 셀프이니 각자 알아서 떠서 잡수라는 표현을 저렇게 재미있게 표현을 한 것이다. 손님 입장에서는 조금 불편할 수 있겠으나 내가 본 입장에서는 동공이 확대되고, 가슴이 뻥뚫리는 유머와 센스에 맛있는 반찬 하나 서비스 받은 것처럼 매우 유쾌했다. 여기서도【예시 2】 같이 ①항구 → ②사과 → ③가슴으로 새로운 단어를 찾아냈다면【예시 4】에서는 같은 산을 가지고 ①물 → ②알카리 → ③셀프 등 유머의 창의성으로, 유머의 말장난(Pun)을 통하여 기분이 좋아지는 유머의 카타르시스를 느낄 수 있다. 다만 대구(對句)에 대해 어느 것이 더 기막힌 조합인지 그것이 문제일 따름이다.

6) 유머의 우월성이론

우월성이론은 데카르트, 홉스 등 많은 학자들이 제시한 이론으로, 자기비하 유머인 셀프디스(self-dis)와도 연관된다고 볼 수 있다. 근대 철학의 아버지로 불리는 프랑스의 철학자 데카르트(1596~1650)는 '타인의 단점이나 불완전성에 우월감을 느껴 웃는다'라고 했다. 미국 켄터키대학교의 심리학 교수이기도 한 리처드 H. 스미스가 지은 『쌤통 심리학』에서도 우월성이론을 이야기 한다. 나보다 우월하다고 생각했던 사람들이 실제로는 치명적인 단점을 갖고 있다는 것이 밝혀진다거나 열등한 위치로 전락해 버리게 될 경우에는 우리는 이를 통해 자신의 위치가 상승되는 것과 같은 착각을 통해 자존감을 얻게 된다. 바로 이 심리가 쌤통 심리인 것이다. 우리가 흔히 보는 유머 프로그램들, 인터넷 유머글, 정치인의 실패 등을 통해 느끼는 유머감각 같은 것들이 이런 쌤통심리와 연결되어 있다는 것이 저자의 설명이다. 자신의 실수담, 실패담을 재미있게 이야기 하면 상대는 상대적인 우월감을 느껴 웃게 된다. 찰리 채플린이나 배삼용, 이주일, 심형래 등 코미디언들이 그랬다. 미국 배우이자 영화감독인 멜 브룩스는 '내 손가락이 칼에 베이면 비극, 남이 뚜껑 열린 하수구에 빠지면 코미디'라고 하는 것도 우월성이론이다.

〔실수〕

파티에 참석한 맹구, 술에 취한 척 맘에 드는 이쁜 여인을 뒤에서 껴안았다. 그리고 하는 말 "아이쿠~, 죄송합니다. 제 아내인 줄 알았습니다. 그러자 그 여인이 하는 말……사과할 것 없어요. 여보~! 저예요. ㅋㅋㅋ

7) 유머의 반전(反轉)이론

반전이란 일의 형세가 반대로 되는 것이다. 인생 반전이나 드라마 반전 등에서 보면 반전의 효과는 청중을 놀라게 하기에 충분하다. 따라서 반전은 유머뿐만 아니라 문학이나 스포츠, 인생에 있어서도 종종 활용된다. 역전승, 뒤집기 등 그러나 반전의 내용도 반전의 강도나 크기에 따라서 흥미가 더하거나 덜하게 된다. 한자로 반전(反轉)에서 反(뒤치다. 뒤엎다.)의 뜻은 厂(언덕, 벼랑, 바위 엄) + 又(오른 손 우)로 되어 있다. 오른 손으로 뒤집을 수 있는 건 많다. 종이도 뒤집을 수 있고, 책도 뒤집을 수 있고, 밥상도 뒤집을 수 있다. 그러나 벼랑이나 바위를 뒤집을 수 있다는 건 어려울 것이다. 따라서 반전의 역할도 작은 것을 뒤집는 게 아니라, 놀랍고 엄청난 것을 뒤집어야 놀라운 반전이라고 할 수 있다. 그때 우리는 대반전, 큰반전 또는 대전환이라고 한다. 극의 흐름이 어느 순간 역전되는 것이다. 2002년 월드컵에서 이탈리아와 16강전 1:1연장전에서 안정환의 헤딩골로 우승 후보인 이탈리아를 이긴 극적인 것은 소름끼치는 대반전이었다. 2018년 러시아 월드컵 때 한국 독일전에서 세계 도박사들은 한국이 독일을 이기는 것보다 독일이 7:0으로 이기는 것이 더 쉽다고 했지만, 한국팀은 FIFA랭킹 1위이고, 2014년도 브라질 월드컵 우승팀인 독일을 2:0으로 이겼다. 이때는 감동을 넘어 감격하여 엔도르핀보다 4000배나 강한 다이돌핀이 나왔을 것이다. 모든 우울증이 동시에 다 나을 것이다.

【예시 2】, 【예시 4】 에서 보면 어느 것이 더 극적인 효과가 나타나는가에 따라서 반전의 효과도 달라진다. 【예시 2】 에서는 ①항구나 ②사과보다는 ③가슴이 더 극적인 반전이고, 【예시 4】 에서는 ②강이나 ③알카리보다는 ①셀프가 더 큰 반전임을 알 수 있다. 반전을 잘 활용하면 한층 재미있는 유머를 구사할 수 있다. 반전 유머는

인간의 가장 높은 지적활동 중 하나이다.

〔교황과 관절염〕

어떤 사내가 술 냄새를 풍기며 지하철에 오르더니 신부님 옆에 앉았다. 넥타이는 무척 더러웠고 술이 반쯤 남은 술병은 너덜거리는 오버코트 주머니 밖으로 삐져나와 있었다. 사내는 신문을 펼치고는 읽기 시작했다. 몇 분 후 사내는 신부에게 고개를 획 돌리더니 질문을 했다.

– 사내 : 신부님, 관절염은 왜 생기는 겁니까?

– 신부 : (그러자 신부는 언짢은 표정으로 이렇게 답했다.) 그런 방탕한 생활 때문입니다. 당신처럼 담배를 많이 피우는 골초라든가, 술을 너무 많이 마신다든가, 동료들을 경멸한다든가, 또는 목욕을 게을리 하면 걸리게 됩니다.

– 사내 : (대답을 들은 사내는 '이거 큰일났군' 하고 중얼거리며 다시 신문으로 눈을 돌렸다.)

– 신부 : (신부는 자기 말에 사내가 상처를 받은 것 같아 보여 미안한 마음에 사과했다.) "미안합니다. 그렇게 심한 뜻은 아니었습니다. 그런데 언제부터 관절염을 앓았습니까?"

– 사내 : (그러자 사내가 이렇게 대답했다.) 아, 예 …… 제가 그렇다는 것이 아니고 바오로 2세(1920~2005) 교황님이 관절염에 걸리셨다고 여기 신문에 났어요. (참고로 1984년 한국 방문 시 환영객들에게 손을 흔들며, 특별기에서 내려서자마자 무릎을 꿇고 엎드려 '순교의 땅, 순교의 땅'이라고 하면서 한국의 땅에 입을 맞췄다.)

〔젊은 케네디와 닉슨〕

1960년대 케네디(1917~1963)와 닉슨(1913~1994)은 미국 제37대 대통령 후보로 TV토론이 진행되었다. 케네디는 43세의 젊은 나이로, 그가 싸워야 할 상대는 산전수전 다 겪은 노련한 부통령 닉슨이었다. 선거의 이슈는 '경륜'이냐 '패기'냐로 관심을 끌게 되었다. 닉슨은 케네디를 경험 없는 애송이에 불과하다고 하자, 케네디는 이렇게 반박했다. "이번 주 빅뉴스는 국제문제나 정치문제가 아니라 야구왕 테드 윌리암스(1918~2002)가 나이 때문에 은퇴하기로 했다는 안타까운 소식입니다. 이것은 무슨 일이든 경험만으로는 충분하지 않다는 것을 입증하고 있습니다."

■ 이러한 반격으로 노련한 닉슨을 물리치고 대통령에 당선된 비결이 재치 넘치는 유머를 통해 국민을 설득시킨 훌륭하고 멋진 반전 유머였다.

〔늙은 레이건과 먼데일〕

레이건(1911~2004)이 1980년 첫 대선에서 카터에게 승리를 거둔 후 다시 재선에 도전했던 1984년 TV토론에서 먼데일(1928~)후보가 74세 고령인 레이건을 문제 삼았다.

- 레이건(먼저 선수를 쳤다) : 나는 이번 선거에서 나이를 문제 삼지 않겠습니다.

- 먼데일 : 그게 무슨 뜻입니까?

- 레이건 : 당신이 너무 젊고 경험이 전혀 없다는 사실을 정치적 목적으로 이용하지 않겠다는 뜻입니다.

■ 나이에 대하여 나이 많은 레이건이 먼저 선수를 친 것이다. 대선 결과 레이건은 미국 50개주 중 49개 주에서 승리하는 압승을 거두었다.

8) 유머의 평행장치이론

유머는 계층간, 세대간, 남녀간 모두 즐길 수 있는 고급언어의 유희다. 특히 유머는 서로 간에 벽이 낮을 때 여성끼리, 남성끼리, 친구끼리, 동료끼리, 동창끼리, 동호인끼리 있을 때 말이 많아지고, 목소리가 커지면서 웃음소리도 그 만큼 커진다. 이런 유머는 재치 있다는 인정을 받을 수 있고, 입담이 좋다는 인정을 받을 수 있고, 용기 잃은 사람들에게 다시 일어설 수 있는 용기를 줄 수도 있다. 우울했던 사람에게 활력을 줄 수 있다. 유머가 꼭 위에서 아래로 흐르는 것은 아니다. 상황에 맞게 사용한다면 뛰어난 명언이나, 속담, 격언만큼 빛을 발할 것이다. 이것이 유머의 평행장치이론이다.

〔할아버지와 손자〕

– 할아버지 : 얘, 저기 너네 담임 선생님 오신다. 어서 숨어라. 너 오늘 학교 땡땡이 쳤다며?

– 손자 : 할아버지가 숨으세요. 저, 선생님에게 할아버지가……돌아가셨다고 했거든요.

9) 유머의 초두효과이론

초두효과(Primacy effect)란 심리학 용어로, 목록의 첫 부분에 제시된 항목의 회상률이 높다는 현상으로 장기기억의 존재 증거로 제시된 이론이다. 예를 들어 상점에 질 좋은 물건을 진열해 놓으면 고객들이 물건 한 개를 사려고 왔다가, 그 주인의 친절에 두 개를 사게 되고, 거기에 미소와 유머를 더하게 되면 세 개를 사게 된다는 것이다. 우리 속담에 '비지 사러 왔다가 두부 산다'는 것과 같다. 이것을 유머이론에 적용하면 처음부터(강사 소개나, 강의 시작부터) 웃겨야 재미있게 인식되어 점점 웃음의 파동이 펴져 약간만 웃겨도 크게 웃게 된다. 그래서 유머의 골든타임은 시작부터라고 하는 것이다.

〔솔로먼 애쉬의 실험〕

미국의 사회심리학자 솔로먼 애쉬는 실험 참가자들에게 앨렌과 벤 두 사람에 대해 묘사한 후 그들의 성격에 대해 질문했다.

1) 앨렌 : 똑똑하다 → 근면하다 → 충동적이다 → 비판적이다 → 고집스럽다 → 질투심이 많다.

2) 벤 : 질투심이 많다 → 고집스럽다 → 비판적이다 → 충동적이다 → 근

면하다 → 똑똑하다

■ 대부분 참가 실험자들이 벤보다 앨렌에 호감을 느꼈다. 두 사람 내용상 다른 점이 없다. 단 하나 순서만 바뀌었을 뿐이다. 앨렌은 처음에 나온 '똑똑하다'란 단어가 첫인상이 되어 매우 강렬한 힘을 발휘했다. 유머 강의도 처음 5분 이내가 중요하다.

〔시작부터 웃겨라〕

방송인 김씨는 친구 결혼식장에 가서 결혼식 사회를 보고 있었다. 많은 사람들은 방송인을 결혼식 사회로 초빙을 했으니 꽤 전문사회 비용이 들 것이라고 휴대폰 카메라의 플래쉬는 연발로 번쩍였다. 그 때 김씨의 한마디는 결혼식을 더욱 화기애애하고 좋은 잔치 분위기로 만들었다.

- 김씨 : 저를 방송인으로만 알고 방송전문이라고 생각하시지만. 저는 결혼식 사회 전문입니다. 사회 보는 시간 30분에 150만원, 40분에는 200만원을 받습니다만. …… 예외가 있습니다. 신부 친구가, 그것도 이쁜 친구가 많으면 무조건 공짜입니다. 그런데, 오늘은 솔직히 눈 씻고 둘러봐도 시작부터 200만원은 받아야겠습니다. ㅋㅋ

10) 유머의 표정이론

유머는 같은 내용이라도 전달하는 사람(Messenger)에 따라 사뭇 다르다. 미국의 사회심리학자 앨버트 메라비언은 메시지를 전달할 때 목소리가 38%, 보디랭귀지 55%(표정 35% + 태도20%)이며, 말하는 내용(Contents)은 겨우 7%의 비중을 차지한다고 했다. 내용이 7%라 매우 놀라는 사람도 있을 것이다. 그러나 이것도 한 학자의 주장일 뿐이지 꼭 그렇지는 않다. 내용(콘텐츠)은 강의의 핵심 중 핵심이다. 이것이 부족하면 강사가 성의 없거나 지식이 얕다고 무시나 지탄을 받을 수 있다. 사실 우리가 수많은 강연자들의 강의를 들어보면 실제로 내용보다는 표정이나 몸으로 웃기는 경우를 많이 보게 된다. 미국의 작가 마크 트웨인도 '배울 것이 풍부한 강연보다 청중이 더 높게 쳐주는 것이 바로 재미있는 강연이다.'라고 했다. 그래서 인가 강의하러 가면 교육담당자는 강사에게 "재미있게 해 달라"고 부탁을 한다. 사람들은 그 사람의 강의에서 무엇을 배우고 간다기 보다는 가볍게 즐기다 간다는 느낌을 지울 수가 없다. 그런데도 많은 사람들이 호응하는 것을 보면 메라비언의 법칙을 무시할 수 없다는 것이다.

〔웃는 표정〕

낙하산과 얼굴은 펴져야 산다. 낙하산이 안 펴지면 사람이 죽고, 얼굴이 안 펴지면 서비스가 죽는다. 중국 속담에도 '웃지 않으려면 상점 문을 닫아라.'고 했다. 내가 먼저 웃고, 내가 먼저 인사하고, 내가 먼저 칭찬하고, 내가 먼저 유머하자. '나이 40이 되면 자기 얼굴에 책임을 져야 한다.'고 강조했던 링컨은 장관 후보자로 추천된 사람의 얼굴을 보고 자기 얼굴 관리를 못했다며 퇴짜를 놓았다고 한다. 얼굴은 그 사람의 영혼의 통로다. 얼은 혼(魂), 정신, 영혼이고, 굴(窟)은 터널(tennel)이다. 즉 얼과 영혼, 정신이 드나드는 통로이다. 얼굴을 보면 그 사람의 마음, 정신이 드나드는 세계를 알 수 있다는 뜻이 된다. 그래서 군대에서 얼이 빠지면 총기 사고 등이 날까봐 수시로 얼차려를 시킨다. 아무튼 당신은 웃을 때 가장 예쁘다. 웃음이 가득한 얼굴이 최고의 명함이다. 웃지 않고 산 오늘은 헛산 것이다.

【예시 5】

○ 저를 소개합니다.

안녕하십니까? 봉주르 박봉주입니다.

오늘 처음 만났으니까 제 이름 석자로 먼저 인사를 드리겠습니다.

운자를 띄워주세요.

① 박 ② 봉 ③ 주

안녕하십니까? 봉주르 박봉주입니다.

사람들이 묻습니다. 봉주르가 무슨 뜻이냐고. 알면서도 묻습니다. 잘 아시다시피 봉주르는 프랑스 말로 '안녕하십니까'란 뜻입니다. 그러면 또 묻습니다. 왜 영어도 있고, 가까운 중국 말이나 일본 말도 있는데 멀리 있는 프랑스 말이냐고? 그러면 저는 이렇게 대답합니다. 제 이름이 봉주이기 때문에 '봉주르' 라고 부릅니다. 오늘 처음 만났으니까 제 이름 석자로 인사를 올릴테니 운자를 한 자 한 자 띄워주시기 바랍니다.

① 박 : 박수치세요. 여러분~! 〈박수가 소극적이면 박수와 장수의 상관관계를 이야기함〉

② 봉 : 봉주르 사랑해요~!! 라고 외치세요. 〈소리가 작으면 다시 한 번~!, 더 크게~! 하면 분위기가 고조된다.〉

③ 주 : 주님도 여러분을 사랑하십니다.(여기서는 조용기 목사 톤으로 한다.)

이렇게 시작하면 분위기를 고조시킬 수 있고, 사람들이 웃으며 유머 강의를 기대하게 된다.

나중에 강의를 끝내고 청중의 반응을 들어보면 이름 하나는 확실히 기억할 수 있겠다고 말한다.

〔봉주르와 봉주〕

늘이군의 블로그에 소개된 '봉주르(봉주)' 의 실상을 소개하면,

「프랑스에서는 누구나 마주치면 '봉주르~!' 라고 인사를 한다. 얼핏 들으면 '봉주르' 보다는 '봉주' 나 '볼줄' 에 가깝다고 한다. 말하기에도 '봉주' 라고 하는 것이 좋다고 한다. 아침에 버스를 타면서 운전기사에게 '봉주~!', 학교에서 친구를 만나면 '봉주~!', 친구를 만나도 '봉주~!', 식당에 가서도 '봉주~!' 하루종일 '봉주~!' 라고 인사를 한다. 어느 가게의 계산대 한구석에 이렇게 적혀 있었다. "예절과 교양!" 〈'봉주~!' 를 하지 않으면 당신은 서비스를 받지 못합니다.〉 가게에서 '봉주~!' 인사를 하지 않으면 물건도 팔지 않겠다는 것이다. '봉주르(봉주)' 를 하지 않으면 정상적인 만남이 아니란 것이다. 프랑스에서의 '봉주르(봉주)~!' 는 모든 만남의 시작이다.」

【예시 6】

○ 저를 소개합니다. 제 이름은 박봉주(朴奉柱)입니다. 제 이름을 가지고 우리나라 전통문학인 시조(時調)를 지어서 소개해 드리겠습니다.

〈현상〉	【본질】
① 朴 : 나무 던져 점을 치니	【 기막힌 운명이여 】
② 奉 : 38세부터 20년간	【 갈고 닦아 시 지으면 】
③ 柱 : 문단의 기둥된다고	【 이름 석자 풀어지네 】

【예시 6】은 한문연수원 등 한자와 관련된 기관이나 문학단체 등에서 한자 파자(破字)로 나를 소개했던 방법이다.

① 朴(성씨 박)은 나무 목(木)자와 점 복(卜)자의 조합이다. 윷점을 생각하면 될 것이다.

② 奉(받들 봉)은 석 삼(三)과 여덟 팔(八) 그리고 이십(十十)의 파자다.

③ 柱(기둥 주)는 나무 목(木)과 주인 주(主)로 되어 있다.

이 한자 3행시는 20년 전에 지었는데 정말 뜻대로 이루어졌다. 내가 34세에 시조로 등단해서

25년간 갈고 닦았더니 2016년에 38년 전통의 시조전문지 가람문학회 회장이 되었다. 말이나 글이 씨가 된다고 실제로 문단의 기둥이 되었다.

〔하 선생 계십니까?〕

어느 여인의 전화였다. 바로 지난 정초였다. 분명히 '하 선생'을 찾는다. '하 선생'의 '하'를 짧게 발음했는지, 길게 발음했는지는 기억할 수 없다. 그러나 내 집에 河氏도 없고 夏氏도 없고 下氏도 없으며, 내 또한 글줄이나 읽어 온 사람인지라, 아뿔싸, 내가 무고(無辜)히 욕을 보게 되었음을 직감했다. 내 별난 성자(姓字)로 인한 봉변(逢變)이었다. 즉 내 성자(姓字)인 '변(卞)'을 '하(下)'로 오독(誤讀)한 것이다. 그러나 삼획이나 되는 이 어려운 '下'를 판독할 정도이면 판무식(判無識)은 면했을 터이고, 下字 아래에도 한 점이 있음을 놓치지 않았으니 노안(老眼)일 이도 없다. 그 때의 충격을 무어라 표현 할 것인가. 어쨌든 욕을 본 사람은 칠십객(七十客)인 변생원(卞生員)이다. '下 선생'이라니, '上 선생'도 욕이거늘 '下 선생'이라니!! 21세기에 '변하불변(卞下不辨)'이란 신종어를 남기게 되었음은 문자로 더불어 평생을 살아 온 사람으로 이것이야말로 기묘한 문자연(文字緣)인지라 홀로 무릎 치며 한 바탕 웃어야할 것인가. 〈중략〉

"下선생 계십니까???" 이는 내 개인에 대한 욕만이 아니다. 卞씨 一門에 대한 욕만이 아니다. 우리 민족 문화에 대한 대욕(大辱)이요 대역(大逆)인 것이다. "一二三 不辨" 학사도 계실 것이다. 쉬, "四五六 不辨" 석사님도 탄생하실 것이다. 이러고도 대한민국의 민도(民度)를 운운(云云)할 것인가. 내년엔 누가 나를 찾을 것인가? "上선생 계십니까?" 하고. / 변완수(卞完洙) 칼럼니스트

【예시 7】

○ 사람의 팔자는?

① 사주팔자 ② 웃음팔자 ③ 사고팔자

〈 해답 : ② 〉

◇ 윌리엄 제임스는 이렇게 말했다. '행복하기 때문에 웃는 것이 아니라 웃기 때문에 행복하다.' 우리말에도 소문만복래(笑門萬福來)라고 있다. 먼저 웃어야(笑) 행복(福)이 들어온다는 것이다. 입에서 웃음이 자꾸 나와야 복으로 채워진다는 것이다. 심지어는 일소일소 일노일로(一笑一少 一怒一老)라고 했다. 한 번 웃으면 한 번 젊어지고, 한 번 노하면 한 번 늙어진다고 했다. 이보다 더 웃음을 강조한 말을 보도 듣도 못했다. 웃음은 젊음을 촉진하고, 노여움은 늙음을 재촉한다는 무서운 말이다. 사람이 복을 받고, 사람이 젊어지는 것은 웃음팔자에 달렸다는 뜻은 매우 감동적인 발견이었다.

〔8자는 고치기 어려운가?〕

숫자 1.2.3.4.5.6.7.8.9 중에서 다른 글자는 다 고쳐도 8자는 고치기 어렵다고 한다.

1은 구부리면 7도 되고,

2는 거꾸로 뒤집으면 5자가 되고,

3은 펴면 0도 되고, 위를 더 구부리면 9도 되고,

4는 밑으로 이으면 각진 8자가 되고,

5는 뒤집으면 2가 되고,

6은 거꾸로 뒤집으면 9가 되고,

7은 죽~ 당기면 1이 되고,

9는 뒤집으면 6자가 되는데,

8자는 눕혀 놓아도 팔자, 떼어 놓아도 팔자, 겹쳐놓아도 팔자, 뒤집어도 팔자라 도저히 못 고친다고 한다. 그래서 고치기 어렵다는 팔자를 고쳐봤다.

〔8자를 고치다〕

① 팔자는 눕혀 놓아도 팔자가 아니라 눕혀 놓으면 무한대(∞)다. 무한대는 인간이 셀 수 없는 가장 큰 수이다. 여덟 번째에서 일약 숫자의 왕, 가장 큰 수가 된 것이다.

② 8자를 붙여놓으면 눈사람이다. 눈사람은 사람 아닌 사람을 공간에 입체화시켜 인격(人格)을 부여했다. 마치 인간을 신으로 승격하듯 엄청난 승격이다. 한마디로 팔자가 늘어졌다.

③ 8자를 위에서 아래로 누르면 O자로 겹쳐지고 시작의 기준점이 된다. 또 8번째에서 0번째로 가장 우선시 되는 빠른 0순위로 반전된다.

④ 견고한 이중 장치의 ◎자가 된다. 그리고 중요하다고 해서 동그라미를 두 번 친 것으로도 되고, 목표를 잃지 말라고 핵심을 안내하는 과녁이 되기도 한다.

■ 팔자는 인간의 운명을 이야기 한다. 한 사람이 타고난 연월일시를 사주(四柱)라고 하고, 이 사주에 각각 천간(天干)과 지지(地支)로 표기하면 여덟 글자가 되는데 그것을 사주팔자라 하고, 사주팔자는 못 고친다고 했다. 사주팔자는 인간의 길흉화복(吉凶禍福)을 알아보는 점이다. 그러나 사주팔자도 신앙심이 깊은 사람들은 믿지 않는다. 오직 하나님이나 부처님에 의지한다. 윌리엄 세익스피어는 "원래 좋고 나쁨이 없다. 다 생각하기 나름이다."라고 사주팔자가 아닌 사고팔자(思考八字)를 주장하기도 했다. 불교에서도 일체유심조(一切唯心造)라고 했다. 마음먹기, 생각하기에 달렸다.

〔사주팔자와 웃음팔자의 대결〕

사주팔자는 인간의 길(吉)과 흉(凶), 화(禍)와 복(福) 즉, 긍정과 부정의 양면을 다 가지고 있지만, 웃음팔자는 긍정적인 면만 가지고 있다. 그래서 필자는 사주팔자보다 사고팔자를, 사고팔자보다는 웃음팔자가 훨씬 더 좋다고 생각한다.

〔미소가 살렸다〕

『어린왕자』의 저자로 잘 알려진 프랑스 작가 생텍쥐페리(1900~1944)는 비행사였다. 전투 중에 포로로 잡혔는데, 그 다음 날에 총살을 당하게 되어 죽음에 대한 공포 때문에 고통스러워 견딜 수 없었다. 그는 주머니에서 담배 한 개비를 찾아 꺼내 물었다. 그리고는 간수에게 성냥을 얻고자 창살 넘어 작은 목소리로 부탁했다. "혹시 불이 있으면 좀 빌려 주겠소?" 간수가 불을 붙여줄 때 둘은 시선이 마주쳤다. 그때, 생텍쥐페리는 살짝 미소를 지었다. 생텍쥐페리의 밝은 미소를 본 간수는 "가족이 있느냐"고 물었다. 그는 주머니에서 아내와 아들들의 사진을 꺼내서 보여 주었다. 가족을 만나지 못할까 겁이 난다고 고백했다. 간수는 뒷문을 열어주고 그를 내보내 주었다. 그는 그때의 체험으로 〈미소〉라는 단편소설을 썼다.

■ 一笑千金이 아니라 일소생명(一笑生命)이다. 웃으면 복이 온다고 했다. 생텍쥐페리의 미소가 바로 천금보다 더 값어치 있는 생명으로 복을 가져온 기적 같은 경우이다. 그는 사주팔자(四柱八字)로 보면 죽었어야 하는데, 사고팔자(思考八字)로 보면 극심한 불안과 공포 속에서 죽을 날만 기다리며 떨고 있어야 하는데, 웃음팔자(微笑八字)로 살짝 '미소(微笑)'만 보냈을 뿐인데 살게 되는 운명으로 반전되었고, 인간의 아름다움과 고귀한 소설 '미소'도 쓰게 되었다.

〔웃음이 살렸다〕

미국의 저널리스트이자 '웃음학의 아버지'로 불리는 노만 커슨스(Norman Cousins, 1912~1990)는 '웃음'으로 살은 사람이다. 원래 직업은 잡지 편집자였으나, 어느 날 50세에 몸이 굳는 '강직성척수염'이라는 희귀병에 걸리게 되었다. 한 번 걸리면 500명 중에 한 명밖에 낫지 못할 정도로 무서운 병이었다. 하루에도 진통제, 항염제, 수면제 등 38정의 약을 복용해야만 했다. 칠흑같은 절망 속에서 한스 세리 박사의 『생명의 스트레스』라는 책을 통하여 '불쾌한 기분과 부정적인 심신은 몸에 악영향을 미친다.'라는 내용을 접하고, 긍정적인 마음을 품기 위하여 사랑, 신앙, 웃음, 신뢰, 삶의 의욕을 가지고 코미디 프로 보기, 포복절도의 웃음치료 등으로 기적적으로 완치되었다. 잠언서 17장 22절 '마음의 즐거움은 양약이지만, 심령의 근심은 뼈를 마르게 하느니라.'를 읽고 웃음의 천국을 보았고, 코미디 영화를 감상하고 마음껏 웃도록 노력했다. 10분간 포복절도하면 2시간은 고통 없이 잘 수 있었다고 했다. 말하자면 '웃음요법'을 시행한 것이다. 기적은 서서히 나타났고, 마침내 의사도 포기했던, 99.8%가 죽는다는 난치병 강직성척수염을 극복했다. 그는 직접 치유 체험담 웃음의 기적을 논문으로 정리하여 큰 반향을 일으켰고, UCLA대학교에서는 그를 의학부 교수로 초빙했다.

■ 노만 카슨스(Norman Cousins)도 강직성척수염이라는 불치의 병으로 생존율 500분의 1, 즉 99.8%는 죽어야 하는 사주팔자(四柱八字)로 태어났지만, 사고팔자(思考八字)로 절망과 불안을 떨쳐버리고 생각을 고쳐먹었고, 0.2%의 웃음팔자(微笑八字)로 치유하였다. 웃음팔자는 사주팔자보다, 사고팔자보다 이처럼 강력하다.

〔미모 대신 웃음으로 뽑힌 비비안 리〕

영화 〈바람과 함께 사라지다〉의 여주인공를 뽑는 오디션에서 비비안 리는 주연배우를 뽑는다는 말을 듣고 영화사로 찾아갔다. 그런데 오디션을 보고 감독이 고개를 설레설레 흔들었다.

- 감독 : 미안하지만, 주인공으로는 어울리지 않는군요.

(비비안 리는 실망했다. 하지만 그럼에도 불구하고 웃음을 띤 밝은 표정으로 감독에게 인사를 하고 나가려는데, 감독이 그녀를 급하게 불러 세웠다.)

- 감독 : 잠깐만요. 맞아요. 바로 그 표정이오.

(오디션에서 떨어져 실망했음에도 불구하고 찡그린 얼굴 대신 활짝 웃으며 문을 나서는 비비안 리의 모습에서 감독은 〈바람과 함께 사라지다〉의 여주인공 스칼렛의 모습을 보았던 것이다.

■ 비비안 리도 사주팔자로 보면 오디션에서 떨어졌지만, 웃음팔자로 회생하여 "내일은 다시 내일의 해가 떠오른다"며 당당히 일어서는 스칼렛의 모습으로 태어난 것이다. 결국 그녀는 스칼렛 오하라 역을 실감나게 연기하여 아카데미 여주연상을 받았다.

◇ 웃음팔자(微笑八字)를 갖게 되면

첫째, 웃음은 인체에서 엔도르핀, 인터페론감마, 세르토닌 등 21가지의 행복호르몬이 분비되고, 15초간 웃음은 NK세포(Natural Killer cell)를 3% 이상 증식시켜 종양세포나 바이러스 감염세포를 공격한다.

둘째, 15초간 웃음은 코르티솔, 에피네프린 등 스트레스 호르몬을 30% 이상 감소시키고, 면역력을 높여준다.

셋째, 한 번 웃음은 에어로빅 5분 한 것과 같은 운동효과가 있으며, 인체 650개의 근육 중 231개의 몸 근육과 15개의 얼굴 근육이 자연스럽게 운동을 한다.

넷째, 웃음은 사회성을 발달시켜 정서적 공감대를 넓혀주고, 소통과 협력에도 도움이 되어 사업에도 큰 도움이 된다.

다섯째, 웃음팔자는 죽음에서 삶으로 바꿔주고, 아픔에서 건강으로 바꿔주며, 고립에서 광장으로 이끌어 주며, 부도에서 부자로 바꿔주며, 불행에서 행복으로 이끌어 준다. 지금부터 웃음팔자를 만들어 가자.

【예시 8】

○ 당신을 유머리스트라고 말한 사람은?

① 아첨꾼　② 칭찬꾼

〈해답 : ①〉

◇ 18세기 영국에서 유머리스트라 하면 최고의 찬사를 넘어 아첨꾼으로 여겨질 정도였다. 그만큼 유머리스트를 최고로 친다. 만약 당신에게 누군가 유머리스트라고 한다고 할 때 부끄럽다면 당신은 아직도 아마추어라는 증거다. 더 많이 공부하고 더 많이 노력해야 한다. 그러나 만약에 누군가 당신에게 유머리스트라고 소개할 때 긍정적인 반응을 보인다면 당신은 프로라고 말해도 좋다.

〔나폴레옹의 아첨꾼〕

부하들의 천박한 아첨에 신물이 난 나폴레옹 황제는 어느 날 각료회의를 주재하고 특별 지시를 내렸다. 앞으로 쓸데없는 아첨으로 나의 총명을 흐리게 하는 각료는 무조건 목을 자르겠다. 그러니 각료들은 오로지 국사에만 전념하도록 하시오. 천하의 나폴레옹이 어명을 내렸으니 분위기는 정말 살벌하고 엄숙하기까지 했다. 이 절체절

명의 순간 간이 배 밖으로 나온 한 각료가 손을 들어 한 말씀드리겠다고 했다. 분위기에 전혀 맞지 않은 각료의 돌출 행동에 다소 당황한 황제가 "말해보아라" 하니 그는 일어나더니 주저 없이 "위대한 황제 폐하! 황제께서 아첨을 싫어한다는 사실은 온 천하 백성들과 우리 신하들은 모두 다 알고 있습니다!"라고 아첨 아닌 아첨을 했더니 황제는 무척 좋아하며 크게 웃음을 터트렸다고 한다. 그리고는 황제는 "이제부터 그대를 프랑스 제국의 제2인자인 총리로 임명한다!"라고 선포했다.

〔아첨으로 목숨 건진 사형수〕

지금으로부터 4백년 전 영국의 국왕 제임스 6세 때의 이야기다. 당시 염소 도둑은 아주 큰 도둑으로 간주돼 사형선고를 받는 게 상식이었다. '아티 암스트롱'이라는 사람 역시 염소 도둑으로 사형을 기다리던 중 사형수는 간수에게 한 가지 청을 했다. "간수님 죽기 전에 한 가지 청이 있습니다. 국왕 폐하께서 성서를 영문으로 번역하셨다는데 제가 죽기 전에 번역하신 성서를 보고 죽는다면 여한이 없겠습니다." 이 간청이 국왕의 귀까지 전해졌다. 왕으로서는 어렵게 번역한 성서를 아무도 보려고 하는 사람이 없었는데 사형수가 회개하면서 자기의 번역서를 보고 싶어 하다니 하며 감격해 했다. 그리고 왕은 그 성서를 건네주면서 "그 사형수가 이 성서를 다 읽기 전까지는 사형을 시키지 말라"는 엄명을 내렸다. 그런데 사형수는 한 술 더 떠서 이 성서를 완전히 암기하기 위해서 하루에 한 줄씩만 읽겠다고 했는데, 국왕은 그 말에 더욱 감동하여 다 읽자면 300년이 걸릴 테니 마음껏 암기하라고 배려했다. ㅎㅎㅎ

〔미인에게 아첨〕

① 오랜만입니다. 날이 갈수록 점점 더 젊어지시는 걸 보니, 방부제 드시나 봐요?

② 예쁜 게 죄라면 당신은 최소한 무기징역이십니다.

③ 당신의 아버지는 도둑이셨나봐요? 하늘의 아름다운 별을 훔쳐 당신의 눈에 심으셨잖아요.

④ 당신의 부모님은 예술가신가요? 당신의 얼굴을 너무 아름답게 조각하셔서요.

〔미남에게 아첨〕

① 당신의 부모님은 꽃가게 하시나요? 꽃미남이시라서요.

② 선생님은 꽃을 좋아 하시나봐요? 선생님의 말씀에는 향기가 납니다.

③ 선생님 취미가 승마 아닌가요? 백마 탄 왕자 같아서요.

④ 우와~! 젊어 보이십니다. 아니 젊습니다.

【예시 9】

○ 21세기는?

① Can경영 ② Fun경영

〈해답 : ②〉

◇ Can경영은 '하면 된다. 안되면 되게 하라'는 20세기 경영방침이거나 특전사 부대 방침 정도이다. 과거 농경사회나 산업사회 방식에서는 가능한 구호이다. 21세기는 Fun경영, 유머경영이다. 펀경영은 한마디로 사람경영이다. 사람경영은 신바람경영이다. 펀경영은 2000년대 들어 경영기법으로써 주목을 받기 시작했다. 펀경영은 권위주의적이고, 억압적인 성과제일주의에서 벗어나 웃음을 전파하여 '신바람 나는 직장, 즐거운 직장 만들기, 분위기를 창조'하는 것을 뜻

하며, 펀경영, 웃음경영, 유머경영, 칭찬경영, 펀마케팅, 펀테크, 직원만족경영, 행복경영, 감성경영 등으로 표현하고 있다. 펀경영은 직장에 활기와 즐거움을 넘치게 하여 회사의 생산성을 높이고 개인이든, 기업이든, 사회든 간에 즐거운 경영으로 행복해진다는 것이다.

〔사우스웨스트 항공사〕

편경영의 대명사는 미국의 사우스웨스트 항공사다. 미국의 사우스웨스트 항공사는 유머경영의 효시라고 할 수 있다. 1971년 3대의 비행기로 텍사스 내 3개 소도시에 출항을 시작했으나 이후 52개 도시에 취항하는 미국 4위의 항공사로 성장했다. 그간 미국내 130개 항공사가 파산하는 동안 이 항공사가 46년간 연속 흑자, 연간 130% 이상의 성장률을 보인 원동력은 유머경영이었다고 한다. 직원들이 오늘은 무슨 재미있는 일이 벌어질까 기대하고 출근하고 신바람 나는 분위기에서 일한 결과이다. 내가 웃으면 세상이 웃는다. 사우스웨스트 항공사 대표인 허브 켈러 회장은 "유머는 조직의 화합을 위한 촉매제"라는 경영이념과 "유머도 함께 팔겠다"는 경영방침 아래 고객들에게 펀 서비스를 제공한다.

【사우스웨스트 항공사의 유머러스한 기내 방송 사례】

① 기내에서는 금연입니다. 혹시 비행 중에 담배를 피우실 분을 위해 따로 장소를 마련해 두었습니다. 비행기 문을 열고 밖으로 나가시면 양 날개가 있는데 그곳에서 담배를 피우실 수 있습니다. 그리고 그곳에서는 담배를 피우시는 분을 위해 영화를 상영합니다. 관람할 영화는 〈바람과 함께 사라지다〉가 되겠습니다.

② 우리 비행기는 현재 도박의 도시 라스베이거스 상공 위를 날고 있습니다. 혹시 도박을 하고 싶으신 분이 계시면 지금 뛰어내리십시오. 참고로 라스베

이거스에서 돈을 딸 확률은 이 비행기에서 뛰어내려서 살아날 확률보다 낮다고 합니다.

③ 만약 기내 서비스가 마음에 들지 않는다면 6개의 비상구로 탈출하시면 됩니다. 연인과 헤어지는 방법에는 50가지가 있지만, 이 비행기의 탈출구는 6개밖에 없습니다.

④ 30초가 지나도 담당자와 연결되지 못한 고객은 8번을 눌러주십시오. 그렇다고 빨리 연결되는 것은 아니지만 적어도 기분은 좋아질 것입니다.

⑤ 고객 여러분, 혹시 고객님 중에 멀미 하시는 분이 계십니까? 아, 그렇습니까? 저도 멀미합니다. 왜냐하면 저는 오늘 비행기 조정석에 처음 탔기 때문입니다. 아, 놀라지 마십시오. 오늘만 처음 탔다는 말씀입니다.

⑥ 승객 여러분, 내리실 때에는 잊으신 물건이 없는지 잘 살펴보시기 바랍니다. 혹시 물건을 내려놓고 가시면 저희들이 갖고 싶은 물건만 놓고 내리시기 바랍니다. 그럼 저희가 나눠 갖겠습니다. 그러나 배우자와 어린이는 절대 놓고 내리지 마시기 바랍니다.

⑦ 승객 여러분, 우리 비행기는 안전운행으로 잠시 후면 목적지 LA공항에 도착합니다. 승객 여러분께서는 곧바로 내리실 수 있습니다. 하지만, 기다리시는 동안 저희 단골 탑승객 프로그램에 회원 등록해 주시기 바랍니다. 조종사나 승무원과 결혼하는 것보다는 못하지만, 그래도 그 다음으로 좋은 혜택이 있을 것입니다.

[청와대의 펀경영]

① 문재인 대통령이 2018년 3월 27일 아랍에미리트 아부다비 아크부대를 방문했다. 문 대통령이 부대 방문한 날, 고민정 청와대 부대변인이 사회를 보면서 파병으로 결혼을 미룬 이재우 대위에게 한국에 있는 예비신부에게 영상편지를 보내라 했다. 이재우 대위는 예비신부에게 "국가의 명령에 충성하고, 가정에 완전히 충성하는 두 마리 토끼를 다 잡는 완벽한 남자가 될게" 라고 했다. 고민정 청와대

부대변인이 "뒤돌아 주십시오"라고 말하자 이재우 대위가 뒤돌아보니 사랑하는 그녀가 와 있었다. 3월 결혼 하려던 결혼식을 파병으로 10월 6일로 미룬 그를 위해 경기도 이천에 사는 예비신부가 혼자 입주한 것을 알고 청와대가 극비작전으로 신부를 초대해서 깜짝 이벤트를 준비한 것이다. 재회한 두 사람의 눈에 눈물이 맺힌 채로 껴안고, 김정숙 영부인이 꽃다발을 건넸다. 아크부대장은 문 대통령의 배려로 이 대위 커플을 위해 1박 2일 특별휴가를 명했다. 문 대통령은 "대통령이 제대로 선물 가지고 왔죠?"라며 이들의 만남을 축하했다.

② 문 대통령은 앞서 간담회 인사말에서도 "사회자가 소개할 때 중요한 걸 빠뜨렸다. 저는 그냥 대통령이 아니라 공수 130기, 공수특전단 출신 대통령입니다."라고 말했다. 장병들은 박수와 환호로 호응했다고 한다.

③ 문 대통령은 장병들에게 특별임무도 내렸다. "아크부대 임무 못지않게 여러분 개개인에게 중요한 임무가 또 있다. 다들 건강한 몸과 마음으로 조국과 사랑하는 가족에게 복귀하는 것이 주어진 또 하나의 중요한 임무다. 그 임부를 기필코 완성할 것을 대통령으로서 명령한다."고 장병들의 무사귀환을 명령한 것이다.

[총각네 야채가게]

'즐거움을 판다'는 총각네 야채가게는 IMF시절에 1998년 대치동 18평 점포에서 대한민국 평당 최고 연매출 400억원 신화의 요인 중 하나가 일찍이 엔터테이먼트 요소를 도입했다. "직원들이 즐겁게 열정적으로 일하면 고객들이 즐거워지고 결국 사업도 번창해 다시 직원들이 즐거워진다."며 펀(fun)의 선순환을 강조한다. 직원 채용시부터 만 28살 미혼 남성 중 장기자랑을 시킨다. 고객에게 어떤 재미를 줄 수 있는지를 파악하기 위해서 라고 한다. 총각네 야채가게는

다른 대형할인점과 차별화된 점은

첫째, 싱싱한 과일과 야채, 둘째, 친절과 서비스, 셋째, 유머스러운 공연이나 표현들이다. 그 중에서 유머스러운 표현들을 보면

① 홍고추 – 나도 붉은 악마다.

② 쪽파 – 어머, 쪽팔려

③ 꽈리고추 부인 몸 풀었네

④ 명색이 나도 총각인데, 총각무 한 단에 천 원

⑤ 작년 가을에 갓 시집온 싱싱한 대추

⑥ 이문세가 잘 먹는 당근

⑦ 울릉도에서 아시아나항공으로 오늘 아침 직송한 오징어

⑧ 총각 맞선 기념 바나나 한다발에 천원

⑨ 사망신고도 못하고 염해버린 맛있는 고등어

⑩ 부모님 몰래 나이트 갔다가 잡힌 멋쟁이 꽃게

■ 이런 표현들을 보면 왠지 더 싱싱하고, 더 맛있을 것 같다. 기분 좋은 음식은 소화도 잘된다. 기존의 가게들이 '우리 가게는 싱싱한 과일이나 야채를 매일 산지에서 직송해 옵니다.'라는 표현보다는 위와 같은 표현들로 '비지 사러 갔다가 두부를 살 것이다.' 이 가게는 오전 10시에 문을 여는 순간부터 순식간에 무대로 바뀐다. 직원들은 배우가 되고, 사장은 감독이 된다. 매일 난타와 같은 즉석 공연을 펼치기도 하며 문을 열면 동네 아주머니들이 구름같이 몰려든다. 오후 2시가 되면 판매가 거의 완료된다. 총각네 야채가게에서 일하는 직원들은 판에 박힌 직함 대신 '왕눈이'나 '강원도' 같은 각자 자기가 좋아하는 별칭을 가지고 있다. 본인도 '대표'나 '사장'으로 불리는 것보다 '형', '대빵'으로 불리는 게 더 좋고 편하다고 한다. 고객이 직원을 기억하기 쉽고 부를 때도 재미있기 위해서다.

【예시 10】

○ 웃음의 가치는?

① 백금 ② 천금 ③ 만금

〈해답 : ②〉

〔일소천금(一笑千金)〕

'한 번 웃음에 천금의 값이 있다.'는 뜻으로 미인의 웃음을 얻기가 어렵다는 뜻이다. 같은 뜻으로 천금매소(千金買笑)는 '천금으로 웃음을 산다.'는 뜻이다. 8세기 초 주나라 유왕(幽王)은 포사(褒姒)라는 미녀에 넋이 나가 정사는 전혀 돌보지 않았다. 그런데 포사는 결코 웃는 일이 없이 항상 우울한 표정을 하고 있었다. 포사를 웃기려고 갖가지 노력을 다해도 효과가 없자 유왕은 그녀를 웃기는데 천금의 현상금을 걸었다. 그러자 경사(卿士 : 정사를 집행하는 고관)인 괵(虢)나라 왕 석보(石父)가 말했다. "거짓 봉화를 올려 제후들의 군사를 부르십시오. 그들이 왔다가 헛걸음을 치고 되돌아가는 것을 보면 웃지 않을 수 없을 것입니다" 왕이 그럴 듯하게 여겨 봉화를 올리는 쇼를 하자 적군이 천자를 침공한 줄 안 제후들이 군사를 이끌고 헐레벌떡 달려왔다. 달려온 제후들이 별일이 없는데도 가짜 봉화에 속았음을 알고 황당해 하는 모습을 본 포사가 그제야 깔깔거리며 웃었다. 포사가 웃는 것을 보고 기분이 좋아진 유왕은 그 뒤에도 몇 번이나 가짜 봉화 쇼를 했고 이에 속아서 달려온 제후들은 나중에는 화를 내며 돌아갔다. 그리고 급기야 황후 신씨를 폐하고 태자를 내쳤다. 황후의 아버지 신후(申侯)가 이민족인 견융과 결탁하여 유왕을 공격했으나 여러 차례 속은 제후들은 오지 않았다. 늑대와 양치기의 중국판이었다. 결국 유왕과 포사는 죽음이라는 비극으로 끝났다. 결국 일소천금은 천금뿐만 아니라 나라까지 팔아먹은 셈이다.

일소매국(一笑賣國)이었다.

〔세상에서 가장 좋은 약-웃음〕

옛날 페르시아라는 나라에 한 스승이 있었다. 스승은 지혜롭고 자상하여 존경을 받았다. 그의 집에는 날마다 많은 제자들이 북적거렸다. 그중 핫산이란 제자는 늘 밝고 씩씩했는데 어느 날 얼굴이 어두워지더니 며칠 뒤에는 공부하러 나오지 않았다. 스승은 핫산이 왜 그러는지 알아보고 오라고 했다. 다음 날 핫산의 집에 다녀온 제자가 핫산은 근심 가득한 얼굴로 먼 산만 바라본다고 했다. 요즘으로 말하면 우울증, 조울증을 앓고 있었나 보다. 스승은 제자들에게 핫산에게 줄 세상에서 가장 좋은 약을 구해오라고 했다.

첫 번째 제자는 시장에서 몸에 좋은 팔딱팔딱 뛰는 생선을 샀다. 하지만 스승은 고개를 절레절레 흔들었다.

두 번째 제자는 의원인 아버지를 모시고 갔다. 하지만 의원인 아버지는 세상에서 가장 좋은 약은 알지 못했다.

세 번째 제자는 약사를 찾아가 귀한 약초를,

네 번째 제자는 스승님이 원하는 좋은 약은 어쩌면 먹는 약이 아닐 수 있다며 수많은 지식을 담고 있는 책을 갖고 왔다. 그러나 스승은 세상에 지식만으로 고쳐지지 않는 약도 있다며 아니라고 했다.

다섯 번째 제자는 아름다운 꽃을 준비해 갖고 왔다. 하지만 스승은 모두 아니라며 고개를 가로 저었다. 도저히 세상에서 가장 좋은 약이 무엇인지 모르겠다며 제자들은 스승에게 가르쳐 달라고 했다. 스승은 허허허 웃으며, 너희들이 찾는 걸 포기했단 말이지. 그러면 따라 오너라. 스승은 제자들을 데리고 광장으로 갔다. 그리고 한 곳을 가리켰다. 그곳에는 사람들이 빙 둘러앉아 하하하, 호호호 웃음을 터트리며, "웃긴다, 웃겨" 하며 재미있어 했다. 스승은 저 광장이 세상에서 가장 좋은 약이라고 말했다. 그곳 광장에서는 우스꽝스런 모자를 쓰고 분장한 광대들이 익살스러운 몸짓과 표정으로 사람들을 웃기고 있었다. 제자들도 웃음을 터트리고 말았다. 스승은 세상에서 가장 좋은 약은 웃음이라고 했다. 웃음은 마음을 즐겁게 해서 약으로 못 고치는 마음의 병도 고칠 수 있다고 했다. 제자들은 스승의 마음을 듣고 모두 고개를 끄덕였다. 제자들은 광대들을 핫산의 집으로 데리고 가서 공연을 하게 하니 핫산을 웃게 하고 병도 낫게 했다.

■ 미국의 화가이자 시인 에드워드 커밍스(1894~1962)는 "인생에서 가장 의미 없이 보낸 날은 웃지 않고 보낸 날이다." 라고 했다.

【예시 11】

○ 유머의 어원은?

① 웃기다. ② 흐르다.

〈해답 : ②〉

1) 유머(humor)의 어원은 무엇인가?

라틴어 'humanus〈흐르다〉'이다. 물속에서 움직이는 유연한 성질을 가진 물체를 지칭한다. 유머(Humor)에서 Hum의 어원은 Wet(젖다)이다. humid(습기 있는)는 humidity(습기, 습도)도 같은 어원을 가지고 있다. 그리스의 의성 히포크라테스도 혈액, 점액, 담즙, 흑담즙 인체의 4체액설을 주장했다. 이 네 가지 액체가 인간의 몸에 흐르면서 성격, 기분을 좌우한다고 봤다. 인간의 70%가 물이다. 의성 허준이 쓴 『동의보감』에 의하면 통즉불통(通卽不痛), 불통즉통(不通卽痛)이라고 했다. '통하면 즉 아프지 않고, 통하지 않으면 아프다.' 라는 뜻이다. 어떤 병이든지 기(氣), 혈(血), 체액(水)이 잘 통하면 아프지 않고, 막히면 질병이 생긴다. 인간관계도 기, 혈, 물과 같이 유머도 잘 흐른다면 좀 더 건강한 사회가 될 것이다. 따라서 인간이 유머를 해야 하는 이유도 인간의 주성분이 물이듯이, 유머도 물이 흐르듯이 이 세상의 중심으로 변두리까지 흘러야 한다. 노자는 상선약수(上善若水)라고 했다. '가장 좋은 것은 물과 같다. 물은 온갖 것을 잘 이롭게 하면서도 다투지 않고, 모든 사람이 싫어하는 낮은 곳에 머문다. 그러므로 도(道)에 가깝다.'라고 했다. 유머도 물과 같다. 유머도 도(道)에 가깝다.

〔사장님 된 김과장〕

어느 회사 김 과장은 1주일에 8일은 술 마시고, 지각하고, 업무시간이 끝나면 술 마실 궁리만 일삼았다. 보다 못한 부장이 주의를 줘야겠다며 뼈있는 한마디를 했다.

– 부장 : 자네는 술 때문에 승진도 못하고 만년 과장이지. 정신 차리게 이 사람아.

– 과장 : 부장님도 술 한번 마셔보세요. 사장님 된 기분입니다.

〔김 과장의 꿈〕

만년 과장인 김 과장은 꿈이 하나 있다. 그것은 힘들게 모은 적금을 깨고 부족한 금액을 대출받아 누구나 머물 수 있는 술집을 하나 차리는 것이다. 술집 이름은 '사무실' 혹은 '회의중'이라 큼직한 간판에 써 놓을 생각이다. 그러면 회사 업무에 시달린 불쌍한 샐러리맨들이나 삶에 힘들어 하는 수많은 우리 가장들이 굳이 거짓말을 하지 않고도 편하게 술을 마시지 않을까 생각되기 때문이란다. 지금 어디에 있느냐며 집에 빨리 들어오라고 닥달을 하는 전화를 받고도 거짓말을 할 필요가 없기 때문이다. '응, 나 지금 사무실이야!' '응. 나 지금 회의중이야!' 하고 말이다. 그리고 술집 재떨이에는 전무, 사장, 정치인 이란 딱지를 붙여 놓을 생각이다. 그러면 누구든지 '여기 전무 좀 갈아줘!' '여기 사장 좀 갈아줘!' '여기 정치인 좀 바꿔줘!' 라고 말할 수 있기 때문이다.…ㅎㅎㅎ

2) 인간(human)의 어원도 유머(humor)와 같은가?

인간(human)과 겸손(humble)은 어원이 흙으로 같다. 인간을 나타내는 human의 hu는 흙, 땅, 부엽토(腐葉土)이다. 성경에도 첫 인류인 아담은 흙을 의미하는 히브리어 '아다마'에서 나왔다고 한다. 천지창조 6일 만에 흙으로 만들었다고 했다. 그후 이브는 아담의 뼈로 만들었다. 미천함, 겸손함을 뜻하는 humble도 흙 같은 낮은 태도를 말한다. 사람은 흙에서 나왔고, 흙의 성질은 겸손함이니 사람이 사람답게 되려면 흙과 같이 낮아져야 한다고 하는 말이 이 때문이다. 인간(human)과 유머(humor)는 어원이 같은 것 같아도 다르다. human(인간)은 '낮추고, 겸손(謙遜)해야 하는' 인간의 성질을 말하는 것 같고, humor(유머)는 '흘러야 하는' 인간의 속성을 말하는 것 같다. 즉 '인간=흙=겸손'이고, '유머=물=흐르다' 이라는 것이다. 겸손은 실제보다 자신을 낮추는 태도나 자세다. 항상 겸손한 태도로 남을 배려해야 한다. 자신이 남보다 잘났다는 식으로 남을 깐본다면 안 하느니만 못하다. 유머도 마찬가지다. 어떤 모임이든지, 단체든지, 직장이든지 항상 재미있는 유머로 흘러야 그 직장, 사회는 건강하다. 여기서 '인간=흙=겸손'은 인간의 정신에 관한 것이고, '유머=물=흐르다'는 인간의 건강에 관한 것이다. 즉, 올바른 정신의 건강과 올바른 육체의 건강이 인간과 유머의 차이점이자 공통점이다.

[링컨의 겸손]

미국 역사상 가장 훌륭한 대통령이라는 에이브러햄 링컨. 뛰어난 업적은 물론 유머에도 뛰어난 것으로 알려져 있다. 아마도 대통령 이전의 이야기이다.

어느 날 길거리에서 한 남자가 길을 막고 링컨의 얼굴에 총을 댔다.

- 링컨 : 무슨 일인가?
- 남자 : 나는 나보다 못생긴 사람을 쏘겠다고 맹세했다.
- 링컨 : 그렇다면 쏘시오. 내가 당신보다 못 생겼다면 나도 살고 싶지 않으

니까.

【예시 12】

○ 유머형 인간은?

① Homo Sapiens ② Homo Ludens

〈 해답 : ② 〉

① Homo Sapiens는 라틴어로 '지혜있는 사람'이라는 뜻으로 생물학에서는 '현생인류'를 가리킨다. 다른 동물에 비해 인간의 본질이 지성, 특히 철학에서는 '이성적인 사고' 능력을 인간 본질로 파악하는 인간관이다. 대체로 4~5만년 전부터 지구상에 널리 분포되어 농경과 목축이라는 생산수단을 발명하여 마침내 문명의 꽃을 피웠다.

② Homo Ludens는 네덜란드 역사학자 요한 호이징아(1872~1945)가 호모 루덴스 즉 '노는 인간, 놀이하는 인간, 유희하는 인간'이라고 했다. 위키피디아(Wikipedia) 백과사전에서는 '인간의 본질을 유희(遊戲 : 즐겁게 놀고 장난함)라는 점에서 파악한 인간관'이라고 했다. 유희는 단순히 논다는 의미가 아니라 정신적인 창조활동을 가리킨다. 풍부한 상상의 세계에서 다양한 창조활동을 전개하는 학문, 예술 등 인간의 전체적인 발전에 기여한다고 보는 모든 것을 의미한다. 박남기 교수의 『최고의 교수법』에 의하면 '호모 루덴스용 교수법'이 나오는데 '만일 공부가 노동이 아니라 놀이가 되게 마술을 부릴 수 있다면 최고의 선생님일 것이다'라고 했다. 놀이의 고유 속성은 재미인데 재미가 없으면 놀이를 중단한다는 것이다. '생활의 달인'이라는 프로그램에 소개되는 사람도 일을 놀이로 승화시켰다는 것이다. 유머 강의도 놀이로 승화시켜야 '유머의 달인'이 된다.

〔유머하는 인간〕

Homo humor(호모 유머) '나는 유머하는 인간이다.' 어느 자리에서나 유머를 즐기고 있다. 이야기 도중에 어느 한 단어를 가지고 즉석에서 유머를 만들어 웃기기도 하고, 어느 한 단어가 연상되어 다른 유머를 말하기도 하고, 어떤 사물을 보고서 유머를 이야기하기도 한다. 또 사회를 볼 때나 인사말을 할 때도, 수상식에서도, 칼럼을 쓸 때도, 어느 장소, 어느 시간이고 5분이면 5분 이내로, 10분이면 10분 이내로, 1시간이면 1시간 이내로 주어진 상황과 여건에 따라 유머를 곁들이도록 노력한다. 유머의 소재는 무궁무진하다. 유머의 활용도 무궁무진하다. 다만 함께 하려는 사람의 자세가 중요하다. 나는 항상 유머가 준비되어 있으나 상대가 유머하는 도중에 말을 끊거나, 별로 달갑게 생각하지 않으면 나도 중간에 유머를 끝낸다. 그래서 유머는 상대성의 법칙이다. 그렇다고 저속하거나 음담패설을 하지는 않는다. 가급적 교육적이고, 교훈적인 유머, 유익한 유머를 하려고 노력한다.

〔60킬로〕

남녀 한 쌍이 소개팅으로 만난 다음 근교 신도시 식당 촌으로 저녁을 먹으러 가는 길이었다. 출발하고 난 후 이내 속도를 내자마자 차 '오토 도어록'이 철컥하고 잠기는 순간, 여자 분이 당황하기 시작했다. 달리는 차량 안에서 문을 열려고 낑낑대다가 꿈쩍도 않자 당황한 목소리로 말했다.

- 여자 : 갑자기 왜 이러세요?

(남자 분도 놀라서인지 말까지 더듬어가며 도어록에 대해 설명했다.)

- 남자 : 아, 제 차는 60킬로(속도) 넘으면 안전 때문에 문이 잠겨요.

(그 말이 떨어지자마자 여자는 더욱 얼굴을 붉히며 볼멘소리로 대답했다.)

- 여자 : 저, 몸무게 60킬로(체중) 안 넘거든요. ……ㅎㅎㅎ. 남자는 '속도

(km)' 를 말한 것이고, 여자는 '체중(kg)' 을 말한 것이다.

〔아이의 한자 실력〕

8살 아이가 한자를 배운다. 한자 선생님이 1주일에 한 번씩 다녀가시는데, 아이는 학습지를 하루 만에 다 풀곤 했다. 하루는 아이가 이렇게 말했다. "아빠, 아빠는 '세금' 을 한자로 쓸 줄 알아?" 하는 것이었다. 아빠는 깜짝 놀라며 아니, 이 아이가 한자를 배운지 얼마나 됐다고 '세금' 을 쓴다는 거지? 혹시 우리 아이가 한자에 놀라운 학습 능력이 있는 게 아닌가? 하는 즐거운 상상을 하면서 '그래? 그럼 한 번 써봐' 했더니 아이는 연필과 메모지를 가지고 오더니 자신 있다는 듯이 썼다. '金(쇠금)' …ㅎㅎㅎ. 아이는 '쇠금(金)' 을 말한 것이고, 아빠는 '세금(稅金)' 으로 알아들은 것이다.

【예시 13】

○ 유머의 스킬<1> : I → P → O

① Input ⟶ ② Process ⟶ ③ output

◇ 유머를 잘하고 싶은 마음은 누구나 가지고 있을 것이다. 근사한 자리에서 재미있는 유머를 날릴 수 있다면 호감과 인기를 받을 것이다. 그러나 노력 없이는 유머의 달인이 될 수가 없다. 먼저 유머를 잘하려면 다음과 같은 공식을 알아두면 도움이 될 수 있다. 즉 아이-피-오(IPO)다. I → P → O는 잘 알다시피 프로그램의 입력-처리-출력의 관계를 명료하게 하는 프로그램 설계 기술의 하나이다. 그것을 응용한 것이다.

① I 〈Input : 많은 유머를 입력해야 한다〉

한마디로 빅데이터다. 세상에는 많은 유머 관련 서적과 인터넷 등이 있다. 또한 강좌도 많다. '아하!, 맞아!맞아!!, 그래!그래!그래!!!' 등 공감을 많이 받아야 발전도 빠르다. 읽어라 굶주린 사자처럼. 들어라 명곡 감상처럼. 보아라 사랑하는 여인 보듯이. 가급적 많은 다양한 유머 정보를 받아들여야 한다. 거기에서 자신에게 필요한 유익한 정보를 찾을 수 있다. 또 많이 수집하다 보면 유머 창작도 하게 된다. 모방이 창조다. 모방이 천재를 만든다. 공자도 세 사람이 가면 반드시 내 스승이 있다고 했다(三人行必有我師). 많은 정보가 수집되면 거기서 어떤 법칙, 원칙, 정렬, 공통점, 차이점, 장점, 단점 등을 발견하게 된다.

〔호떡값 인상〕

40대 후반의 여인이 과부가 되었다. 자식의 학비라도 벌 생각으로 노점에서 호떡장사를 시작했다. 어떤 노신사가 지나갈 때마다 들러서 호떡 한 봉지 값이라며 2,000원을 준다. 그런데 호떡은 가져가지 않는다. 이렇게 하기를 3개월, 어느 날 또 돈만 내고 그냥 가려는 노신사를 호떡 과부가 불러 세웠다.

- 호떡 과부 : 저기요…

- 노신사 : 왜 그러세요?

- 호떡 과부 : (말을 하지 못하고 멈칫멈칫하다가) 드릴 말씀이 있는데요.

- 노신사 : (잔뜩 기대되는 듯한 표정을 지으며) 무슨 말씀이세요? 말씀하세요.

- 호떡 과부 : (과부는 그제야 말문을 연다) 사실은 지난 달부터 밀가루 값이 올라서 호떡 한 봉지에 2,500원이거든요.

② P 〈Process : 분류 과정을 거쳐야 한다.〉

주제별, 세대별, 남녀별 등 유머 자료를 많이 수집하다 보면 유머를 보는 안목이 생긴다. 좋은 유머, 유익한 유머, 주제별, 장소별, 상황별, 남녀별, 세대별 등 다양한 유머가 혼재되어 있다면 필요할 때 편리하게 활용하기가 어려울 것이다.

1캐럿의 다이아몬드를 얻기 위해 250톤의 자갈과 바위를 캐야 한다는 말처럼 우수한 유머자료를 위해선 불필요한 것을 버려야 한다. 그리고 그런 자료를 효율적으로 활용하기 위해서 반드시 거쳐야 하는 분류 과정이다. 이 과정을 거치면 유머에 대한 안목이 훨씬 높아지고, 정제되고, 꼭 필요한 유머를 뽑아서 사용할 수 있다. 분류해서 정리하면 무기, 정리하지 않으면 쓰레기다.

〔에디슨의 발명〕

에디슨은 10,000번 실패 끝에 전구를 발명했다. 사람들이 실패했을 때 기분이 어땠느냐고 물었을 때 에디슨은 "실패라니요? 저는 단 한 번도 실패한 적이 없어요. 다만, 전구를 만들기 위해 수많은 과정을 거쳤을 뿐이지요." 라고 말했다고 한다. 입력된 유머만 가지고 유머를 잘 할 수는 없다. 청중의 입맛, 귀맛, 눈맛, 손맛에 맞게 가공하고, 처리해서 잘 정리하여 필요시 잘 사용하기 위한 과정이다.

③ O〈Output : 연습해라. 사용해라. 시행착오를 줄여야 한다.〉

필요한 유머를 선정했으면 그 유머를 써 먹기 위해서 부단한 연습을 하여야 한다. 연습 없이 프로가 될 수는 없다. 어떤 사람은 거울 앞에서 연습을 하고, 어떤 사람은 반려동물 앞에서도 연습을 하고, 어떤 사람은 금붕어 보고도 연습하고, 집안의 화분 앞에서도 연습을 했다고 한다. 나가리법칙이 있다. 나에게 먼저 시작해보고, 가족에게 시연을 해보고, 이웃들에게 시범을 보이는 것이다. 틈만 나면 연습하는 것이다. 강단 위에서 버벅대다 보면 자신있는 유머를 사용할 수가 없다. 인간은 습(習)의 동물이다. 세상에는 두 종류의 강사가 있다고 한다. 강의 잘하는 강사와 못하는 강사가 아니라, 연습을 많이 하는 강사와 연습하지 않는 강사가 있다. 연습이 천재를 만든다. 연습이 달인을 만든다. 서당개 3년이면 풍월을 읊는다고 했다. 연습 이외는 왕도가 없다.

〔아내는 노래 연습 중〕

몹시 추운 날 한 남자가 밖에서 덜덜 떨며 서 있었다. 옆집 남자가 물었다. "추운데 왜 밖에 나와 계세요?" 그러자 남자 왈 "내가 밖에 있다는 것을 남들이 봐야 돼요. 마누라가 지금 노래 연습 중인데 내가 집 안에 있으면 동네 사람들이 내가 마누라를 때리는 줄 알거든요."

【예시 14】

○ 유머의 스킬〈2〉: T → O → P

① Timing ——→ ② Occasion ——→ ③ Place

◇ 오래 전에 '스피드 011은 때와 장소를 가리지 않습니다.'라는 핸드폰 카피가 있었다. 핸드폰은 때와 장소를 안 가리는지는 몰라도 유머는 때와 장소는 물론 상황까지 고려해야 한다. '누울 자리 보고 뻗어라'라는 우리 속담이 있다. 재미있는 이야기라도 해서 될 자리가 있고, 해서는 안 될 자리가 있다는 것이다. 아무리 고급 유머라고 하더라도 TOP에 맞지 않으면 입만 벌리는 시끄러운 POT(냄비)가 될 수 있다. TOP은 유머를 잘하는 조건이다. 간절히 원하면 이루어진다. '톱(TOP) 유머리스트'가 되기를 간절히 원하면 이루어질 것이다. 꿈은 이루어진다.

〔간절함〕

한 남자가 간절히 기도하자 천사가 나타나서 물었다.

- 천사: 네 소원이 무엇이냐?

- 남자(남자는 기쁜 마음으로 소원을 나열했다.) : 네. 전원주택도 하나 주시고요, 100억원이 들어 있는 통장도 하나 주시고요, 예쁜 여자와 결혼하게 해주세요. 그리고 마지막 또 하나 있는데…

- 천사 : 다 말해 보거라.

- 남자 : 유머리스트가 되게 해주세요.

- 천사(다 듣고 메모를 끝낸 천사가 말했다.) : 설문에 응해주셔서 정말 감사합니다.

(1) Timing : 유머는 타이밍의 예술이다. 시간의 적절성이다.

'인간은 시간이다.' 라는 말이 있다. 인간은 시간으로 구성되었다는 것이다. 시간이 가면 저절로 이루어지는 것도 있지만, 시간을 투자해야만 이루어지는 것도 있다. 시간에 의해서 인간이 완성 되어가지만, 완성된 유머를 시간에 맞게 사용해야 한다. 유머는 대화 중에 나오는 내용을 가지고 유머를 하면 좋다. 유머는 타이밍이다. 그때 그때 순발력 있게 응용할 수 있거나 응답할 수 있다면 프로 유머리스트라고 할 수 있다. 지금 할 유머를 며칠 지난 후에 생각났다고 한다면 그건 타이밍을 잃은 것이다. 비행기나 기차는 타고 내리는 시간이 정해져 있다. 그 시간이 지나가면 아무 소용이 없다. 지나간 버스에 손들기이다. 유머도 그렇다. 특히 시간대나 시기를 잘 고려해야 한다. 아침(미래 이야기), 낮(현재 이야기), 저녁(과거 이야기) 등 시간에 대한 구상을 하여야 한다. 저녁에 할 이야기를 아침에 한다면, 아침에 할 이야기를 저녁에 한다면 타이밍을 잘못 잡은 것이다.

〔시간의 중요성〕

고 정주영 현대건설 회장의 어릴 적 이야기다. 소년 정주영이 무작정 가출해서 상경하는 길에 강을 만났다. 배삯이 없었다. 그렇다고 다시 고향으로 돌아갈 수도 없었다. 두어 시간 망설이다가 무작정 배를 탔다. 당연히 뱃사공에게 혼이 났다. 따귀를 몇 대 올려붙인 뱃사공이 얼얼해진 뺨을 문지르고 있는 소년 정주영에게 물었다.

- 뱃사공 : 네가 저지른 행동이 후회되지?

- 정주영 : 네

- 뱃사공 : 후회될 짓을 왜 해. 이놈아!

- 정주영 : 뺨 맞은 게 후회되는 게 아니고요. 뺨 몇 대에 배 한 번 탈 수 있다고 생각했다면, 진작 탈 걸, 두 시간이나 허비한 게 아까워서 그래요.

(2) Occasion : **상황과 자신의 역할을 고려하라.**

상황이란 어떤 일이 되어 가는 모양을 잘 살펴보고 그것에 맞게 말이나 행동을 하라는 것이다. 환경, 구조, 집단, 날씨, 시간 등의 상황을 잘 인지하고 적절하게 대처해야 한다. 자신이 처한 상황에 맞는 유머를 할 수 있다면 이솝우화같이 유익한 이야기를 듣는 것과 같을 것이다. 특히 위기 상황에서 유머로 극복할 수 있다면 고수 중에 고수일 것이다.

〔오바마 이름〕

2008년 미국 대통령 민주당 대통령 후보인 오바마는 그의 이름 때문에 선거 기간 중에 고역을 치른 적이 있다. 그의 원래 이름은 '버락 후세인 오바마'이다. 후세인(HUSSein)이라는 이름은 미국인들이 가장 싫어하는 이름 중의 하나로 이를 공화당 매케인 측에서 교묘히 이용하여 선거 상황을 자기에게 유리하게 이끌어 가려 했다. 존 매케인은 공화당 대통령 후보였다. 어느 토론에서 매케인 측이 자신의 이름을 문제 삼자

- 오바마 : 글쎄, 저희 조상들은 후손 중에 누군가가 대통령에 출마할 줄은 몰랐나 봅니다.

■ 그의 유머 한마디로 매케인 측에서는 더 이상 이름을 물고 늘어지는 일은 없었다고 한다. 그의 유머 한마디가 상황을 반전시킨 것이다.

〔며느리와 딸의 차이〕

어떤 시어머니가 며느리 집에 가서 초인종을 눌렀다. 그러자 며느리는 안

나오고 아들이 빨간 고무장갑을 끼고 나와 인사를 했다.

- 아들 : 엄마, 웬일이세요? 연락도 없이. 어서 들어오세요.

- 엄마 : 아니, 니 마누라는 어디가고 니가 나오느냐?

- 아들 : 집사람이 몸이 불편하다고 해서 누워 있으라 하고 제가 설거지 좀 하고 있어요.

- 엄마 : (소리를 버럭 지르면서) 이런 쓸개 빠진 놈 같으니라고! 내가 고생 고생해서 대학까지 가르쳐 놓았더니 기껏 한다는 게 설거지냐! 죽어라, 이 못난 놈아! (화가 잔뜩 난 엄마는 아들 집에 들어가지도 않고 딸래미 집으로 방향을 바꾸었다. 딸래미 집 초인종을 누르자 이번에는 사위가 빨간 고무장갑을 끼고 나왔다.)

- 사위 : 장모님, 어서 오세요.

- 장모 : 아니, 자네 마누라는 어데 가고 자네가 나오는가?

- 사위 : 예, 아내가 몸이 불편하다고 해서 누워 있으라고 하고 제가 설거지를 하고 있는 겁니다.

- 장모 : (흐뭇해 하면서) 암, 그래야지. 부부는 서로 돕고 어려울 때 짐을 나누어 져야 하는 거지.

(3) Place : 장소와 만나는 상대를 고려하라.

유머의 장소는 중요하다. 장소에 따라 유머가 빛날 수도 있고, 썰렁할 수도 있다. 가정 유머와 직장 유머도 구분해야 하고, 예식장 유머와 장례식장 유머는 구분해야 한다. 강당 유머와 야외장 유머도 구분되어야 한다. 강당인가, 세미나실인가? 미리 장소에 가보고 컴퓨터 호환 여부, 마이크 상태, 시계 등도 고려해야 한다. 가급적 1시간 전에 가서 현장 분위기를 파악하는 게 도움이 된다.

〔예식장에서〕

어느 예식장에서 주례선생님이 신랑을 소개하고 있었다.

- 주례 : 신랑은 어려서부터 매우 영특했으며, 학교 성적도 우수하고, 사법고시에 합격해서……(주례 샘님의 말이 여기에 이르자.)

- 신랑 : (얼굴빛이 변하면서 황급히 뒤를 돌아보고는 자기 아버지에게 말했다.) 아버지, 예식장이 바뀐 것 같은데요.

〔미국 대통령의 장례식장에서〕

2004년 6월 11일 故 도널드 레이건 전 대통령 장례식 실황방송을 텔레비전으로 보거나 라디오를 들은 사람들은 부시 현직 대통령이 조사(弔辭) 도중 유머 섞어 일화를 소개했을 때 미망인 낸시 여사와 아들, 딸 등 유가족을 비롯하여 조문객들은 두 번이나 소리 내어 웃지 않을 수 없었다.

〔부시 대통령의 조사〕

레이건이 2류 배우로 활동하던 시절, 그의 동료 배우 라버트 카밍즈가 한번은 레이건에게 생각을 물었다고 한다.

- 카밍즈 : 이봐, 자네 언젠가 대통령(President) 한번 되고 싶다는 생각을 해본 적 없나?

- 레이건 : 무슨 대통령 말이야?

- 카밍즈 : 미국 대통령 말이야.

- 레이건 : 왜, 또 그래? 자네도 내 연기가 시원찮다고 생각하나?

■ 레이건은 무명배우 시절에도 보스나 리더십의 기질이 보였던 것 같다. 동료 배우가 레이건은 배우보다는 차라리 정치로 뛰어드는 게 더 낫다고 생각했던 모양이다. 그 동료 친구의 말대로 레이건은 라디오 진행자, 헐리웃의 영화배우를 거쳐 결국 캘리포니아 주지사와 그의 나이 70에 미국의 제40대 대통령에 당선되고, 재선까지 했다. 어쨌든 장엄하고 엄숙해야 할 장례식장에서, 그것도 전직 미국대통령 국장(國葬)에서 소리 내어 웃는다면 동방예의지국인 대한민

국 국민들은 이해할 수 있을까? 유머의 나라 미국에서나 볼 수 있는 일이다

【예시 15】

○ 유머 구성의 3요소란?

① 재미(才味) ② 흥미(興味) ③ 의미(意味)

◇ 유머를 짓거나 강의할 때 유머 구성의 3요소 또는 3미(三味)인 재미, 흥미, 의미를 염두에 두어야 한다.

〔재미(才味)〕

재미란 아기자기하게 즐거운 맛이나 기분을 뜻한다. 자신의 재능(才能)을 이용하여 이야기를 감동있게, 의미있게, 재미있게, 감칠맛 나게 이끌어가야 한다. 재미없는 강의는 없다. 재미없는 강사가 있을 뿐이다. 일단 내용상에 재미가 있으려면 나를 낮추고, 상대방에게 불쾌감을 주지 말고, 긴장감을 해소시키면서, 반전이 있어야 한다. 비판과 막말 그리고 음담패설로 점철된 웃기는 말은 진정한 유머라고 할 수 없다. 그런 저질의 유머를 듣고서 참으라고? 참는 것도 인생이고 수업이라고? 배우는 입장이니까 참으라고? 지루하지만 꾹 참으라고? 재미가 없어도 그냥 참으라고? 공부는 원래 재미가 없는 거니 참으라고??? 가르치는 강사는 청자의 감정을 이끌어내야 한다. 단순히 전달하는 것은 교육이라고 할 수 없다. '교육시키다'의 영어는 educate이다. e+duce+ate로 만들어진 합성어이다. e(밖으로) + duc(이끌다) + ate(시키다), 잠재된 능력을 밖으로 이끌어 내는 게 교육이다. 그런데 지루하고, 재미없고, 의미없으면 청중들이 교육에

관심이 멀어져서 잠재의식이 나오려다 뒷걸음쳐 더 들어간다. 미국 문학의 아버지라 불리는 마크 트웨인은 '배울 것이 풍부한 강연보다는 청중이 더 높게 쳐 주는 것이 있는데 바로 재미있는 강연이다.'라고 말했다. 청중들이 '수업시간이 너무 짧아요.' '정말 재미있어요.' 라고 말할 수 있도록 강사가 성실한 교안 연구와 열정적인 모습을 재미있게 보여 주어야 한다.

〔多不有時〕

시골 한적한 곳을 지나던 등산객이 길 옆에 있던 쪽문에 한문으로 "多不有時"라고 적혀 있는 것을 보자.

– 등산객 : 많고(多), 아니고(不), 있고(有), 시간(時)이라?! 시간은 있지만 많지 않다는 뜻인가? 누가 이렇게 심오한 뜻을 문에 적어놨을까? 분명 학식이 풍부하고 인격이 고매한 분일 거야. 도사 같은 그 분을 만나 봐야지.

(문 앞에서 문을 두드려 보았으나, 안에서는 아무 소리도 들리지 않았다. 한참을 기다리니 옆집에서 런닝 차림의 할아버지가 나오시더니)

– 노인 : 어이, 거기서 뭐하는 거야?

– 등산객 : 아, 예~ 여기 사시는 분을 좀 만나 뵈려구요.

– 노인 : 엥? 거긴 아무도 안 살아

– 등산객 : 네? 이 고사성어를 적으신 분을 뵈려했는데…

– 노인 : 그건 내가 적은 거야

– 등산객 : 네? 할아버지가요? 아이고, 뵙고 싶었는데요. 할아버님, 여기가 대체 무슨 문입니까?

– 노인 : 여기? 별거 아니야, 화장실이야!

– 등산객 : 네? 화장실요? 여기가 화장실이라구요? 그럼 이 글의 뜻은 뭡니까?

– 노인 : 아, 이거? 참! 내~~, 다불유시~야, WC~! (Water CloSet)

■ 마음속에 쓸데없는 근심, 걱정 덜어내는 곳은 해우소(解憂所),

뱃속속에 쓸데없는 급한 것 덜어내는 곳이 휴급소(休急所)이다. 즉 해우소는 큰 일 보는 곳, 휴급소는 작은 일 보는 곳.

〔흥미(興味)〕

학습의 기본 조건은 '흥미'이다. 흥미(興味)는 흥(興)을 느끼는 재미이다. 흥(興)이란 한자는 舁(마주들 여) + 同(함께 동)의 결합으로 함께(同) 힘을 합하고, 손을 맞잡고 마주드니(舁) 일이 잘되어 '흥이 난다' '일어난다'는 뜻이다. 강사의 열정과 청중의 반응으로 함께 교학상장(敎學相長)이 일어나서 강의시간에 재미나 즐거움이 일어나는 감정이다. 이 감정을 잘 이끌어 내려면,

첫째, 내용과 유머를 연결시켜 말하라. 청중의 관심을 끌고 싶다면 먼저 유머를 꺼내는 것이 좋다. 그리고 이 유머는 앞으로 이끌어 갈 이야기의 내용과 이어져야 한다.

둘째, 경험한 사례를 많이 이용해라. 유머를 잘하는 비법 중 하나가 적절한 예시를 잘 이용하는 것이다. 본인이 경험한 특별한 것을 바탕으로 유머에 대한 이야기를 한다면 더욱 자연스럽고 친밀하게 이야기를 이어 나갈 수 있다.

셋째, 적극적인 제스처와 표정을 지어라. 유머는 웃기려고 하는 이야기인데 그에 반해 경직된 표정이나 딱딱하게 굳은 몸으로 이야기를 한다면 분위기를 풀어주기 보다는 오히려 더 무거운 분위기를 만들 수 있다. 유머의 이야기에 적절한 제스처나 그에 맞는 표정을 재미있게 짓는 것이 오히려 더 효과적이다.

〔심조불산, 화녹림산〕

졸부들이 골프 나들이를 마친 후 인근 사찰에 들렀다. 사찰 입구에 쓰인 팻말을 보고 나서기 좋아하는 한 졸부가 먼저 말을 꺼내니 지기 싫어하는 졸부들

이 응대했다.

- A 졸부 : 심조불산하니 화녹림산하니라…

- B 졸부 : 그러게 말입니다. 난 저 법문을 아주 감명 깊게 들었어요.

- C 졸부 : 새길수록 참 심오합니다. 그 스님 말씀은 참 좋습니다.

(그때 초등학교 4학년쯤으로 보이는 아이가 그 팻말을 읽고 지나갔다.)

- 초등학생 : 산불조심, 산림녹화

〔의미(意味)〕

유머 속에는 뭔가 메시지가 담겨 있어야 한다. 즉, 교훈이 있어야 한다. 단순히 웃자고 하는 유머는 유머를 너무 가볍게 취급하는 것이다. 의미에서 한자 '의(意)'자는 音(소리 음) + 心(마음 심)이 결합된 글자이다. 마음(心)의 신중한 뜻이 말소리(音)로 나와야 하지만, 반대로 소리(音)가 마음(心)에 의미(意)로도 남아야 한다. 따라서 유머가 끝나면 뭔가 얻어가는 의미가 있어야 한다. 용기를 얻었다든가, 동기가 부여됐다든가, 감동을 받았다든가, 지혜를 얻었다든가 등등. 강사가 긍정과 희망의 메시지를 전달할 수 있다면 금상첨화일 것이다.

〔주유소 사장과 대통령〕

클린턴 부부가 모처럼 나들이를 가다 기름이 떨어져서 주유소를 들렀다. 그런데 주유소 사장이 힐러리의 친구였다. 그 친구는 힐러리를 알아보고 인사를 나누었다. 이 광경을 지켜본 클린턴이 한마디 했다.

- 클린턴 : 당신이 저 남자와 결혼했으면 지금 주유소 사장 부인이 돼 있겠지?

- 힐러리 : (고개를 저으며) 아니, 그렇게 되면 저 남자가 미국 대통령이 되었겠지.

■ 가는 말이 고와야 오는 말이 곱다. 힐러리는 남편의 비아냥을

자신의 내조로 당신이 대통령이 됐음을 반격한 것이다.

【예시 16】

○ 유머의 골든타임은?

① 1분 ② 3분 ③ 5분

<해답 : ①>

◇ 유머에도 골든타임이 있는가? 있다면 그때는 언제인가? 골든타임이란 사건에 따라 약간의 차이가 있겠지만, 화재 초동진압 및 응급환자 소생률 향상을 위한 시간이 5분 이내이다. 화재시 5분이 지나면 불이 급속히 퍼질 가능성이 크기 때문에 그 전에 제압해야 한다. 심정지 환자 역시 4~5분이내 적절한 조치를 취하지 않으면 생존율이 급격히 감소한다고 한다. 아이들의 키 성장 골든타임은 언제인가? 7~12세라고 한다. 이때 영양, 운동, 수면 3박자를 맞추면 쑥쑥 큰다고 한다. 참고로 비행기 불시착은 골든타임이 1분 30초 이내이다. 비행기의 속도를 감안한 시간일 것이다. 인터넷 접속시간의 골든타임도 있다. 21세기는 3D시대가 아니라 3A시대다. 인터넷 속성상 언제(Anytime), 어디서(Anywhere), 누구(Anyone)와도 연결하는 시대가 되었다. 이때 접속시간이 7초를 넘기면 고객을 잃는다고 한다.

〔첫머리 유머〕

① 버스 뒷좌석에 앉아서 늦었습니다. 다음에는 앞자리에 앉아서 늦지 않도록 하겠습니다.

② 오늘 귀중한 회의(會議)가 회의(懷疑)에 빠지지 않도록 하기 위하여 아침부터 생각하다가 늦었습니다. 다음부터는 회의가 있으면 전날부터 생각하겠습니다.

③ 교통 체증 때문에 늦었습니다. 국토교통부장관을 대신해서 사과드립니다.

④ 당신도 예쁜 마누라와 살아보십시오. 그게 마음대로 잘 안 된다는 걸 아실 겁니다. 다음부터는 회의가 있으면 늦지 않도록 마누라와 각방을 쓰도록 하겠습니다.

◇ 그렇다면 프레젠테이션이나 발표 등 강의 시간의 골든타임은 얼마일까? 5분 이내여야 한다. 5분 이내의 짧은 시간에 관심과 흥미를 사로잡을 수 있는 건 유머일 것이다. 방송이나 광고에서도 오후 7시~오후 9시를 황금 시간대, 골든타임이라고 한다. 영어로는 프라임타임(Prime time), 골든타임(Golden time), 피크타임(Peak time)이라고 한다. 강사는 강의장에 들어선 순간 황금 시간대이다. 이 시간대를 골든타임으로 만들어 가야 한다. 가장 중요한 시간대이다. 그렇다면, 유머 강의시 골든타임은 얼마일까? 다른 강의가 5분 이내에 청중을 휘어잡는 시간이라면 유머 전문 강의는 시작과 동시에 청중들을 사로잡아야 한다. 즉 1분 이내에 웃겨야 한다.

〔웃겼는데도 안 웃는 경우〕

- 연예인 : 지금 몇 시죠?
- 사회자 : 2시인데요
- 연예인 : 그렇죠? 어쩐지… 이 시간에는 절대 못 웃기거든요. 뭘 해도 안 돼요.

■ 유머와 웃음은 쌍방통행이다. 웃기려는 사람과 웃으려는 사람 간의 소통은 쌍방통행이다. 그래서 유머는 가급적 빠른 시간 내에 웃김으로써 첫 강의 시간의 어색함과 딱딱한 분위기를 깨야 한다. 시작이 반이다. 아이스 브레이킹은 그래서 중요하다.

〔어느 가수의 시작 멘트〕

제 공연에 처음 오신 분 손들어 보세요(꽤 많은 사람이 손들자). 지금 오셔서 다행입니다. 제 노래가 이제야 맛 들었다고 합니다. 그 전에는 물에 물탄 듯, 술에 술탄 듯 맹물 노래였다면, 지금 노래는 강물 수준이래요. 누가 그랬는지 아세요? 제가요. ㅎㅎ

【예시 17】

○ 사랑해의 반대말은?

① 썰렁해 ② 미워해 ③ 사랑했어

<해답 : ③>

◇ 사랑해의 반대말을 누구나 "썰렁해"라고 했을 것이다. 이미 다 알려진 썰렁개그다. 그럼 썰렁개그의 반대말은? "썰렁고양이그"이다. "야~~ 이거 언제적 건데, 자꾸 삼계탕 생각나게 할래?" "이런 게 뭐 창의성이냐, 아재개그지" 라고 묻는다면 할 말이 있다. 아재개그란 아저씨들이 하는 개그란 뜻으로 시대에 뒤떨어지거나 재미없는 농담을 이르는 말이다. 당신은 아재개그라도 해서 주위 사람들에게 웃음을 주어봤느냐? 혹시 웃음경화증이나 소맹증에 걸려서 주위의 분위기를 냉랭하게 하지는 않았는지 돌이켜 보아야 한다. 작은 것이 소중하고, 작은 것이 아름답고, 작은 것이 위대하다. 설탕 한 스푼이 쓴 약을 삼키게 한다. 처음은 미약하나 끝은 창대하리라. 성경처럼 작은 물방울이 큰 강물을 이루고, 작은 새 한 마리가 봄을 불러온다. 아마존의 정글에서 파닥거리는 나비는 몇 주일 후에 미국 텍사스주에 폭풍우를 일게 할 수 있다는 게 나비효과다. 먼 훗날, '지금 알고 있는 것을 그때도 알았더라면' 하고 후회하지 말고 지금부터라도 유머 한 줄, 유머 퀴즈부터 관심을 갖고 노력하면 주변 사람들로부터 인기를 끌 수 있고, 훌륭한 유머리스트가 될 수도 있다. 작은 유머가

다른 사람의 인생을 바꿀 수 있다. 고정관념과 편견은 창의력, 유머의 천적이다.

〔30년 연하〕

40년을 함께 살아온 60살 먹은 부부가 있었다. 결혼기념일이 되어 축하 케익을 자르는데 산신령이 나타났다. 산신령은 고생한 부부에게 선물을 주고 싶었다. 산신령은 아내에게 무엇이 가지고 싶은지 물었다. 곰곰히 생각하던 부인은 아이들 키우고 일하느라 못 가본 여행을 가고 싶다고 하였다. 산신령은 아내에게 세계여행권을 주었다. 다음은 산신령이 남편에게 물었다. 무엇을 해주면 좋겠느냐? 남편은 곰곰히 생각하다가 30년 젊은 여자와 살아보고 싶다고 하였다. 산신령은 부인의 눈치를 살피더니 지팡이를 탕쳤다. "펑" 하는 소리와 함께 남편이 90살로 바뀌었다. 덕분에 90살 된 남편은 30년 젊은 여자와 살게 되어 소원을 이루었다.

■ 역시 신은 신이다. 자신의 나이는 고정될 것이라는 인간의 생각도 고정관념이다. 신은 이런 우매한 인간을 깨우쳐 주었던 것이다.

◇ 유머리스트란 누구인가? 라는 질문을 던지니 첫 번째가 '고정관념을 깨는 사람'이다. 그리고 두 번째가 '인간관계를 재미있게 하려는 의지를 가진 사람', 세 번째가 '소통 능력이 뛰어난 사람'이라는 대답이 나왔다. 유머란 '유'연하게 '머'리를 쓰는 게 유머다. 따라서 고정관념의 틀에서는 유머를 키울 수 없다. 고정관념을 깨야(break) 한다. 사마 광처럼 항아리 물독에 빠진 아이를 살리려면 항아리도 깨야 한다. 접시도 깨야 한다. '접시 깬다고 세상이 깨어지나?'라는 노랫말도 있지만, 깨어진다. 편견도 깨어지고, 스트레스도 깨어지고, 울화통도 깨어진다. 깨어지면 못쓰는 것도 있지만, 기록이 깨어져서 세계신기록으로 경신되는 경우도 있다. 자동차가 마음 놓고

100km, 200km 달릴 수 있는 것은 액셀러레이터(Accelerator) 때문이 아니라 브레이크(break) 때문이다. 깨지고, 부러지기 때문이다.

〔두 마리의 개〕

사람은 누구나 마음속에 두 마리의 개를 키운다고 한다. 이 두 마리 개의 이름은 선입견과 편견이다. 그런데 이런 선입견과 편견을 쫓아낼 수 있는 특별한 명견이 있다. 개 이름은 좀 길다. 백문이불여일견(百聞而不如一見)이다, '백번 듣는 것보다 한번 보는 게 낫다.'는 뜻이다. 줄여서 '일견(一見)'이라고 부른다. 항상 일견을 키우면서 선입견과 편견이 들어서지 못하도록 정신을 차려야 한다. 미국의 철학자, 심리학자인 윌리암 제임스는 "많은 사람들은 단순히 자신의 편견을 재배치해 놓고, 이것이 새로운 생각을 하고 있다고 믿는다."라고 했다.

〔나는 등대다〕

군함 한 척이 달도 없는 어두운 밤에 항해를 하고 있었다. 정면에서 불빛이 보였다.

- 미국함장 : (함장이 빛으로 신호를 보냈다.) 방향을 서쪽으로 10도 돌려라!

- 캐나다 일병 : (상대에게 답신을 보냈다.) 당신이 방향을 동쪽으로 10도 돌려라.

- 미국함장 : (화가 난 함장은 다시 신호를 보냈다.) 나는 해군함장이다. 네가 방향을 돌려라!

- 캐나다 일병 : 나는 해군일병이다. 그쪽에서 방향을 돌려라!

- 미국함장 : (화가 끝까지 난 해군 함장은 최후의 신호를 보냈다.) 이 배는 미합중국 대서양함대에서 두 번째로 큰 "링컨 항공모함"이다. 그러니 네가 서쪽으로 10도 항로를 변경해라. 그렇지 않으면 항공모함의 안전을 위하여

필요한 조치를 취할 것이다.

– 캐나다 일병 : 여기는 등대다. 니 맘대로 해라!

■ 무서울 게 없다는 천하무적 항공모함. 그렇다고 자기보다 강적이 없으리라는 생각도 고정관념이다. 등대를 보면 피해가야지. 어쩌겠다는 것이냐? 이 유머는 실제로 미국과 캐나다에서 있었던 내용이라고 한다.

【예시 18】

○ 유머는?

① 그림이다. ② 이야기이다.

〈해답 : ②〉

◇ 스토리텔링(storytelling)은 story(이야기, 소설, 기사, 사건, 지식, 정보)와 tell(말하기, 이야기하기, 문자, 소리, 그림, 영상), ing(현재 진행중인 동작, 과정의 뜻 : 교감, 상호작용) 즉 여러 가지 사건, 정보들을 이야기로 묶어서 의도한〈여기선 유머〉 내용으로 만들어 내는 과정을 말한다. 여기서 포인트는 단지 이야기를 늘어놓는 것이 아니라 'fun(재미, 감동, 반전 등)' 요소가 있어야 한다. 다시 말해

스토리텔링이란

첫째, 많은 이야기(Story :경험, 많은 독서, 많은 생각)

둘째, 재미있게(fun : 생생하게, 감동있게, 실감나게, 엉뚱하게, 반전있게, 웃기게)

셋째, 전달(telling)함으로써 청중을 몰입하게끔 하고 감동의 파문을 일으키는 행위이다.

따라서 훌륭한 유머리스트는 훌륭한 스토리텔러(storyteller)가 되어야 한다. 왜냐하면 팩트(fact)가 원석이라면 스토리텔링은 다이아몬드(diamond)이기 때문이다. 다이아몬드 1캐럿(0.2g)을 캐기 위해

서는 250ton의 암석을 채굴하고 버려야 한다. 이러한 노력에도 다이아몬드를 캐는 이유는 희귀성으로 비싸기 때문이다. 즉 노력의 가치가 있기 때문이다. 이것이 보석의 황제로 등극한 다이아몬드의 비밀이다. 스토리텔링도 마찬가지다. 다이아몬드가 되기 위해서는 절차탁마(切磋琢磨) 하듯이 스토리텔링도 기-승-전-결의 원칙에 따라 가공하고 다듬으면 된다. 좀 더 감성을 입히고, 강한 반전과 교훈이나 의미를 담고 있다면 금상첨화다.

〔아라비안 나이트(천일야화)〕

페르시아 제국의 한 젊은 왕은 자신의 아내가 불륜을 저질렀다는 사실 때문에 아예 여자를 믿지 못하게 됐다. 그는 분노에 사로잡혀 새 신부를 맞을 때마다 하룻밤을 보내고 처형하기 시작했다. 한데 처형이 이루어지는 와중에 대신의 딸 '세헤라자데' 라는 여인이 왕을 섬기게 되었다. 세헤라자데는 매일 밤 침소에서 왕에게 재미있는 이야기를 들려준다. 왕은 계속 이야기를 듣고 싶어서 그녀를 죽이지 않았다. 그 이야기는 1001일 밤에 걸쳐 계속된다. 1001일 밤이 지나고 왕은 생각을 고쳐먹었다. 왕은 세헤라자데를 정식 아내로 맞이하고 함께 행복한 여생을 보낸다. 중동문학 중 최고의 명작이라고 불리는『아라비안 나이트』라고도 하는 천일야화(千一夜話)의 스토리텔링이다.

① 구성요소 : 젊은 왕, 아내, 불륜, 새 신부, 이야기

② 이야기 전개 : 불륜을 저지른 아내로 인하여 여자를 믿지 못하고 하룻밤을 지내고 처형

③ 전환 : 세헤라자데라는 여인이 재미있는 이야기로 왕의 생각을 바꾸어 놓음

④ 마무리 : 세헤라자데를 아내로 맞이하고 행복하게 보냄.

〔지포 라이터〕

다음 이야기는 지포 라이터를 들 수 있다. 1933년 미국에서 출시될 당시에는 담배 피우는 사람의 호주머니 속에 머무는 데 그쳤다. 즉 일반적인 상품에 불과했다. 그러나 제2차 대전 중에 전쟁에 참가한 미국 육군 안드레즈 중사는 적이 쏜 총알을 맞았지만, 다행히 윗옷 주머니 속에 넣어둔 지포 라이터가 총알을 막아주는 바람에 무사할 수 있었다. 이 이야기가 〈Life〉지에 실리면서 그 이후 지포 라이터는 소중한 보물이자 불행을 막아주는 자신의 수호신이라는 이미지가 형성되었고, 부적처럼 휴대하고 다니게 되었다. 심지어 자신만의 것으로 만들기 위하여 이름이나 그림을 새기기도 했다. 평범한 상품에 감성을 자극하는 스토리를 입힘으로써 소비자에게 다른 가치를 창조케 했다.

① 구성요소 : 미군 중사, 전쟁, 라이터

② 이야기 전개 : 전쟁 중 적이 쏜 총에 맞음

③ 전환 : 다행히 윗옷 주머니 속에 지포 라이터가 막아줘 생명을 구함.

④ 마무리 : 지포 라이터가 불행을 막아주는 수호신으로 여기고 휴대하게 됨.

【예시 19】

○ 스토리텔링으로 유머 한다면?

① 종이 ② 오일장 ③ 별6 ④ 수류탄

⑤ 여자 ⑥ 줄넘기 ⑦ 다방 ⑧ 연어

◇ 세상은 이야기로 가득 찼다. TV나 신문을 보아도 사건으로 넘친다. 스토리텔링에 대하여 관심이 높아지고 있다. 스토리텔링에 대하여 다양한 정의가 있지만, 가장 많이 쓰이는 콘텐츠 분야에서는 '이야기 창작기술'이라는 정의로 비즈니스나 전문 분야에서는 '어떤 사실을 이야기 형식을 통하여 재미있게 전달하는 방법이다'이라고

한다. 스토리텔링은 문학, 마케팅, 영화, 뮤지컬, 대인관계에서도 널리 활용되고 있다.

◇ 위 단어를 이용해서 자신의 독특한 경험이나 기발한 상상력으로 재미있고 반전있는 이야기로 만들어야 한다.

① **송이** : 나의 고향은 설악산이다. 자라면서 가난하게 자랐다. 학교 다닐 때 잘 사는 아이들은 도시락 반찬에 계란말이를 해오기도 했다. 나는 가난했기 때문에 도시락 반찬을 된장에다 송이 몇 뿌리 캐서 된장에 찍어먹어야 했다. 그런데 송이가 채소이다 보니 금방 배가 꺼졌다. 그래서 학교 끝나면 산에 가서 또 몇 뿌리 캐어 먹었다. 그때 먹은 것을 요즘 돈으로 환산하니 최소한 40만원짜리 점심을 먹은 것이다. 가난해서 부끄럽습니다.

② **오일장** : 나는 중학교 다닐 때 국어 선생님으로부터 백일장 나가보라는 권유를 받았다. 그때 나는 선생님한테, "선생님, 저는 오일장은 나가봤는데, 백일장은 안 가봤는데요." 했다가 비오는 날 먼지가 나도록 맞았다. 지금 와서 생각해 보니 오일장 20번 나가면 백일장인데, 내가 오일장을 20번만 나갔겠는가? 아마도 200번은 더 나갔을 것이다. 백일장, 천일장 경험이 있는 내가 신춘문예에 당선, 시인으로 등단하고 작품집을 5권 낸 것도 오일장 여러 번 나간 덕택이 아닌가 싶다.

③ **별6** : 내가 근무하던 고등학교와 군수사령부가 자매결연을 맺어서 한 번은 사령관의 저녁 초대를 받고 부대를 방문한 적이 있다. 학교 측에서는 교장, 교감, 행정실장, 교무부장 4명이 갔고, 부대에서는 사령관을 비롯하여 4명이 참석했다. 서로 인사가 끝나고, 와인을 마시는데, 잔이 돌아가면 잔을 받은 사람이 이야기를 하는 순서로 진행되었다. 공평하게 이야기 할 수 있도록 한 것이다. 내 차례가 왔을 때 나는 군수사령관님 한테 "맥아더 원수가 별 5개라는 소리는

들었는데, 오늘 별 6개를 처음 봤습니다."라고 이야기 했더니 참석 군인들이 박수치고 엄지척 해주었다. 군인의 양 어깨에 별 3개씩 붙은 견장을 보고 합해서 별 6개라고 했던 것이다. 그 후부터 분위기는 급속도로 화기애애해졌다.

④ **수류탄** : 수류탄은 손으로 던지는 소형 폭탄이다. 어릴 때 폭파물이나 삐라(북한에서 날려 보내는 불온전단)를 경찰서나 군부대에 가져가면 연필이나 미군이 한국 국민 계도용으로 발간했다는 〈자유의 벗〉이라는 종합교양잡지를 주었다. 초등학생 때 소풍을 갔다. 소풍을 가서 꼭 하는 행사 중에 하나가 보물찾기다. 보물찾기를 하다가 수류탄 2개를 발견했다. 옳거니, 수류탄 2개면 연필이나 자유의 벗을 받을 수 있기에 주머니에 넣었다. 그런데 그것을 옆에 친구한테 들키고 말았다. 나는 그 친구에게 입만 다물고 있으면 나중에 연필 한 자루를 주겠다고 약속했다. 그리고 소풍이 끝나고 친구랑 경찰서로 가는데 친구가 멀찍이 떨어져 따라오기를 꺼리는 것이었다. 그래서 내가 "야, 빨리 따라와~!"했더니, 그 친구왈 "야, 그러다가 하나 터지면 어떻게 해?"라고 겁에 질린 소리를 했다. 그러자 나는 "야. 하나 터지면 하나만 주었다고 하면 되지~!" 라고 말했다.

⑤ **여자** : 여러분은 여자를 좋아하십니까? 저도 좋아합니다. 쭉쭉빵빵 미스코리아, 조각같은 탤런트, 인형같은 영화배우 …… 그런 사람을 좋아하는 게 아니라 우리 할머니, 우리 엄마, 우리 누나를 좋아합니다. 그래서 저는 오래 전부터 장가 보다는 시집을 고민해 왔습니다.…… 그러다가 오늘날 시집을 5권 냈습니다.

⑥ **줄넘기** : 줄넘기 아시죠? 전신 유산소 운동으로 자전거, 달리기, 걷기보다 운동효과가 좋고 신체능력을 향상시킨다는 줄넘기. 여러분은 어떤 재료로 만든 줄넘기로 줄넘기 운동을 했습니까? 굵은 고무줄? 밧줄? 플라스틱? 볏짚으로 만든 새끼줄? 그러면 나는 어떤

줄넘기로 했을까요? 새끼줄? 칡줄기? 놀라지 마세요. 나는 뒷산에서 독사 두 마리 잡아다가 묶어서 줄넘기 했습니다. 뱀한테 물릴까봐 남들은 한 번 돌릴 때 나는 두 번, 세 번씩 돌렸습니다. 특히 여름에 하면 등골이 서늘해서 더위 퇴치에 아주 좋습니다. 원하시면 독사 두 마리 묶은 줄넘기 택배로 보내드리겠습니다.

⑦ **다방** : 다방을 아십니까? 옛날에는 다방에서 남녀가 선도 보고, 문인, 예술인, 지식인들의 아지트였습니다. 또한 노인들의 경로당이기도 했습니다. 요즘 커피 체인점과는 달리 손님이 자리에 앉으면 레지로 불리던 종업원이 주문받으러 옵니다. 그리고 나이 든 이쁜 마담이 한복을 곱게 차려입고 인사하러 옵니다. 레지는 젊은 아가씨로 얼굴이 이쁘면 동네 총각들이 일부러 얼굴도 볼겸 차 마시러 몰려옵니다. 이것이 원래 우리 다방문화였습니다. 아침 10시 전에 대추, 잣 등이 들어간 쌍화차를 시키면 조조할인이 아니고, 쌍화차에 계란 노른자를 넣어 주었습니다. 나는 학교 다닐 때 공부도 잘하고, 운동도 잘하고, 글도 잘 썼는지 생활기록부에 선생님이 '다방면에 소질이 있다'라고 써서 나는 진짜 다방에 소질이 있는 줄 알고 다방에서 3개월간 아르바이트도 했습니다.

⑧ **연어** : 여러분 국수 좋아하십니까? 멸치국수 어떻습니까? 국물용 멸치 10마리 정도 머리와 내장을 제거하고 끓이면 담백하고 시원하고 개운하죠? 그런데 우리 동네 산속에서는 멸치가 없다보니 멸치 대신 연어를 사용했습니다. 설악산 단풍철에 연어가 먼 바다에서 양양 남대천으로 올라오면 팔뚝만한 것으로 잡아 말린 연어 한 마리를 대파와 산삼 넣고 푹 끓이면 멸치 100마리 분량의 국물이 나옵니다. 그걸로 결혼잔치, 환갑잔치, 생일잔치 등 특별한 날에 잔치국수를 해먹습니다. 연어로 잔치국수 해먹으면 굳은 마음도 연해집니다.

〔약초와 잡초〕

약초와 잡초 또는 독초와 약초, 꽃과 풀 등은 사람의 관점에서 정해 놓은 구분일 뿐 약초와 잡초, 꽃과 풀하고는 아무 상관이 없다. 스토리텔링의 재료도 좋은 재료가 있고 나쁜 재료가 있는 게 아니다. 스토리텔링 유머는 똑같은 제재를 가지고 긍정으로 말할 수도 있고, 부정으로 말할 수도 있다. 상황과 장소에 따라서 사용한다면 때로는 산삼 같은 스토리텔링 유머가 될 수 있고, 때로는 잡초 같은 스토리텔링 유머가 될 수 있다. 야생식물전문가 강병화 고려대 명예교수는 『잡초론』에서 "엄밀한 의미에서 잡초는 없습니다. 밀밭에 벼가 나면 벼가 잡초고, 보리밭에 밀이 나면 밀이 잡초입니다. 상황에 따라 잡초가 되는 것이지요. 산삼도 원래는 잡초였을 겁니다."

【예시 20】

○ 유머는?

① 천동설 ② 지동설!

< 해답 : ② >

◇ 코페르니쿠스적 전환이란 말이 있다. 사고방식이나 견해가 종래와는 크게 변하는 일을 비유적으로 이르는 말이다. 전회(轉回), 혁명적 사고 전환, 대반전으로 불린다. 독일 철학자 임마누엘 칸트(1724~1804)가 자신의 인식론의 입장을 나타내는 데 쓴 말이다. 2세기경 그리스의 프톨레마이오스는 지구는 우주의 중심에 정지해 있고, 그 주위를 태양, 달, 행성이 돌고 있다고 천동설(지구중심설)을 주장했다. 그 후 1400년 동안 이 학설은 지배적인 학설로 인정되어 왔다. 가톨릭교회는 하나님이 지구를 만들고 그 지구가 우주의 중심이며, 태양과 별 등 다른 모든 천체가 정지해 있는 지구 주위를 돌고

있다(천동설)고 했다. 천문학자가 이 이론을 뒤집으면 모두 처형을 당했다. 이 이론은 17세기 이전까지 유효했다. 그러다 1473년 폴란드에서 태어난 천문학자 코페르니쿠스는 1543년 '우주의 중심은 지구가 아니고 태양이며, 지구는 태양의 둘레를 돌고 있는 하나의 행성에 지나지 않는다'고 주장했다. 이른바 '코페르니쿠스의 대전환'이라고 한다. 우리나라도 조선시대 천문학자 이순지가 1427년 월식을 보고 지구의 그림자라는 것을 알았고, 그 그림자가 둥글다는 것으로 '지동설'을 주장했다. 이탈리아 천문학자 갈릴레오 갈릴레이(1564~1642)도 굴절망원경을 만들어 하늘을 관찰한 결과 지동설을 주장했다. 이렇게 지동설 발표 후 지구가 우주의 중심이 아니라는 것을 깨닫자 사고의 중심은 신(god)에서 인간(human)으로 바뀌는 코페르니쿠스적 전환이 이루어졌다. 아무튼 영원한 '정답은 없다.'는 이 말도 언젠가는 뒤집힐 수도 있다.

[지구본이 기울어진 이유 ①]

장학사가 학교 시찰을 갔는데 마침 지구본을 놓고 과학수업을 하고 있는 교실이 눈에 띄었다.

장학사가 교실로 들어가서 학생들에게 물었다. "반장, 지구본이 기울어져 있는 이유가 뭐지?"

반장이 깜짝 놀라서 손을 내저으며 대답했다. "제가 안 그랬어요." 어이가 없어진 장학사는 선생님에게 묻는다. "선생님이 직접 대답해 주시겠습니까?" 선생님이 별일 아니라는 표정으로 대답했다. "아, 그거요? 처음에 사올 때부터 그랬어요." 화가 대단히 난 장학사가 지구본을 들고 교장실로 갔다. "교장 선생님, 이 지구본이 기울어진 이유를 아무도 모르더군요." 그러자 교장이 안타깝다는 듯 이렇게 말했다. "쯧쯧, 국산이 다, 그렇죠 뭐…."

[지구본이 기울어진 이유 ②]

선생님이 지구본을 가리키면서 칠복이에게 물었다.

- 선생님 : 칠복아, 이게 왜 기울어졌지?

- 칠복이 : 제가 안 그랬어요.

(어이가 없는 선생님은 꿀밤을 때렸고, 방과 후 칠복이 아버지에게서 전화가 왔다.)

- 칠복이 아버지 : 선생님, 지 아들이라서 그런게 아니구유. 우리 아들이 지구본을 망가뜨릴 그럴 애가 절대 아니에유.

◇ 유머는 천동설일까, 지동설일까? 유머는 코페르니쿠스적 사고를 가져야 하는 지동설이다. 유머는 기존의 고정관념, 편견을 과감히 깨야한다. 기존의 사고방식에서 벗어날수록 격차도 크게 벌어져서 반전이 커지고, 새로운 이미지로 인해 웃음소리도 그 만큼 커지게 된다. 그 속에서 창의성도 발현된다.

[고정관념을 탈피한 우리나라 지도]

고정관념에서 벗어난 의미있는 그림이 있다.

① 우리나라 지도를 보면, 19세기 말에서 20세기 초 작가미상으로 〈근역강산맹호기상도(槿域江山猛虎氣象圖)〉가 있는데 무궁화가 피어있는 한반도에 용맹스런 호랑이의 기상을 표현한 그림이다. 그러나 이 그림은 구한말 일본인에 의해서 우리 민족성 말살정책의 일환으로 호랑이에서 토끼로 폄하시켰다.

② 거꾸로 그린 세계지도도 재미있다. 해양수산부 장관은 지난 6월 장관 취임 및 8월 국무회의에서 "이제는 해양으로 뻗어나가면서 대륙과 해양의 다리가 되는 비전을 갖자"며 거꾸로 세계지도를 선보였다. 기존의 지도가 대륙 중심이라면, 거꾸로 지도는 드넓은 대양 중심이 된 것이다. 지도는 지리학적인 지식뿐 아니라 가치관, 세계

관을 반영한다는 해양수산부의 창의적 정신에 박수를 보낸다.

【예시 21】

○ 미소와 웃음은?

① 진화론 ② 창조론

〈 해답 : ① 〉

◇ 우리는 유머가 풍부한 사람을 부러워하면서 유머감각은 타고난다고 생각한다. 혹시 이런 생각이 유머감각에 대한 싹을 억누르지 않는가 생각해 본다. 유머감각을 키우는 데는 많은 노력이 필요하다. 물론 예능끼나 유머끼가 있으면 좀 더 쉽게 접근할 수는 있겠으나, 필자의 경우를 보더라도 후천적인 노력이 절대적이다.

〔웃음의 진화론〕

개그맨 이윤석의 『웃음의 과학』에 의하면 저자는 인간의 웃는 표정이나 동물의 표정은 하나같이 적이나 포식자에 대한 두려움이나 복종의 의미를 띠고 있다는 것이다. 인도의 뇌과학자 라마찬드란은 뉴스위크가 가장 주목해야 할 21세기 뛰어난 인물로 선정한 세계적인 신경과학자이다. 그는 '홍적세(洪積世 : 약 250만년 전부터 1만년 전) 때 인간이 낯선 상대를 만났을 때 이를 드러내는 위협적인 표정을 지은 후 자신을 해치는 적(賊)이나 포식자가 아님을 확인하고 표정을 반쯤 푸는 것을 미소의 기원'으로 보았다. 예를 들어 원시시대에 먹거리를 찾아 초원을 헤매다가 거대한 물체를 감지하고 위험하다는 것을 직감하고 긴장하고 있는데 상대가 적이나 포식자가 아닌 친한 동료일 때 긴장을 풀고 안도의 마음으로 반가운 표정을 지으면 "미소"이고, "하하하" 큰소리로 웃는 게 "웃음"이라는 것이다.

〔월동화세〕

허구한 날 백화점에서 쇼핑만 하는 아내를 간신히 설득하여 서예학원에 등록시켰다. 3개월 후 집에 아내가 직접 쓴 액자가 걸렸다. 거기에는 '월동화세 수목명황(月東火世 水木明皇)'라고 쓰여 있었다. 무슨 말인지 몰랐는데 나중에 알고 보니 월요일은 동양백화점, 화요일은 세이백화점에 신상품이 들어오고, 수요일과 목요일은 드라마 '명성황후(明成皇后)'을 보는 날이란다.

〔웃음의 창조론〕

우리는 웃음은 신이 준 선물이라고 한다. 인간은 신이 만든 피조물이라고 한다면, 그 인간에 의해서 웃는 웃음도 신의 피조물이기 때문에 신의 창조물이다. 1988년 3월 미국 캘리포니아대학교의 이차크 프리드 박사가 뇌에서 웃음을 주관하는 '웃음보'를 발견했다는 사실이 한동안 화제가 되었다. 그는 간질을 치료하던 중 왼쪽 대뇌의 사지 통제 신경조직 바로 앞에 표면적 4제곱센티미터의 '웃음보'를 우연히 발견했다. 프리드 박사는 뇌에서 발작을 일으키는 부분을 찾기 위해 16세의 소년 환자의 옆머리에 전극을 부착, 자극을 주면서 환자에게 그림책 보기, 발가락 구부리기 등을 지시했다. 그런데 환자는 갑자기 씩 웃더니 '웃음보'를 터뜨렸다는 것이다.

〔예수님은 왜 죽었을까요?〕

노인들 대상의 교리시간. 신부님은 예수님이 십자가에서 돌아가심과 죄사함에 대하여 열심히 설명했다. 그런데 할머니 한 분이 집중력이 산만해진 것 같아 조금 화가 났다. 그래서 할머니에게 물었다.

– 신부 : 할머님, 예수님이 왜 돌아가셨죠?

– 할머니〈피식 웃으며〉 : 내가 그 양반 맨발에 머리 풀어헤치고 돌아다닐 때 알아봤다니까. ㅎ

【예시 22】

○ 시와 유머의 공통점은?

① 시나 유머는 짧다.

② 시나 유머는 반전이 있다.

③ 시나 유머는 복선이 있다.

④ 시나 유머는 과장이 있다.

⑤ 시나 유머는 긴장이 있다.

⑥ 시나 유머는 창의성이 있다.

⑦ 시나 유머는 문법, 언어 파괴가 있다.

⑧ 시나 유머는 카타르시스(정화)가 있다.

【 시와 유머의 공통점 】

① 시와 유머는 짧다.

〔미술시험〕

기말고사 미술 과목에 마지막 주관식 문제가 나왔다. "미술의 기법 가운데 머리와 팔 다리를 없애고 몸통만 그린 것을 무엇이라 하는가?" (정답은 토르소) 그 다음날 미술 선생님이 화가 잔뜩 나서 떨리는 목소리로 외쳤다. "어제 '병신' 이라고 적은 놈 빨리 나와!!!!"

② 시나 유머는 반전이 있다.

〔처칠과 여성의원〕

영국의회 첫 여성의원으로 영국 의회의 어머니로 불리는 낸시 애스터(1879~1964) 부인은 영국의 대정치가 처칠(1874~1965)과는 매우 적대적 관계였다(처칠은 여성의 참정권을 반대했다고 함). 어느 날 서로 말다툼을 하다가 애스터 의원은 화가 머리끝까지 오르자

- 애스터 의원 : 내가 만약 당신의 아내였다면 당신이 마실 커피에 독을

타겠소.

– 처칠(태연히) : 내가 만약 당신의 남편이라면 서슴지 않고 그 커피를 마시겠소.

③ 시나 유머는 복선이 있다. – 복선(伏線)이란 소설이나 희곡 등 문학에서 앞으로 발생할 사건에 대하여 그에 관련된 일을 암시하는 내용을 미리 넌지시 비쳐 보이는 일이다.

(난 그꼴 못 본다)

맹구는 고통으로 신음하는 아버지를 모시고 병원에 가자, 의사는 한참 진찰을 하더니 어두운 표정으로 이렇게 말했다. "너무 늦었습니다. 말기암입니다. 길어야 한 달 정도입니다." 그런데 그 말을 들은 아버지는 의외로 담담한 표정이었다. "인명은 재천이라고 하지 않느냐? 갈 때가 됐다면 가야지. 그나저나 갈 날이 얼마 남지 않았다니 그 좋아하는 술이나 실컷 마시고 싶구나." 맹구는 내키지 않았지만 할 수 없이 아버지를 모시고 술집으로 갔다. 그런데 술을 마시던 아버지가 갑자기 여기저기 전화를 하더니 친구들을 불러내는 것이었다. 얼마 후 친구들이 모이자 아버지는 오늘 병원에 다녀왔다며 침통한 표정으로 친구들에게 선언했다. "에이즈라서, 앞으로 한 달밖에 살지 못한대." 난데없는 말에 친구들도 놀랐지만, 옆에 있던 맹구는 더 어안이 벙벙했다. 술집에서 나와 집으로 돌아올 때 궁금증을 참지 못한 맹구가 아버지한테 물었다. "암에 걸렸는데 왜 에이즈라고 거짓말을 하셨어요?" 그러자 아버지가 나직한 목소리로 대답했다. "내가 죽은 다음에 그 놈들이 젊은 네 엄마한테 추근대는 꼴을 어떻게 두고 보란 말이냐?"

■ 친구들에게 전화를 걸어서 오라고 함. 말기암 시한부 삶을 복선으로 깔고, 친구들은 아픈 친구를 위해 얼마 남지 않은 삶에 대한 동정과 위로 겸 해서 찾아갔으나, 정작 에이즈라고 거짓말을 하고 자신의 부인을 지키려고 했다는 데서 웃게 됨.

④ 시나 유머는 과장이 있다.

〔오일장〕

맹구는 중학교 다닐 때 국어 선생님으로부터 백일장 나가보라는 권유를 받았다. 그때 맹구는 선생님한테, "선생님, 저는 오일장은 나가봤는데, 백일장은 안 가봤는데요." 했다가 비오는 날 먼지가 나도록 맞았다.

■ 비오면 아무래도 먼지가 나도록 맞는 건 어렵다. 비오는 날 먼지가 나도록 맞았다는 것은 그 만큼 심하게 맞았다는 것을 과장되게 표현한 것이다.

⑤ 시나 유머는 긴장이 있다

〔긴장과 김장〕

어떤 주부가 춤을 열심히 배워서 드디어 카바레에 가서 춤을 추게 되었다. 그동안 집에서 혼자 연습하다가 남자 파트너에 안겨서 춤을 추다 보니 긴장이 되어서 스텝이 자꾸 꼬였다. 남자 파트너가 귀에 대고 "긴장하셨어요?"라고 말하자 주부가 대답했다. …… 네. 김장 30포기 했어요.

⑥ 시나 유머는 창의성이 있다.

〔호떡, 뒤집어〕

아기호떡과 엄마호떡이 있었다. 아기호떡이 기름에 들어갔다. 잠시 후에 아기호떡이 소리쳤다.

- 아기호떡 : 엄마 뜨거워~!

- 엄마호떡 : 호떡의 운명이니 참아야 한단다.

- 아기호떡 : (아기호떡은 참으려고 노력했지만, 참기 어려웠다. 진땀을 뻘뻘 흘리던 아기호떡이) 엄마, 나 못 참겠어

- 엄마호떡 : 그럼 뒤집어.

■ 생각의 틀이 바뀌어야 지적 오르가즘을 느낄 수 있다. 뒤집어라, 깨라, 결합해라. 이것이 융통성이고, 창의성이다.

〔코끼리를 냉장고에 넣는 방법〕

〈기본 3단계〉

(1) 냉장고 문을 연다.

(2) 코끼리를 넣는다.

(3) 냉장고 문을 닫는다.

〈수학과〉

1. 코끼리를 미분한다.

2. 냉장고 안에서 적분한다.

〈고고학과〉

얼음에 갇힌 맘모스 화석을 대상으로 맘모스를 포획한 얼음 구조물 자체가 고대 문명의 냉장고란 설을 발표한다.

〈법학과〉

1. 죄지은 코끼리를 '냉장고에 들어가라'는 금고형에 처한다.

2. 코끼리 집을 '냉장고'라고 부르게 하는 법을 제정한다.

〈신학과〉

개에게 코끼리라는 세례명을 준 후 집어넣는다.

〈심리학과〉

관중에게 최면을 걸어 코끼리가 냉장고에 들어갔다고 여기게 한다.

〈연극영화과〉

스티븐 스필버그에게 시킨다.

〈천문학과〉

블랙홀을 냉장고 속에 넣고 코끼리를 넣는다.

⑦ 시나 유머는 문법, 언어 파괴가 있다.

〔화장실 대화〕

- A : 똥 싸?
- B : 똥 싸(응, 똥 싸)
- A : 똥 싸?(진짜 똥 싸는 거야?)
- B : 똥 싸!(진짜 똥 싼다니까!)
- A : 똥 싸.(그럼 계속 똥 싸)
- C(지나가던 청소 아줌마) : 똥 싸!!!!!(떠들지 말고 똥이나 싸!!!!!)

⑧ 시나 유머는 카타르시스(정화)가 있다.

〔술 취한 승객〕

승객이 술에 취해서 비틀비틀 거리니까 택시가 안 섰다.

10여 분간 택시~, 택시~, 하면서 손을 흔드니 어떤 택시가 섰다.

- 기사 : (웃으면서) 손님, 어디로 모실까요?
- 승객 : 기사양반, 뉴욕으로 갑시다.
- 기사 : 손님, 뉴욕 가실려면 반대쪽에서 타셔야 합니다.

기저귀를 뗄 때까지 3,000번 이상 똥오줌 쌌고, 한 발자국 떼기 위해 2,000번 이상 넘어졌고, 엄마란 단어를 외우기 위해 1년 이상 반복했다.

【예시 23】

○ 유머는?

① 점이다. ② 원이다.

< 해답 : ① >

◇ 고질병과 고칠병의 차이는 점 하나 차이지만, 고질병이라고 생각하는 사람의 암 치유율은 38%에 그치지만, 점 하나를 붙여서 고칠병이라고 믿으면 암 치유율은 70%까지 올라간다는 것이다. 암을 죽음으로 연결하느냐, 암을 삶으로 해석하느냐는 우리의 태도에 달려 있다. 그 점 하나 때문에 삶이 힘들고, 행복하지 못한 경우가 있다면 그 생각의 점을 바꿔라. 마음의 점을 확 빼버려라. 점 하나의 기적이다.

〔점의 위력〕

숫자 3.5가 자기보다 큰 수인 4에게 언제나 깍듯이 인사했다.

- 3.5 : 형님 오셨습니까?

- 4.0 : 그래, 아그들 잘 있었냐?

그런데 어느 날 숫자 3.5가 4에게 말했다. '야, 4, 너 아그야, 인사 안 하냐?

숫자 4는 깜짝 놀랐다. 너 누구더러 아그냐냐?

그러자 숫자 3.5는 목에 힘을 주며 이렇게 말했다.

- 3.5 : 나, 점 뺐어 임마, 까불지 말어. 이제 형님이라고 불러!!

- 4.0 : 네. 그러십니까 형님!

〔점 하나의 차이〕

■ 불가능이라는 Impossible에서 기적의 점 하나를 찍으면 가능하다는 I'm possible이 된다.

■ '미녀'도 점하나 붙이면 종종 마귀나 죽은 자와 같은 존재인 '마

녀'가 된다.

■ '빚'이라는 단어에 기적의 점하나를 찍으면 밝은 의미의 '빛'이 된다.

■ 사랑하는 님도 점하나 잘못 찍으면 남이 되어 버린다.

[글자 바꾸면]

■ '자살'하고 싶은 마음도 생각 한 번 돌이키면 '살자'는 의욕이 생긴다.

■ '내 힘들다'고 절망했다가도 누군가 '다들 힘 내'라고 파이팅 외치면 다시 시작할 수 있다.

■ change에서 g를 c로 바꾸면 chance(기회)가 온다. 그래서 Crisis is chance가 된다.

■ Live는 나(i)에게 마음이 쏠릴 때 live(살다)가 되고, 다른 이(o)에게 마음을 줄 때 Love(사랑)가 된다. 로맨스는 'i'가 'o'로 전환하는 변속기와 같다.

■ 웃음의 받침 'ㅅ'은 사람 인(人)자다. 땅은 꽃으로 웃고, 숲은 새로 웃고, 사람은 얼굴로 웃는다. 낙하산과 새와 얼굴은 펴져야 산다. 사람에게는 웃을 권리가 있다. 행복할 권리가 있다. 돈 없어도 웃을 수 있다. 가난해도 웃을 수 있다. 혼자서도 웃을 수 있다. 해맑게 웃어야 행복하다. 긍정의 마인드로 마음껏 웃자. 행복해서 웃는 게 아니라 웃기 때문에 행복하다. 웃으면 복이 온다. 건강복, 재물복, 관계복, 행운복, 사랑복.

【예시 24】

○ 유머의 목적은?

① 위기지학(爲己之學) ② 위인지학(爲人之學)

〈 해답 : ② 〉

◇ 위기지학은 자기(己) 수양, 자신의 내면적 성찰을 위한 학문이라면, 위인지학은 남에게(人)에게 잘 보이고, 출세, 과시, 인정받고자 하는 학문이다. 유머는 도학(道學)이나 성리학이 아니다. 따라서 유머는 먼저 위기지학을 한 다음 위인지학으로 가는 게 순서이다. 그러나 유머의 특성상 유머는 인간관계의 윤활유라고 하듯이 타인과의 관계에서 더욱 빛날 수 있다. 유머도 수신제가치국평천하(修身齊家治國平天下)다. 먼저 유머로 나를 바로 세워야 한다. 유머 책을 보고, 유머 강의를 듣고 하면서 유머로 자신을 세워야 한다. 그 다음 가족들에게 이야기함으로써 피드백 받고 시행착오도 줄여야 한다. 이렇게 내공을 다진 후에 사회적 관계에서도 활용함으로써 인간관계도 좋아지고, 생산성 향상에도 도움이 될 수 있다. 그러나 자기 자신부터 공부를 하지 않고 포인트도 모른 채 남을 웃기려고 한다면 당신의 유머 내공을 청중은 바로 알아차리고 강사를 무시하거나 강의 분위기를 썰렁하게 만들 것이다.

[위기지학 유머] - 공부를 많이 해서 임기응변에 능한 한 유머리스트

어떤 꾀 많은 낚시꾼이 낚시를 끝내고 호숫가에서 주차장으로 걸어오고 있었다. 양손엔 고기가 가뜩 들은 양동이가 들려 있었다. 그걸 본 감시인이 낚시꾼을 불러 세워놓고 잡은 고기 수량을 확인했다.

- 감시인 : 이봐요! 법정한도를 초과해서 잡았잖소. 벌금을 물려야겠소.

- 낚시꾼 : 아니지요. 이건 잡은 게 아니랍니다. 이놈들은 내 애완용 물고기들인데 난 가끔 이놈들을 호수가로 데리고 와서 친구들과 놀 수 있도록 풀어주지

요. 충분히 놀았겠다 싶으면, 양동이를 물에다 집어넣고 신호를 하면 그 놈들이 다시 양동이 안으로 모여든단 말입니다.

– 감시인 : 그런 못 믿을 얘기가 어디 있소? 쓸데없는 말로 공무집행 방해하지 말고 어서 신분증을 제시하시오!

– 낚시꾼 : 그럼 내가 재현을 해 보일 터이니 정말인가 거짓말인가 확인이나 해보고 벌금딱지를 떼든 말든 하시오. 하고는 저벅저벅 다시 호수가로 걸어가더니 물고기들을 다 놓아주었다.

– 감시인 : 자, 이제 다시 불러 모아 보시오. 그 애완용 물고기들을!

– 낚시꾼 : (시치미를 딱 떼고는) 물고기라니! 무슨 물고기를 말이요? 이건 빈 양동이인데 무슨 말씀인지?

[위인지학] - 자기 공부를 어설프게 해서 남에게 약점 잡힌 낚시꾼

주정뱅이 낚시꾼 하나가 차에 낚시장비를 실은 채 얼음판을 찾아 돌아다니다가 쓸 만한 얼음판 한 곳을 발견하고 짐을 풀었다. 구멍을 뚫기 위해 끌과 톱질을 시작했는데 갑자기 허공에서 소리가 울렸다. "어허! 그 밑엔 고기 없다." 주정뱅이가 주변을 둘러보았지만 아무도 없었다. 이상하다 생각하고 다시 톱질을 하기 시작했는데 또 소리가 들렸다. "어허! 그 밑엔 고기가 없다. 없대도!" 주정뱅이가 전후좌우 찬찬히 둘러봤지만 역시 주변에는 아무도 보이지 않았다. 그래서 다시 톱을 집어 들고 뚫다만 얼음 구멍을 마저 뚫으려고 하는데 아까보다 더 큰소리로, "야! 안 들려? 거긴 고기가 없대두!" 주정뱅이 낚시꾼은 갑자기 두려운 생각이 들어서 소리가 나는 쪽 허공을 향해서 소리 질렀다. "댁은 하느님이신가요? 어떻게 고기가 없다는 걸 알 수 있단 말인가요?" 그때 멀리서 한 사람이 다가오면서 소리 쳤다. "여기는 아이스링크(ice rink)란 말이오! 나 여기 관리인데 확성기 소리가 안 들려요?"

【예시 25】

○ 무엇을 얼마나 아십니까?

① 웃음내시 ② 웃음파업 ③ 웃음부모 ④ 웃음도둑

◇ 여러분은 몇 개를 알고 있는가? 2개 이상 알 수 있다면 유머리스트에 가깝다.

① 웃음내시

왕의 건강을 지켜라. 조선시대 왕의 일정은 아침-공부-업무, 점심-공부-업무, 저녁-공부-업무의 연속이었다. 매일 '식사-공부-업무'의 반복으로 엄청난 스트레스를 받았다. 그리고 저녁에는 수많은 궁녀 속에서 파묻혀 살아야 했다. 왕의 자리는 강철 체력이 아니라 강철 정신력으로 견뎌야 하는 자리인지도 모르겠다. 그렇지 않으면 운동량 부족과 엄청난 스트레스 등으로 평균 수명 47세로 마감해야 한다. 평균수명 47세라는 이 수치는 당시 양반의 평균수명인 50대 초반보다 낮은 수준이었고, 못 먹고 산다는 천민들의 수명과 비슷했다. 왕에게는 환관(宦官)이라 해서 왕의 똥(매화) 맛으로 건강을 체크하는 전문 의료진이 있었고, 수라상궁이라 해서 영양을 책임지는 전문 영양사도 있었고, 수많은 의원들이 왕의 건강에 대하여 책임을 지는 어의(御醫)가 있었음에도 불구하고 못 먹고, 못 사는 천민 수준의 수명을 가졌다는 건 그만큼 좋은 영양 섭취에 비하여 운동량이 적고, 스트레스를 많이 받았기 때문인 것으로 밝혀졌다. 그래서 '총 맞아 죽는 사람보다 젓가락으로 죽은 사람이 더 많다.'는 것은 옛날 왕이나 양반들도 생활양식이 풍족해진 현대인들과 크게 다를 바 없다. 따라서 왕의 스트레스를 풀어줄 사람이 필요했다. 그 사람이 바로 요즘으로 말하면 개그맨에 해당하는 웃음내시이다. 웃음내시는 왕에게 우스운 이야기를 해주거나, 웃을 수 있는 상황을 만들어줌으로써 왕의 스트레스와 근심을 날려버리도록 도움을 주는 역할이었다.

〔내시들의 음모〕

반면에 내시들은 70세 장수를 누렸다고 한다. 오래 살고, 궁중 사정을 잘 알고 있는 조선시대 궁중의 내시들이 반란의 음모를 계획했던 일이 있었다. 그들은 완벽한 계획 하에 실행했음에도 불구하고 실패했다고 한다. 그 이유를 역사는 이렇게 전한다.

1. 반란에 가담한 내시들은 많았으나 이렇다 할 조직의 '발기인(勃起人→發起人)'이 없었다.

2. 그들에게는 조직에서 가장 필요한 '정관(精管→定款)'이 없었다.

3. 잘못을 가려낼 만한 '사정기관(射精기관→司正기관)' 또한 없었다.

4. 결국 그들의 이러한 '난관(卵管→難關)'을 극복, 돌파할 수가 없었기에 실패한 것이었다.

◇ 미국 백악관에도 웃음내시 격인 전속 유머작가를 두고 있다. 조지 부시가 미국 대통령이던 시절, 영부인인 로라 여사는 백악관에서 열린 만찬자리에서 유머러스한 스피치 연설로 좌중을 휘어잡았다. 부시가 마이크 앞에서 자신의 유머감각을 과시하자 "그런 철 지난 농담 이제 그만하세요!"하며 마이크를 가로챈 것. 그녀는 "부시는 언제나 기자들이 만찬에 오는 것이 즐겁다고 말하지만, 그는 평상시 이 시간에 잠자리에 든다"고 폭로 했고, 평소 부시 대통령이 저녁 9시경에 잠자리에 들면 자신은 ABC 드라마 '위기의 주부들'을 본다고

덧붙였다. 객석에서 웃음이 터져 나온 것은 당연한 일. 로라는 객석의 웃음이 잦아들기를 기다렸다가 "신사 숙녀 여러분, 나와 딕 체니 부통령의 부인 린 체니는 위기의 주부들이랍니다."라고 말해 또 한 바탕 웃음을 자아냈다. 사람들은 로라 여사의 유머감각을 칭찬하며 즐거워했지만, 다음 날 언론은 로라 여사의 유머가 백악관의 유머작가 랜던 파빈의 사전 각본에 의해 치밀하게 준비된 것이라고 말했다.

② 웃음파업

정확한 표현은 웃음서비스파업 일지도 모른다. 1999년 홍콩의 캐세이 퍼시픽 항공 승무원들은 사측이 임금 인상 요구를 수용하지 않자, 노측이 선택한 파업은 '웃음파업'이었다. 이는 고객을 위한 서비스는 그대로 하되 고객을 향해 웃음을 짓지는 않겠다는 것이다. 노조에 가입한 승무원은 전체의 4분의 3. 노조위원장은 "회사와의 계약에 미소를 강요한 조항은 없다"면서 비행 중 웃지 않기 운동이 합법임을 강조했다. 예를 들면 탑승하는 승객을 향해 예쁜 웃음 대신 입을 꽉 다물고 무겁게 목례만 한다든지, 뻣뻣한 자세에 얼굴 광대뼈에 경련을 일으키며 음료수 서비스를 실시한다거나 리필을 원하는 고객에게는 별 대꾸없이 그냥 리필해준다면 고객이 얼마나 불편하겠는가? 가끔 비행기가 흔들리면 이 원인을 물으면 스튜어디스는 이렇게 답했다고 한다.

- 승객 : 비행기가 왜 이리 흔들리죠?

- 승무원 : (무표정하게) 글쎄요. 잘 모르겠는데요? 뭔 일 있겠어요? 흔히 있는 일이잖아요?

고객의 불만은 말할 것도 없고, 일파만파 회사측에 전해졌다. 이 '웃음파업'을 계기로 사측은 노측의 입장을 십분 수용, 임금을 대폭 인상하면서 협상을 마무리하였다고 한다.

③ **웃음부모**

벼는 농부의 발자국 소리로 크고, 아이는 부모의 웃음소리로 큰다고 한다. 미국 남서부에 사는 한 아메리카 인디언 부족에는 새로 아기가 태어나면, 아기의 몸을 만지지 않고 어떤 방법을 쓰든지 아기를 웃김으로써 아기가 웃으면 그 어른이 아이의 웃음부모가 된다고 한다. 웃음부모는 아이의 기쁨과 고통에 대하여 함께 고민하고, 격려하고, 배려하면서 말하자면 멘토, 대모(代母)나 대부(代父)가 되는 셈이다. 웃음부모는 피를 나눈 부모와 자식 간 만큼 평생 지속적으로 아이의 후견인이 되어 지속적인 사랑과 격려, 충고 등을 해주고, 아이는 웃음부모를 친부모처럼 존경하고 순종한다고 한다. 아름다운 풍습이 아닐 수 없다. 부모의 웃음은 자녀의 행복이다. 웃음부모는 아이에게 따뜻한 마음과 긍정적인 사고를 가지게 할 것이다. 웃음부모의 역할로 아이뿐만 아니라 그 아이의 아이가 긍정적, 적극적으로 산다면 그 사회가 얼마나 밝을 지를 생각해 본다.

④ **웃음도둑**

중국 송나라 때 유명한 관상가가 있었는데, 그는 추운 겨울에도 베옷 하나만 입고 다녀서 사람들은 그를 '마의(麻衣)'라고 불렀다. '마의'는 최악의 관상을 근심어린 얼굴로 꼽았으며, 최고의 관상을 즐거워하는 얼굴로 꼽았다. 직장생활을 하다보면 상사되는 사람이 괜히 사무실을 공적인 공간으로 만들지 않고 사적인 공간으로 만드는 사람이 있다. 사무실은 항상 엄숙해야 하고, 작은 일에도 한숨을 내쉬거나 근심 어린 표정으로 웃음을 빼앗아간다. 상사가 인상을 쓰면 한 사람으로 끝나는 게 아니라 주위 사람들의 웃음까지도 훔치는 웃음도둑이 된다. 웃음을 빨아들이는 웃음진공청소기가 된다. 그런 분위기에서는 상사의 눈치만 살피게 되고, 꽃을 보고도 웃지를 않는다. 별을 보고도 웃지를 않는다. 처칠은 부하들에게 웃음을 가르치라고 했다. 웃겨라, 네가 웃는 곳이 천국이다. 서양 속담에 '빈 얼굴로 다니지 말라. 누구를 만나든 활짝 웃는 얼굴로 만나라.'고 했다.

【예시 26】

○ 누가 더 힘들까?

① 꿈이 있는 사람 ② 꿈이 없는 사람

〈해답 : ①〉

◇ 힘든 사람은 꿈이 있는 사람이다. 인간은 꿈을 먹고 사는 존재이다. 꿈이 있다는 것은 미래가 있고, 희망이 있다는 것이다. 대체로 꿈을 가지면 그 꿈을 실현하기 위하여 많은 시간을 투자하게 되고, 그 꿈을 향하여 한 발 한 발 노력한다. 그 과정이 매우 길고 힘들 수 있다. 꿈이 있는 사람은 목표가 있기 때문에 어려움이 닥쳐도 쉽게 실망하거나 포기하지 않는다. 배는 항구에 있을 때 안전하다. 그러나 배는 항구에 매어놓으려고 만든 게 아니다. 거친 파도를 뚫고 나가 새로운 바다로 나아가야 한다. 분명한 꿈을 가지고 있는 사람은 상황과 환경은 핑계에 불과하다는 것을 안다. 오히려 나쁜 상황이나 환경에 접하면 이것이 나를 시험에 들게 한다고 마음을 더욱 다잡고 노력한다. '삶의 역경과 고통은 자신을 단련시키고 정신을 집중시키는구나' 하며 오히려 역이용한다. 그래서 꿈을 가진 사람은 강하다. 가치 있는 꿈을 가진 사람은 그 과정도 아름답고 그 꿈을 이루었을 때도 아름다운 것이다.

〔영구의 꿈〕

초등학교 때 선생님께서 학생들에게 장래 희망을 물어보셨다.

- 선생님 : 영철이 커서 뭐 될래?

- 영철 : 네 저는 우주과학자가 되고 싶습니다.

- 선생님 : 이쁜 영숙이는?
- 영숙 : 저는 여자니까 애 낳고 현모양처로 평범하게 살래요.
- 선생님 : 영구는?
- 영구 : 저는 큰 꿈은 없고요. 영숙이가 애 낳는데 협조하고 싶습니다.

◇ 미국의 야구선수 D. 엘더는 "꿈꾸는 사람은 미래를 들여다보며 희망을 본다. 꿈꾸지 않는 사람은 단지 미래만 바라볼 뿐이다." 미국 하버드대학교에서 '꿈이 사람의 인생에 끼치는 영향'을 조사한 자료가 있다. IQ와 학력, 자라온 환경 등이 비슷한 사람을 상대로 25년 동안 연구한 결과 놀라운 사실이 발견되었다. (1)명확하고 장기적인 목표가 있었던 3%의 사람은 사회 각계의 최고의 인사가 되었고, (2)10%의 단기적인 목표를 지녔던 사람은 사회의 중산층을 이루었으며, (3)목표가 희미했던 60%는 사회의 최하위층을 이루었다. (4) 마지막 목표가 없던 27%의 사람들은 모두 최하위 수준의 생활을 하고 있었다고 한다. 유머리스트(Humorist)의 꿈을 가지고 계신 분들은 자신을 변화시키기 위해서 계속 공부하고, 연습하고, 실행해야 하기 때문에 힘이 든다. 그러나 '즐겁고 가치 있는 일이다.' 라고 생각한다면 그 고통을 충분히 극복할 수 있을 것이다.

[실업가와 실업자]

어느 실업자 한 분이 찾아왔다.
- 실업자 : 저는 건강한데 왜 돈을 못 벌죠? 어쩌면 되나요?
- 실업가 : 자네 우측 팔 하나 자르고, 1억 주면 할래나?
- 실업자 : 아뇨! 미쳤어요?
- 실업가 : 그럼 80먹은 노인네 만들어 주고, 10억 줄까?
- 실업자 : 안 해요. 미쳤어요? 나 갈래요!
- 실업가 : 그렇다면 자네는 지금 11억을 가지고 있는 셈이네.

■ 영구처럼 다른 사람의 꿈에 얹혀살려고 하지 말고, 지금 팔다리, 눈, 귀, 입 그리고 정신이 멀쩡하다면 불평 말고 열심히 노력해라. 실업자와 실업가는 한 획 차이다. 남의 가진 것을 부러워하지만 말고 자신이 가진 것의 장점을 찾아보고 계발하고, 키워라.

【예시 27】

○ 유머의 창의력은 어디에서 나오는가?

① 머리 ② 엉덩이

〈해답 : ②〉

◇ 미국 소설가 어니스트 헤밍웨이는 '글쓰기는 죽치고 앉아서 쓰는 수밖에 없다.'고 했다. 여기서 엉덩이는 체력과 지구력 그리고 창의력이다. 일반적인 상식과는 달리 창의력은 머리가 아닌 엉덩이에서 나온다는 것이다. 특히 창의력이 요구되는 작가나 연구자들이 그러한 이야기를 많이 한다. 아무리 뛰어난 사람도 끝없는 노력 없이는 그 분야의 최고가 되기 어렵다. 이는 스포츠나 예술분야 뿐만 아니라 공부 세계에서도 마찬가지다. 프랑스의 뇌과학자 장 디디에 뱅상(Jean Didier Vincent)에 따르면 "기억은 뉴런 집합이 형성되는 것인데, 이는 동일한 자극의 반복에 의해 강화된다. 즉 학습은 반복의 동의어이며, 기억한다는 것은 그러한 반복의 자취를 보존하는 것이다."(뱅상, 『뇌 한복판으로 떠나는 여행』) 굳이 뇌과학자의 이야기를 빌리지 않더라도 학습(學習)이라는 말 자체가 배울 학(學)에 익힐 습(習), 즉 배움의 핵심은 지속적인 반복을 통해 익히는 것임을 잘 보여준다. 세계적인 베스트셀러 작가 브라이스 코트나이(Bryce Courtenay) 역시 위대한 작가가 되는 비결을 묻는 질문에 "의자에 궁둥이를 딱 붙이는 겁니다. 제대로 써질 때까지 다른 무엇에도 눈 돌리지 말고 앉아 있어야 합니다."(박남기,『최고의 교수법』). 헐리

우드 최고의 컨셉 디자이너로 인정받는 스티브 정은 이렇게 말한다. "창의력이 머리에서 나온다는 말을 믿지 않는다. 오히려 엉덩이에서 나온다고 생각한다. 한 번 구상에 들어가면 5시간이고 10시간이고 한 자리에 앉아 몰입하는 편이다. 끝을 내야 일어선다. 졸업 후 회사에서 일을 시작한 뒤 7년 동안 딱 사흘 쉬어봤다. 그것도 아파서…" 유머의 창의력도 위 방법과 크게 다르지 않다. 많은 시간을 투자하여 책이나 인터넷을 통하여 자료를 수집하고, 분류하고, 정리해 두지 않으면 필요시 사용할 수 없으며, 이렇게 쌓인 자료들에서 힌트를 얻어서 창의적인 유머를 만들어 낼 수가 있다. 그러고 보면 엉덩이는 걸핏하면 엉뚱한 생각만 덩그렇게 하기 때문에 나는 엉덩이를 엉뚱한 생각, 확산적 사고, 창의적인 생각, 유머적인 사고의 단어로 바꾸고 싶다.

[머리가 아닌 엉덩이와 무릎 공부]

우리가 옛날 고승열전을 읽어보면 고승들은 몇 년간 잠자리에 눕지 않고 장좌불와(長坐不臥) 했다는 고사가 있다. 프로가 된다는 것은 최소 100권 이상을 읽고, 오랜 사색을 거쳐서 자신의 것으로 재구성할 수 있어야 한다. 1만 시간의 법칙도 하루 3시간씩 10년 동안 공부하고 연구하라는 것이다. 우리 선비들도 그렇게 공부한 사람들이 있다.

① 김간의 일슬지공(一膝之工) : 두 무릎을 바닥에 딱 붙이고 하는 공부. 김간(金幹)이라는 학자는 3월부터 9월까지 7개월간 허리띠 풀지 않고, 갓도 벗지 않고, 이부자리 펴지 않고 누워 잔적도 없이 공부했다고 한다.

② 다산의 과골삼천(踝骨三穿) : 다산 정약용은 강진에 유배 가서 500여 권의 저술을 남겼는데, 책상다리로 두 무릎을 딱 붙이고 공부

하느라 튀어나온 복사뼈가 세 번이나 구멍이 났다고 한다.

③ 양연의 조갑천장(爪甲穿掌) : 공부에 뜻이 없이 놀다가 나이 마흔에 정신 차리고, 그는 왼손을 꽉 쥐고서 문장을 이루기 전에는 결단코 이 손을 펴지 않겠다고 결심하며 공부, 결국 과거에 급제하고 왼손을 펴려고 하자 그 사이에 자란 손톱이 손바닥을 뚫고 들어가 펼 수가 없었다고 한다.

【예시 28】

○ 웃음은?

① 선물 ② 뇌물

〈 해답 : ② 〉

◇ 웃음은 신이 나에게 준 최고의 선물이라면, 유머는 내가 신에게 드릴 수 있는 최상의 선물이다. 수많은 동물들이 울지만, 사람만이 웃을 수 있다고 한다. 아리스토텔레스는 '인간은 웃는 동물이다.'라고 했다. 니체는 '가장 고통 받는 인간이 웃음을 창조했다.'고 했다. 그러나 이 표현도 우리가 이름 모를 풀들을 '잡초'라고 하는 것처럼 어떻게 보면 인간 일방적인 이름일 수 있다. 장미나 국화는 자연이 붙인 이름이 아니다. 인간이 편의상 붙인 몇 종류의 이름일 뿐이다. 인간에 의해 선택받지 못한 풀은 정원에서도 뽑히고 마는 잡풀 또는 잡초라는 이름으로 뽑혀 죽는 대우를 받는다. 사람만 웃는다는 편견은 오만하다고 할 수 있다. 개도, 고양이도, 돼지도, 새들도, 잡초도 웃을 수 있다고 본다. 개는 꼬리로 웃고, 잡초는 꽃으로 웃는다. 웃는 돼지머리는 더 비싸다.

〔인간과 동물의 구분〕

한 선교사가 어느 대륙에 도착했다. 그런데 원주민들이 모두 옷을 벗고 있어

온 몸에 난 털 때문에 도대체 사람인지 원숭이인지 구분할 수가 없었다. 그래서 본국에 전보를 쳤다. "사람인지 동물인지 도무지 구별할 수가 없는데, 구별할 수 있는 방법을 알려 달라." 얼마 후 전보가 도착했다. "웃는 것이 사람이고, 웃지 않는 것이 동물이다."

〔뇌물과 선물의 차이〕

① 서서 받으면 선물, 앉아서 받으면 뇌물
② 웃고 받으면 선물, 그냥 받으면 뇌물
③ 받고 악수하면 선물, 받고 악수 안하면 뇌물
④ 받고 잠이 잘 오면 선물, 받고 잠을 설치면 뇌물
⑤ 바라는 것이 없으면 선물, 잘 보이거나 덕을 보려 하면 뇌물

◇ 그러나 확실한 것은 웃음은 뇌의 활동이라는 것이다. 미국 캘리포니아대학교 로스앤젤스 (UCLA) 대학병원 이차크 프리드 박사가 1988년 3월 간질치료 연구 중 발견했다고 한다. 1988년 3월 간질에 관해 연구하던 중 왼쪽 대뇌의 사지통제 신경조직 앞에 있는 $4cm^2$ 크기의 '웃음보'를 발견했다. 웃음보를 자극하자 환자는 우습지 않는 상태인데도 웃음을 터트렸다고 한다. 또 웃음보가 근육을 움직이며, 즐거운 생각을 촉발해 웃음동기를 부여한다는 사실도 확인됐다. 뇌 속에 있는 '웃음보'는 '뇌물(腦物)'이다.

〔자동차 선물〕

한 기업인이 정치인에게 자동차를 선물했다. 그러자 정치인이 "자동차는 뇌물이라 받을 수 없습니다."라고 단호히 거절했다. 기업인은 잠시 생각하더니 미소를 지으며 말했다. "정 그렇다면 돈을 내시고 사시면 될 게 아닙니까? 10만원만 내시지요." 그러자 정치인이 웃으며, "그럽시다. 두 대 사겠습니다."

◇ 신이 주신 웃음을 우리는 얼마나 활용하는 것일까? 아이들은 생후 2~3개월 후부터 웃음의 횟수가 많아져서 하루 400~500번씩 웃는다고 한다. 성인은 하루 평균 15회 정도. 특히 한국인은 더 적어서 7회 정도 웃는다고 한다. 그중에서 절반은 '얼씨구 놀구 있네', '웃기네' 같은 비웃음이라고 하니 우리가 웃음을 얼마나 무시하고 살았는지 알 수 있다. 아이들이 성인보다 더 오래 사는 것은 더 많이 웃기 때문이라는 농담을 한다. 웃음의 효과가 과학적으로 밝혀지면서 최근에 웃음에 관련한 많은 도서출판과 강의가 이루어지고 있다. 웃어라. 웃으면 복이 온다. 건강복, 재물복, 관계복, 행운복이다.

〔누가 밥값을 내나?〕

오래 전에 서로 친구 사이인 소방관, 세무사, 담임 선생님 세 명이 모처럼 만나서 식당에서 식사와 함께 옛 이야기도 나누며 거나하게 술도 한잔 했다. 모임이 끝나고 서로 계산을 하겠다고 카운터에서 실랑이질을 하는데 식당 주인이 계산 끝났다는 것이다. 아니, 누가 벌써 계산을 했다는 말인가? 하고 서로 얼굴을 쳐다보는데, 식당 주인이 "제가 했습니다"라고 말했다. 그럼 누구 누구한테 뇌물 대접한 거야?

【예시 29】

○ 웃음의 3대 원칙?

① 억지로라도 웃어라 ② 크게 길게 웃어라 ③ 온 몸으로 웃어라

① 억지로라도 웃어라

윌리엄 제임스는 "행복해서 웃는 게 아니고, 웃기 때문에 행복하다."고 했다. 억지로 웃어도 효과는 같다고 한다. 뇌는 실제 웃음과 가짜 웃음을 구별하지 못하기 때문이다. 미국의 하커(L. Harker)와 켈트너(D. Keltner)의 연구에 의하면 30여 년 전에 찍은 졸업사진을

이용해 웃음은 이후의 삶에도 영향을 미쳤다는 사실을 알아냈다. 활짝 웃으며 사진을 찍은 여성들은 비교적 결혼생활이 순탄했으며, 사회적으로도 많은 활동을 했다. 반면에 웃지 않은 여성들은 상대적으로 이혼율이 높았다는 것이다. 미국 UC 샌프란시스코의 폴 에크먼 박사는, "사람이 특정한 감정표현을 흉내내면 몸도 거기에 따른 생리적 유형을 따라간다. 일부러 웃는 것도 연습이 필요하다. 웃음은 가짜웃음도 진짜 웃을 때처럼 행복 호르몬도 나와서 고통도 잊게 되고, 스트레스도 줄어든다. 억지로 웃는 연습을 자꾸 하다 보면 어느새 인상 찡그린 표정은 사라진다."고 했다. 웃으면 얼굴이 펴지고, 얼굴이 펴지면 마음이 펴지고, 마음이 펴지면 인상이 펴지고, 인상이 펴지면 인생이 펴진다. 낙하산과 얼굴은 펴져야 산다.

〔승마 다이어트〕

한 남자가 친구에게 말했다. "요즘 아내가 다이어트를 위해 매일 승마를 해. 그런데 살이 너무 많이 빠져서 고민이야." "와~승마가 정말 효과가 있나 보구나?" "아니~내 아내가 빠진 게 아니라, 말이 10kg이나 빠졌어."

② 크게 길게 웃어라

입이 귀에 걸리도록 입을 크게 벌리고 얼굴 전체로 웃어라. 자신감 있게 크게 웃어라. 옛날 장수들은 적과 싸우기 전에 '우~하하하하' 하며 크게 웃었다. 또 크게 길게 웃으면 아랫배에 힘을 주어야 하는데, 이때 오장육부와 많은 근육이 함께 춤을 추게 되고, 그동안 폐에서 순환되지 못하고 쌓여 있던 공기도 걸러지면서 심장이 빨라지고, 심폐운동으로 폐도 강해진다. 혈액순환이 왕성하여 우울증, 화병, 스트레스, 치매에도 좋은 효과가 있는 것으로 나타났다. 또한 크게 길게 웃게 되면 우리 몸의 자연살해세포(NK세포)가 활성화되어

이물질이나 암세포도 물리친다. 오사카대 연구팀은 18~26세 남성에게 코미디 프로와 교양 프로를 보게 했다. 그 결과 코미디 프로를 본 사람은 NK세포 활성화율이 시청 전 26.5%에서 29.4%로 높아진 반면, 교양 프로를 본 사람들은 27%에서 24.8%로 낮아졌다고 한다. 사람의 뇌는 한 번 웃을 때마다 아드레날린, 노르아드레날린, 코르티졸 같은 스트레스 호르몬이 감소되고, 천연진통제인 엔도르핀이나 엔케팔린 같은 호르몬을 쏟아내는데, '엔케팔린'이란 호르몬은 모르핀보다 무려 300배나 강한 통증 완화 효과를 낸다. 다이돌핀은 엔돌핀보다 4000배나 강한 긍정 호르몬이다. 그래서 웃음은 무형의 보약이라고 한다. 세익스피어는 말했다. "그대의 마음을 웃음과 기쁨으로 감싸라. 그러면 1천의 해로움을 막아주고 생명을 연장시켜 줄 것이다." 웃음의 양과 행복의 양은 비례한다. 한 번 웃을 때 15초간 길게 웃는다. 크게 길게 웃고 나면 기분도 좋아지고, 굳어진 어깨도 풀리고, 스트레스도 사라진다. 패터우텐은 "당신이 웃고 있는 동안 위궤양은 악화되지 않는다."라고 했다.

〔교황의 운전〕

교황님이 시내를 관광하시다가 갑자기 운전을 해보고 싶었다. "여보게 내가 운전을 해본 적이 없어서 그러는데 한 번만 운전 좀 하게 해주려나?" 교황의 부탁으로 기사는 운전대를 교황에게 맡기고 뒷자리로 가서 앉았다. 그런데 운전을 처음 해보는 교황이 규정 속도를 위반하다가 결국 경찰에게 걸리게 되었다. 창문을 열고 교황을 본 경찰관이 무진장 난감한 얼굴로 본부로 긴급하게 연락을 했다.

- 경찰 : 이일을 어찌해야 할지… 모르겠습니다.
- 서장 : 혹시 또 도지사야?
- 경찰 : 아닙니다. 더 중요한 인사인 것 같습니다.
- 서장 : 뭐야! 혹시 대통령?

- 경찰 : 대통령보다 더 높으신 분 같습니다.

- 서장 : 그럼, 도대체 누구야?

- 경찰 : ……교황을 운전기사로 부리고 있는 사람입니다.

③ 온 몸으로 웃어라

15초 이상 손뼉도 치고, 온몸도 흔들면서 크게 웃어라. 미국 보울 메모리얼 병원에서 15초만 웃으면 이틀을 더 오래 산다고 했다. 함께 웃으면 웃음효과가 33배 올라간다고 한다. 따라서 15초 동안 함께 웃으면 66일 더 산다는 결론이 나온다. 몸을 흔들며, 크게 웃으면 몸속의 650개의 근육 중 231개가 움직여 전신 운동 효과가 난다. 특히 아랫배로 웃으면 내장 마사지가 되고 변비도 예방된다. 스탠포드 윌리암 박사는 한번 웃는 것은 에어로빅 5분하는 효과, 20분 웃는 것은 3분 동안 격렬하게 노 젓는 것과 같다고 한다. 다이어트 되고, 오장육부가 튼튼해진다.

(맥주병 해병)

해병이 있었는데 수영을 못 하는 맥주병이었다. 하루는 친구들이 놀렸다.

- 친구 : 야, 넌 해병인데도 수영을 못 하냐? 너 해병 맞냐?

- 해병 : (그러자 그 해병이 한 마디 했다.) 그럼 너는 공군인데 하늘을 날 수 있냐?

【예시 30】

○ 웃음의 종류와 뜻은?

① 下下下 ② 好好好 ③ 虛虛虛 ④ 解解解 ⑤ 喜喜喜

① 하하하(下下下)

내려 놓아라. 내려 놓아야 가볍다. 내려 놓아야 편하다.

세 가지를 내려 놓아라.

첫째, 나이를 내려놓아라.

유교의 장유유서 전통과 효문화의 영향으로 나이 서열을 따지기 좋아하는 우리나라에선 나이가 곧 벼슬이다. 싸우다가도 "너 나이가 몇이야!" 하며 나이를 묻는다. 아니 따진다. "내가 너 만한 아들이 있다." 또는 "네가 너 만한 막내 동생이 있다."는 등 하면서 상대의 잘못보다 나이로 누르고 기선을 제압하려고 한다. 우리나라에서는 나이가 벼슬이다. 뭘 이야기하다가도 나이를 먼저 알아야 순서가 정해지고 실수를 줄일 수 있다고 생각한다. 그게 아직도 유효한 서열이다. 나이를 내려놔라. 나이가 많다는 건 책임감이 있고, 너그럽고 포용력이 있어야 한다. '나이 들면 입은 닫고 지갑을 열어라'고 했다.

〔장수마을〕

장수마을에 갔더니 105세 어르신이 계셨습니다. "장수 비결이 뭡니까?" "안 죽으니깐 오래 살지!" "올해 연세가 어떻게 되세요?" "다섯 살밖에 안 먹었어." "네? 무슨 말씀이신지…." "100살은 무거워서 집에다 두고 다녀."

〔여인 내려놓기〕

두 스님이 함께 길을 걷다가 개울가를 건너려는 한 여인을 발견하고, 한 스님이 여인에게 다가가 그녀를 들쳐 업고 개울을 건너가도록 도와주자, 다른 스님이 놀라며 한 1km쯤 걸어갔을 때 동료 스님에게 말했다.

- A 스님 : 스님, 우리는 금욕자입니다. 우리는 심지어 여자를 보는 것조차 안 되고, 들쳐 업고 개울을 건너는 것은 더더욱 안 되는 일입니다. 어떻게 그런 짓을 하셨습니까?

- B 스님 : 나는 1km 뒤에 이미 그 여자를 내려놓았는데, 스님은 아직도 그 여자를 업고 있습니까?

둘째, 왕년, 체면을 내려놓아라.

무엇을 시키면 체면을 들먹거린다. '내가 왕년에 말이지 …… 어마어마했지' 왕년에 내가 무엇을 했는데, 왕년에 내가 이렇게 지냈는데 …… 다 쓸 데 없는 것이다. '내가 왕년에' 하면서 말하는 사람은 후지게 나이를 먹은 사람이다. 과거에서 사는 사람이다. 지금에 만족하지 못하는 사람이다. 지금 내세울 게 없는 사람이다. 과거는 과거다. 과거로 현재와 미래를 재단하려고 하거나 현재를 누르려고 하면 안 된다. 과거는 자신한테는 좋은 추억으로 삼고, 남한테는 '왕년에 말이지'를 내려놓아야 한다. 그래야 인간관계가 편하다. 내가 옛날에 무슨 일을 했는데, 내가 옛날에 어떤 직위에 있었는데 하는 것은 웃는데 방해가 된다. 체면을 내려놔라. 웃음은 평등하다.

〔신발 닦는 대통령〕

어느 날 비서가 복도를 지나려니까 한 모퉁이에서 구두를 닦는 사람이 있었다. 비서가 자세히 보니 그 사람은 다름 아닌 미국 대통령 링컨이었다. 그렇지 않아도 링컨은 시골뜨기라서 대통령으로서의 품위가 없다고 비난하는 터라 비서는 대통령에게 충고를 할 때가 이때다 생각하고

– 비서 : 각하, 대통령의 신분으로 그런 일을 하시는 모습을 세상 사람들이 본다면 좋지 않을 것입니다.

– 링컨(빙그레 웃으시며) : 아니, 내가 내 신발을 닦는 일이 부끄러운 일인가요? 그럼 내가 남의 신발을 닦으란 말이요? 대통령이나 구두닦이나 다 같이 세상 일을 하는 사람인데 …… 세상에 천한 직업은 없다네. 다만 천한 사람이 있을 뿐이지.

셋째, 걱정을 내려놓아라.

인간의 96%는 쓸데없는 걱정이다. 미국 시카고 러쉬대학교 메디칼센터의 연구에 의하면 걱정과 스트레스에 민감한 사람은 노년기

에 알츠하이머병에 걸릴 확률이 2배 많다고 한다. 티베트 속담에 '걱정을 해서 걱정할 일이 없으면 걱정이 없겠네.' 라는 말도 있듯이 걱정은 항상 인간 세상에 머물러 있다 이것에 너무 집착하지 말고 내려놓아야 한다. 캐나다 작가 어니 J 젤린스키는 〈걱정에 관한 연구〉에서 걱정의 40%는 절대 현실에서 일어나지 않으며, 걱정의 30%는 이미 일어난 일이며, 걱정의 22%는 사소한 고민이며, 걱정의 4%는 우리 힘으로 어쩔 도리가 없는 일이며, 걱정의 4%만이 우리가 바꿔놓을 수 있는 일이다. 일어날지도 모르는 것을 근심 걱정하면 본인만 스트레스 받는다.

〔석유왕 록펠러의 삶〕

록펠러는 33세에 백만장자가 되었고, 43세에 미국의 최대 부자가 되었고, 53세에 세계 최대 갑부가 되었지만 행복하지 않았다. 당시 록펠러에게는 '잔혹한 독점 자본가' 라는 수식어가 따라 다녔다. 그가 세우고 경영하던 스텐더드 석유회사는 미국인들이 가장 증오하는 기업이었다. 그런 그에게 55세 때 불치병으로 1년 이상 살지 못한다는 사형 선고를 받았다. 최후 검진을 위해 휠체어를 타고 갈 때, 병원 로비에 실린 액자의 글이 눈에 들어왔다. "주는 자가 받는 자 보다 복이 있다." 그 글을 보는 순간 마음속에 전율이 생기고 눈물이 났다. 선한 기운이 온몸을 감싸는 가운데 그는 눈을 지그시 감고 생각에 잠겼다. 조금 후 시끄러운 소리에 정신을 차리게 되었는데, 딸의 입원 문제로 다투는 소리였다. 병원 측은 병원비가 없어 입원이 안 된다고 하고, 환자 어머니는 입원시켜 달라고 울면서 사정을 하고 있었다. 록펠러는 곧 비서를 시켜 병원비를 지불하고 누가 지불했는지 모르게 했다. 얼마 후 은밀히 도운 소녀가 기적적으로 회복이 되자 그 모습을 조용히 지켜보던 록펠러는 얼마나 기뻤던지 나중에는 자서전에서 그 순간을 이렇게 표현 했다. "저는 살면서 이렇게 행복한 삶이 있는지 몰랐습니다." 그 때 그는 많은 걱정을 내려놓고 나눔의 삶을 작정했다. 그와 동시에 신기하게 그의 병도 사라졌다. 그 뒤 그는 98세까지 살며 선한 일에 힘썼다. 시카고 대학교를 비롯하여 종합대학과 단과대학을 각각 12개씩 설립하고, 교회도 4,928개를 건축했다. 시카고 대학교는 지금 세계에서 노벨상 90여 명을 배출한 학교로 유명하다. 록펠러는 나중에 "인생 전반전 55년은 쫓기며 살았지만, 인생 후반전 43년은 내려놓고 행복하게 살았다."라고 했다.

② 호호호(好好好)

사람을 좋아하라. 웃음을 좋아해라. 유머를 좋아하라.

웃음은 일단 바라보는 시선이 부드럽고 따뜻해야 한다. 한자 호(好)자는 엄마가 아이를 사랑스럽게 안고 바라보는 모습이다. 또는 남녀가 서로 사랑스러운 모습으로 바라보는 모습이다. 내가 웃는 얼굴은 남에게 호감을 준다. 누구에게나 호감이 가는 그래서 누구나 좋아하는 사람이 된다면 웃을 수 있는 자격이 충분하다. 사랑받을 자격이 있다. 『논어』 옹야편에 '지지자불여호지자(知之者不如好之者)요, 호지자불여낙지자(好之者不如樂之者)' 라는 말이 있다. '아는 것은 좋아하는 것만 못하다. 좋아하는 것은 즐기는 것만 못하다' 라는 뜻이다. 공자는 깨달음의 과정을 3단계로 구분했다. 1단계는 지지자(知之者)로 무엇을 아는 단계에 있는 사람이다. 2단계 호지자(好之者)는 하는 일을 좋아하는 사람이다. 먼저 좋아해야 한다. 그래야 싫증 내지 않고 오래할 수 있다. 3단계는 낙지자(樂之者)다. 일을 즐기는 사람이다. 일을 좋아하지 않으면 즐거울리 없고, 고통이고 스트레스를 받는다. 성공한 사람은 떼돈 벌고 세상을 지배하려는 욕망이 아니라 자기 일을 좋아하고 즐기는 사람이다.

〔미소화장품〕

어느 장로님이 지인에게 글을 보냈다. 글의 시작은 이러했다. "염치없이 한 가지 부탁드리겠습니다. 제가 요즘 형편이 어려워졌습니다. 나이 먹고 일하기도 힘들고 해서, 부업으로 화장품 판매를 시작했습니다. 정말 좋은 물건을 아주 적은 마진으로 특별 판매하는 것이니 외면하지 마시고, 꼭 한 세트씩 주문해 주시면 정말 감사하겠습니다.〈이 글의 첫 문장을 읽고 '장로님이 경제사정이 많이 안 좋으셔서 화장품을 팔아달라고 특별히 부탁하시는가 보다' 라는 생각을 하게 됐다.〉 간략한 제품 설명은 다음과 같습니다.

- 주름이 생긴 이마에는 '상냥함' 이라는 크림을 사용해 보세요. 이 크림은 주름을 없애주고, 기분까지 좋아지게 하니까요.

- 입술에는 '침묵' 이라는 고운 빛의 립스틱을 발라 보세요. 이 립스틱은 험담하고 원망하는 입술을 예쁘게 바로 잡아주는 효과도 있답니다.

- 맑고 예쁜 눈을 가지려면 '정직과 진실' 이라는 아이크림을 사용해 보세요. 최선의 효과를 얻으려면 어디를 가든지 그 아이크림을 소지해야 한답니다.

- 가장 이상적인 피부 영양제 화장품은 '미소' 라는 화장품입니다. 피부가 촉촉해지고 부드러워지며, 거울을 보고 미소짓는 하루로 인해 날마다 행복할 수 있답니다.

- 주문 주소: 당신도 예쁘군 사랑하면 좋으리 1004번지

이 글을 읽고 나서 필자도 '세상에 이런 화장품이 있었구나. 나도 이런 화장품을 발라야겠다' 는 마음이 갔다. 그래서 장로님께 카톡으로 이런 답글을 올렸다. "ㅎㅎㅎ 장로님이 갖고 계신 화장품 전부를 구매하겠습니다. 대금 결제는 저희 아버지(하나님)가 해 주실 겁니다."〈시사타임즈 엄무환 칼럼. 2017.8.28.〉.

■ 웃음은 가장 좋은 화장품이다. 웃음보다 더 좋은 화장품은 없다. 웃음은 내적 조깅이고, 최고의 화장술이다. 웃음은 엔도르핀을 돌게 하고, 피를 순환시키고, 신진대사를 왕성하게 함으로써 피부도 자연스럽게 좋아진다.

③ 해해해(解解解)

말로 풀고, 마음으로 풀고, 행동으로 풀어라.

웃다보면 근심 걱정이 풀린다. 의사들은 가장 무서운 게 웃음이라고 한다. 웃음은 강장제이다. 웃음은 안정제이고 천연 진통제다. 고

통도 잊게 한다. 스트레스가 다 풀려 나간다. 그래서 웃음은 마음의 해우소(解憂所)다. 웃으면 좋은 일이 생긴다. 마음의 즐거움은 양약이지만 심령의 근심은 뼈를 마르게 한다〈잠언 17:22〉.

〔인생은 해석이다〕

◇ 수학공부 좀 해야 하겠다. (5-3=2)와 (2+2=4)가 무슨 뜻일까?

(5-3=2)란 어떤 오해(5)라도 세 번(3)을 생각하면 이해(2)할 수 있게 된다는 뜻이고,

(2+2=4)란 이해(2)와 이해(2)가 모일 때 사랑(4)이 된다는 뜻이다.

(2+2+2=6)란 이해(2)하고, 이해(2)하고, 또 이해(2)하면 육신(6)이 저절로 편안해지고

(2+4=6)란 이해(2)하고, 사랑(4)하면 유쾌(6)해지고,

(4+4=8)란 사랑(4)하고 또 사랑(4)하면 팔자(8)자가 바뀐다.

④ 허허허(虛虛虛)

몸을 비워라. 걱정을 비우고, 욕심을 비워라.

웃어라. 허공에다 대고 웃어라. 세상의 공부는 채우고 쌓는 것이라면, 웃음은 내려놓고 비우는 것이다. 무거운 근심, 걱정을 비워라. 나무는 아름다운 꽃을 버려야 열매를 맺을 수 있다. 강물은 강을 버려야 바다에 이른다. 버려야 채워진다. 허허허

〔인생은 30%다〕

인생은 결국 30%다. 최고급 핸드폰 기능 중 70%는 못쓴다. 최고급 승용차 속도 중 70%는 불필요하다. 초호화 별장 면적의 70%는 비어 있다. 집안 생활용품 중 70%는 놔두기만 하고 쓰지 않는다. 한평생 아무리 많은 돈을 벌어도 70%는 다른 사람이 쓴다.

다 욕심 때문에 넓히고, 욕심 때문에 소유하고, 욕심 때문에 쥐고 산다. 삶

을 복잡하게 살지 말고 더 단순하게, 살아야 한다. 웃음은 비움이다. 비움은 채움의 시작이다.

⑤ 희희희(喜喜喜)

기뻐하라. 현재를 기뻐하고, 범사에 기뻐하라.

웃다보면 기쁜(喜) 일이 생긴다. 기쁠 희(喜)자에는 '좋을 길(吉)'이 새겨져 있다. 신이 인간에게 말했습니다. "네가 만약 불행하다고 생각한다면 불행이 뭔지 보여주겠다. 네가 만약 행복하다고 생각한다면 행복이 뭔지 보여주겠다." 우리는 무엇을 생각해야 하는가? 당연히 행복이다. 웃다보면 기쁜(喜) 일이 생긴다고 했다. 기쁘다는 '喜'자는 북치고(壴 ; 악기이름 주), 노래(口)하니, 즐겁고, 기쁘다는 뜻이다. 성경은 '항상 기뻐하라, 쉬지 말고 기도하라, 범사에 감사하라'고 가르친다. 기쁨의 복음서가 아닐 수 없다. 공자도 기쁘고(說) 즐거움(樂) 말씀을 하셨다. "학이시습지 불역열호(學而時習之 不亦說乎), 유붕자원방래 불역락호(有朋自遠方來 不亦樂乎) 인부지이불온 불역군자호(人不知而不慍 不亦君子乎)" '배우고 때때로 익히면 또한 기쁘지 아니한가? 친구가 먼 곳으로부터 찾아온다면 또한 즐겁지 아니한가? 남들이 알아주지 않아도 성내지 않는다면 또한 군자답지 아니한가?' 공부의 즐거움을 말하고 있다. 하나님도 즐겁고, 공자님도 즐겁다. 나도 즐겁고, 우리 인생도 즐거워야 한다. 그 표현이 웃음으로 나타나야 한다. '웃어라, 세상이 너와 함께 웃을 것이다.' 미국 여류시인 엘라 윌콕스(1850~1919)의 시 한 구절이다. 기쁘게 웃어라. 기쁘게 생각하고 웃어라. 꿈을 이룬 것처럼 기쁘게 웃어라.

[화가 고흐의 유머]

어떤 갑부가 고흐에게 물었다. "돈이 없어서 모델 구하기가 힘드시다구요?"

고흐가 말했다. "하나 구했어요" 갑부가 물었다. "누구요?" 고흐가 대답했다. "나요, 그래서 요즘 자화상만 그려요." ㅎㅎㅎ

◇ 웃음은 첫째는 자신을 낮추고 내려놓으면서 ①하하하(下下下) → 두 번째는 사랑하듯이 좋아하는 표정으로 ②호호호(好好好) → 세 번째는 스트레스도 풀고, 인간관계의 꼬인 부분도 풀면서 ③해해해(解解解) → 네 번째는 욕심을 부리지 말고 비우며 ④허허허(虛虛虛) → 그러면 만족하고 기쁜 표정으로 ⑤희희희(喜喜喜) 낙낙낙(樂樂樂) 할 수 있다.

【예시 31】

○ 내 것은?

① BMW ② KTX ③ 저축 돈

◇ 해답은 내가 이용하는 것이 내 것이다. 다시 말해서 아무리 좋은 내 것의 소유도 내가 이용하지 않으면 내 것이 아니다. 경부고속도로도 내가 이용하면 내 도로다. 통행료는 도로를 관리하는 사람에게 팁을 준다고 생각하면 된다. KTX도 내 자가용 중 하나이다. 요금은 운전기사에게 주는 팁이라고 생각한다. 지갑 안의 돈도 지갑에 넣어두면 언젠가는 마누라 돈이 되고, 자식 돈이 된다. 은행의 돈도 내가 사용해야 내 돈인 것이다. 은행에 보관하고 있으면 은행돈이다. 부지런히 사용하고, 팁도 잘 주자.

〔KTX 유머〕

KTX 처음 운행 시작했을 때다. 역방향 좌석에 앉기를 다들 기피한다. 물론 지나가는 풍경을 천천히 볼 수 있어서 좋고, 할인도 되어서 좋다고 하는 사람도 있지만 역방향은 어지럽고 멀미도 나서 대부분 꺼린다. 그런데 한 남자가 KTX를 타고 직장에 첫 출근을 하곤 집으로 돌아왔다. 그가 약간 수척해 보이는 걸 알아챈 아내가 물었다.

- 아내 : 여보, 당신 괜찮아요?

- 남편 : 응 조금 안 좋아. KTX에서 역방향으로 앉아서 왔더니 멀미가 나.

- 아내 : 그럼, 맞은편에 앉은 사람한테 좌석 좀 바꿔달라고 부탁하지 그랬어요?

- 남편 : 나도 그러고 싶었는데, 맞은편에 앉은 사람이 없어서 말을 못했어.

◇ BMW는 외제차 중에서 전국노래자랑 MC인 송해 선생님이 가장 애용하고 좋아하는 차라고 한다. 즉 버스(Bus), 지하철(Metro), 도보(Walking)다. 요즘은 버스 대신 자전거(Bicyle)라고도 한다. 그러나 주당들은 Beer(맥주), Makgeolli(막걸리), Wine(와인)이라고 한다. 커뮤니케이션을 연구하는 사람들은 ① Body(보디랭귀지) ② Mood(기분, 분위기) ③ Word(내용) 라고 한다. 각자 자기 취향에 맞는 차를 골라 타고 다니듯이 BMW도 각자의 취향에 맞게 해석해서 사용하고 있다.

〔BMW 유머〕

장모가 세 명의 사위 중에서 누가 가장 자신을 위하여 잘 하는지 시험해 보기로 했다.

첫째 사위를 데리고 장모가 강가로 산책을 나갔다. 산책을 하던 중에 갑자기 장모가 강물로 뛰어 들었다. 첫째 사위는 재빠르게 장모를 구했다. 다음 날 사위집에는 '장모로부터~~' 라는 메모와 함께 국산 고급 승용차가 세워져 있었다.

두 번째 사위를 시험해 보기로 했다. 장모는 또 다시 물에 뛰어 들었고, 두 번째 사위도 어김없이 장모를 구했다. 다음 날 두 번째 사위집에도 '장모로부터~~' 라는 메모와 함께 국산 고급 승용차가 세워져 있었다.

셋째 사위의 차례다. 셋째 사위와 함께 강가로 산책을 하다가 또 다시 강물로 뛰어 들었다. 그런데 셋째 사위는 장모를 구하지 않고 익사하도록 그냥 내버려 두고 가버렸다. 장모의 장례식이 끝나고 일주일 뒤 셋째 사위집에는 외제 고급 승용차 'BMW' 가 세워져 있었다. 그리고 다음과 같은 메모가 붙어 있었다. '장인으로부터~~'

【예시 32】

○ 짝퉁 웃음은?

① 팬암미소 ② 뒤센미소

< 해답 : ① >

◇ 팬암미소란 보잉 747로 유명한 팬 아메리칸 월드 항공사(Pan American World Airways)로 팬암이라는 약칭으로 알려졌다. 팬암항공은 기내 서비스도 세계 정상급이었는데, 이로 인해 직업적인 미소를 뜻하는 팬암미소라는 신조어가 탄생하였다. 백화점, 호텔 여직원의 미소도 팬암미소의 일종이다.

이와 반대로 1800년대 프랑스의 심리학자 기욤 뒤센〈Guillaume Duchenne〉이라는 심리학자의 이름을 딴 미소도 있다. 인위적으로 만들 수 없는 '자연미소' 또는 '천연미소'다. 동양에는 얼굴 모양이 깨어지고 찢어지는 모습으로 크게 웃는 파안대소(破顔大笑)가 있다. 좀 더 신나게 박수치며 웃는 박장대소(拍掌大笑)도 있다.

〔적반하장〕

거지가 지나가던 남자에게 물었다.

- 거지 : 선생님은 재작년까지 제게 늘 만원씩 주시지 않았습니까? 그런데 작년부터 5천원으로 줄이더니 올해엔 또 천원으로 줄였습니다. 대체 그 이

유가 뭡니까?

– 남자 : 전에야 내가 총각이었으니 여유가 있었지요. 하지만 작년에 결혼을 했고, 이제는 애까지 있으니……(그 남자의 말을 들은 거지가 어이없다는 표정으로 말했다.)

– 거지 : 야, 그럼 넌 내 돈으로 너희 가족을 부양하고 있단 말이야?

◇ 인상이 바뀌면 인생이 바뀐다고 한다. 판사들은 미소짓는 사람에게 호감을 갖고 더 관대한 선고를 내리는 경향이 있는데 이런 현상을 '미소-관용효과'라고 한다. 그러면 가짜웃음과 진짜웃음의 효과는 어떻게 나타날까? 우리 몸은 웃을 때마다 뇌 속에서 엔도르핀 같은 좋은 호르몬은 나오고, 스트레스 받으면 코르티졸 등 호르몬은 줄어든다. 웃음은 우리 몸 안에 21가지 행복호르몬을 활성화시켜 몸과 정신 건강을 지켜주는 만병통치약이다. 특이한 것은 억지웃음이나 실제웃음의 효과는 거의 같다는 것이다. 예를 들어 눈을 감고 레몬을 한입 베어 무는 상상을 할 때 가짜상황인데도 입에 침이 고인다. 같은 원리로 볼펜만 물고 입꼬리만 올라가도 뇌는 가짜인데도 웃는다고 인지한다는 것이다.

〔가짜〕

어느 농부가 봄에 종자를 사서 밭에 뿌렸는데, 싹이 나지 않았다. 씨앗들이 모두 가짜였기 때문이다. 한 해 농사를 망쳐버린 이 농부는 속이 상해서 그만 농약을 먹고 자살을 했다. 그러나 천만다행으로 죽지 않았다. 왜냐하면 농약도 가짜였다.

즉 뇌는 우리가 상상한대로 움직인다는 것이다. 재미있지 않아도 가짜웃음을 하면 뇌가 '몸이 즐거운 상태'라고 착각을 일으켜 도파민이란 쾌락호르몬을 분비시킨다는 것이다. 실제로 캔자스대학 연구팀은 가짜웃음의 효과를 알아보기 위해 실험을 했는데, 진짜웃음이든 가짜웃음이든 행복호르몬이 나오고, 통증도 완화되고, 스트레스를 낮추는데 도움이 되었다고 한다. 메릴런드대 프라빈스 박사는 사람이 혼자 있을 때보다 함께 할 때 33배 정도 더 많이 웃는다고 했다. 웃음은 웃음으로 전이 된다. 유머러스한 사람 옆에 있으면 웃음파동이 전달되어서 기분이 좋아지고 33배나 진하게 느껴진다.

[두 CEO의 미소]

① 많은 사람들이 비싼 뤼이비똥 가방을 들고 다녔다. 직원들은 단번에 그것이 명품이 아닌 짝퉁임을 알았다. 그것을 본 뤼이비똥 직원들은 씩씩대며 화를 냈다. 이때 더욱 화를 낼 사람은 사장인데, 사장이 보는 눈은 달랐다고 한다. "가짜를 보니 너무 기쁘다. 가짜를 들고 다니는 사람들이 많을수록 뤼이비똥은 더 많이 알려진다." 즉 돈 안들이고 할 수 있는 확실한 마케팅이라는 것이다.

② 빌 게이츠도 같은 생각을 했다. 많은 사람들이 MS를 복사해서 사용할 때 "이것이 우리를 살린다. 가짜가 판 칠 것을 두려워하지 말라." 결국 무료가 유료를 낳는 시장이 된다는 것이다.

■ 결국 두 기업의 CEO 생각대로 세상은 짝퉁과 명품이 동시에 돌아가고 있었다. 그리고 점차 짝퉁에서 명품으로 바뀌고 있었다.

[남자가 날마다 술 마시는 이유]

남편이 허구헌 날 술만 마셔서 집안 살림이 기울어져 간다는 생각에 아내가 하루는 심각하게 남편에게 말했다.

- 아내 : 여보 이제 제발 술값 좀 줄이자!!

- 남편 : 사돈 남 말 하고 있네~!! 당신 화장품이나 그만 사.

- 아내 : (남편 말이 떨어지기가 무섭게) 그거야 당신에게 잘 보이려고 사는 거지.

- 남편 : (남편지지 않고 내 뱉는 한 마디) 이말 죽어도 안 할려구 했는데, 나도 당신 이쁘게 볼라고 술 마시고 취한다. 왜?? 됐냐?

【예시 33】

○ 유머효과 이론은?

① 나비효과 ② 까마귀효과

〈해답 : ②〉

◇ 나비효과라는 게 있다. 미국 MIT대학의 기상학자 에드워드 로렌츠(1917~2008)는 컴퓨터를 사용하여 수학적으로 분석하는 과정에서 초기 조건의 미세한 차이가 시간의 흐름에 따라 점차 커져서 결국 그 결과에 엄청나게 큰 차이가 난다는 것을 발견했다. 브라질 아마존에 있는 나비의 날갯짓이 미국 텍사스주에 토네이도를 발생시킬 수도 있다는 것이다. 이 이론은 처음에는 과학이론으로 발전하였으나 점차 경제학과 일반사회학 등에서도 광범위하게 쓰이고 있다. 이정모 과학 컬럼니스트의 재미있는 예를 소개한다.

① 나비 한 마리가 나무 옆을 살랑살랑 날고 있었다. 황홀한 날갯짓에 정신이 팔린

② 작은 벌레 한 마리가 나무에서 미끄러져 마침 지나가던 조롱말 등에 떨어졌다.

③ 조롱말은 벌레 때문에 간지러워 꼬리로 벌레를 떨어뜨리려 했지만, 쉽게 떨어지지 않고 대신 돌담 위의 작은 돌 하나가 꼬리에 맞아 길 옆 시냇물 위로 날아갔다.

④ 그 돌은 썩은 나무들로 시내가 막혀서 작은 여울이 생긴 곳인데 돌이 그곳에 떨어져 여울을 만들던 나뭇가지들이 한꺼번에 쏟아져 내렸고, 그 바람에 둔치에 있던 자갈들이 쏟아져 개울의 방향을 바꾸고,

⑤ 산에 돌들이 바다 속으로 쏟아져 먼 남해까지 자갈 사태가 일어났다.

⑥ 자갈들이 바다 속으로 쏟아져 들어가면서 먼 남해 바다 오래된 휴화산의 증기구멍을 막았다.

⑦ 그러자 먼 바다 속의 거대한 휴화산이 폭발을 일으켰다.

⑧ 화산의 대폭발로 엄청난 양의 마그마와 화산재가 바다 위를 뒤덮었다.

⑨ 화산재는 햇빛을 차단하고 공기의 흐름을 바꾸어 커다란 기압차를 일으켰으며

⑩ 더운 바다 공기와 부딪히면서 무서운 폭풍을 일으켰다.

결국 단순한 나비의 날갯짓이 폭풍으로 이어졌다는 이야기다.

◇ 이제 우리의 이야기로 돌아가자. 여기서 하고 싶은 말은 '오비이락(烏飛梨落), 까마귀 날자 배 떨어진다'는 우리나라 속담 이야기다. 속담 뜻은 까마귀와 배는 전혀 상관없는 일인데 우연히 동시에 일어나 마치 두 가지 일이 관계가 있는 듯이 의심받는 상황을 담고 있다. 그러나 유머에서 하고 싶은 의도는 나비효과와 비교해서이다. 조그만 나비의 날갯짓도 무서운 폭풍을 일으켰는데, 나비에 비하면 엄청나게 큰 까마귀가 날갯짓하면 나비의 날갯짓에 비하여 수십 배, 수백 배의 엄청난 후폭풍이 일어날 것이다. 우리 선조들은 오래전에 이미 오비이락(烏飛梨落)으로 나비효과 보다 더 센 까마귀효과를 말하고 있었다. 그것이 제1, 2차 세계대전의 촉발인지도 모른다. 임진왜란, 6.25전쟁인지도 모른다. 지금 우리들의 유머 하나가 지구의 한 구석을 크게 밝게 웃게 하게 하는 태양인지도 모르겠다.

〔웃음의 까마귀 효과〕

만일 한 사람이 세 명을 웃기고, 그 사람이 다음 날 다시 세 명을 웃기는

방식으로 웃음을 전파한다면 약 15일이 지난 후에는 인구 5천만 명을 웃길 수 있고, 21일에는 전 세계인이 웃을 수 있다는 통계가 나온다고 한다.

【예시 34】

○ 신이 준 최고의 선물은?

① 시간(지금) ② 유머(웃음)

〈 해답 : ① 〉

◇ 신이 인간에게 준 최고의 선물은 무엇일까? 돈? 성공? 명예? 백만장자나 가난한 사람이나 누구에게나 하루 24시간, 1,440분, 86,400초가 매일 공평하게 배달된다. 오늘은 어제 죽은 이가 그토록 바라던 내일이다. 그러나 어제는 과거이고, 내일은 누구도 알 수 없다. 현재(present)만이 선물(present)이다. 시간을 올바르고 효과적으로 쓰는 것은 인간의 가장 절실한 문제이다. 그리스의 비극시인 에우리피데스는 '시간이 모든 것을 말해준다. 시간은 묻지 않았는데도 말해주는 수다쟁이다.'라고 했다. 2018년 평창동계올림픽에서 선수들은 1000분의 1초를 위하여 경쟁했다.

〔작은 시간〕

평생 시계만 만든 아버지가 아들의 성인식 날 손수 만든 시계를 선물하였다. 그런데 그 시계는 여느 시계와 다른 특별함이 있었다. 시침은 동(銅), 분침은 은(銀), 초침은 금(金)으로 되어 있었다. 시계를 받아든 아들이 물었다.

– 아들 : 시침이 가장 크니까 금으로 만들고, 가장 가늘고 작은 초침은 동으로 만들어야 하지 않나요?

– 아버지 : 초침이야말로 금으로 만들어져야 한다. 초를 잃는 것은 세상의 모든 시간을 잃는 것과 마찬가지란다. 초를 아끼지 않는 사람이 어떻게 시간과 분을 아낄 수 있겠니? 이제 너도 성인인 만큼 1초의 시간도 책임지는 어른

이 되어라.

◇ 고대 로마의 시인 호라티우스는 카르페 디엠(carpe diem)이라고 했다. 오늘을 즐기라는 뜻이다. 가수 김연자는 철학자 니체가 한 말 '아모르 파티(amor fati)'라는 노래로 인기를 끌고 있다. '운명을 사랑하라'는 뜻이다. 주어진 운명을 사랑하면서 주어진 시간을 최대한 즐기고, 많이 웃으며 살자. 지금 살기 힘든가? 그러면 지금 웃어라. 지금 걱정이 태산인가? 그럼 지금 웃어라. 웃음 속에 행복이 있다. 한번 웃어보는 것이 창조적인 삶을 사는 것이다. 그렇지 않으면 빠삐용에게 판결한 판사처럼 인생을 낭비한 죄목을 물을 수도 있다.

〔86,400원과 86,400초〕

매일 아침 당신의 통장계좌로 86,400원이 입금된다. 그 계좌는 당일이 지나면 잔액이 남지 않는다. 매일 저녁 당신이 그 계좌에서 쓰지 못하고 남은 잔액은 그냥 지워져 버린다면 어떻게 하겠는가? 당신은 무슨 일이 있어도 다 쓰려고 노력할 것이다. 그것이 무엇인가? "시간이다" 하루 24시간을 초(秒)로 환산하면 86,400초가 된다. 어떻게 보면 인간은 '하루살이' 이다.

◇ 신은 하루살이 인간에게 똑같은 시간을 우리 통장에 넣어준다. 그러나 누구는 적극적으로 사용하고, 누구는 쓸 줄 몰라서 낭비하는 경우가 있다. 하루를 살아도 마지막 날인 것처럼 가치 있게 살아라. 당신의 행복과 건강 그리고 자신의 계발을 위하여 '신이 준 시간'이라는 선물을 적극 활용하라. 시간이 금이다. 시간은 선물이다. 어제는 지나갔고, 내일은 아직 오지 않았다. 하루살이 같은 인생에서 오늘 지금 이 시간만이 주어졌다. 돌아갈 수도 없고, 내일로 연장시킬 수도 없다. 그래서 '현재(Present)'를 영어로 '선물(Present)'이라고 부르는 이유다. 신이 당신에게 어제도 아니고, 내일도 아니고 '오늘,

현재, 지금 이 시간'을 당신에게 선물을 준 것은 이 시간을 가치 있게 잘 사용하라는 신의 계시인지도 모르겠다. 시간은 흘러가는 것이 아니라 채워가는 것이라고 했다. 프랑스 속담에 '모든 날들 중 가장 완벽하게 잃어버린 날은 웃지 않고 지나간 날이다.' 라고 했다.

〔크로노스와 카이로스〕

그리스의 신화에는 시간의 신으로 두 명이 등장한다. 한 명은 '크로노스(Chronos)이다. '지금 오후 5시이다. 1시간만 있으면 퇴근한다.'라고 하는 자연적으로 해가 뜨고 해가 지는 시간이고 절대적인 시간이다. 태어나서 늙고 죽는 생로병사의 시간이다. 시계 속에 갇힌 시간이다. 그러나 또 한 명은 카이로스(Kairos)이다. 기회의 신이다. 주관적인 시간이다. 상대적인 시간이다. 똑같은 24시간이지만 느끼는 속도는 다르다.

〔1초만 기다려라〕

어떤 신도가 하나님께 물었다.

- 신도 : 하나님은 1억원을 어떻게 생각하십니까?
- 하나님 : 그야, 1원 정도로 밖에 생각하지 않느니라.
- 신도 : 그러면 1억년은 어떻게 생각하십니까?
- 하나님 : 그야, 1초 정도로 밖에 생각하지 않느니라.
- 신도 : 그러면, 하나님 저에게 1억원만 주십시오.
- 하나님 : 그래, 주도록 하지
- 신도 : 그런데, 언제 주실 건가요?
- 하나님 : 1초만 기다려라.

【예시 35】

○ 행복은 어디에 있는가?

① 산 ② 바다 ③ 마음

〈해답 : ③〉

〔행복은 어디에〕

옛날 신들이 행복을 어디다 둘 것인가를 회의를 했다. 한 신이 높은 에베레스트 산 위에다 두자고 했다. 대부분 그게 좋겠다고 했다. 그러나 다른 신이 인간은 영특하여 누군가 에베레스트 산에 올라가 독차지 할 수 있다고 반대했다. 듣고 보니 그럴 듯하여 이번에는 바다 깊은 곳에 두자고 했다. 대부분 좋다고 했다. 그런데 또 다른 신이 인간은 영악하여 바다 속까지 들어갈 수 있다며 반대했다. 그렇게 행복을 어디다 둘 것인가를 궁리하다가 한 신이 제안을 했다. 인간의 마음속에 두자 그리고 그 행복을 느끼는 자만이 꺼내갈 수 있도록 하자고 했다. 모든 신들은 기막힌 생각이라며 찬성했다. 결국 인간의 행복은 인간의 마음속에 두게 되었다.

〔9일간의 천국 만들기〕

어느 날 한 부인이 가정생활을 비관하며 간절히 빌었다.

- 부인 : 하나님, 빨리 천국에 가고 싶어요. 정말 힘들어요.

- 하나님 : (그때 갑자기 하나님이 나타나 말씀하셨다.) “살기 힘들지? 네 마음을 이해한다. 이제 소원을 들어줄 텐데 그전에 몇 가지 내 말대로 해 보겠니?”

- 부인 : 예!

- 하나님 : 얘야, 집안이 지저분한 것 같은데, 네가 죽은 후 마지막 정리를 하고 갔다는 말을 듣도록 집안 청소를 좀 할래?

- 부인 : (며칠 동안 그녀는 열심히 집안 청소를 했다.)

- 하나님 : (3일 후 하나님이 다시 와서 말했다.) 얘야, 애들이 마음에 걸리지? 네가 죽은 후 애들이 엄마가 우리를 정말 사랑했다고 느끼게 3일 동안 최대한 사랑을 주어 볼래?

- 부인 : (그 후 3일 동안 그녀는 애들을 사랑으로 품어주고 정성스럽게 요리를 만들어 주었다.)

- 하나님 : (다시 3일 후 하나님이 말했다.) 이제 갈 때가 됐다. 마지막 부탁 하나 하자! 너 남편 때문에 상처를 많이 받고 미웠지? 그래도 장례식 때 '참 좋은 아내였는데...' 라는 말이 나오게 3일 동안 남편에게 최대한 친절하게 대해줘 봐라.

- 부인 : (마음이 내키지 않지만 천국에 빨리 가고 싶어 그녀는 3일 동안 최대한 남편에게 친절을 베풀어 주었다.)

- 하나님 : (다시 3일 후 하나님이 말했다.) 이제 천국으로 가자! 그런데 그 전에 네 집을 한번 돌아보려무나.

- 부인 : (그 모습을 보니까 천국으로 떠나고 싶지 않았고, 결혼 후 처음으로 "내 집이 천국이구나!" 하는 생각이 들었다.) 하나님! 갑자기 이 행복이 어디서 왔죠?

- 하나님 : 지난 9일 동안 네가 만든 거야!

- 부인 : 정말이요? 그러면 이제부터 여기서 천국을 만들어 가며 살아볼래요.

〔신(神)의 경고〕

"네가 만약 不幸하다고 말하고 다닌다면, 不幸이 정말 어떤 것인지 보여주겠다."

"네가 만약 幸福하다고 말하고 다닌다면, 幸福이 정말 어떤 것인지 보여주겠다."

◇ 인생의 궁극적 목표는 행복이다. 행복이란 복된 좋은 운수, 생활에서 느끼는 만족과 기쁨이라고 정의한다. 그래서 우리가 생활 속

에서 만족과 기쁨을 느낄 때 '행복에 젖는다'. '행복을 누린다'. '행복을 느낀다'고 한다. 만족과 기쁨은 물질이나 권력에 있는 것이 아니라 만족함에 있다. 그러나 인간의 욕망은 끝이 없다. 천석꾼은 천 가지 걱정이 있고, 만석꾼은 만 가지 걱정이 있다고 했다. 프랑스 황제 나폴레옹은 "내 평생 행복한 순간은 6일밖에 없었다"고 했다. 찰리 채플린은 "인생은 가까이에서 보면 비극이지만, 멀리서 보면 희극이다."고 했다. 행복은 마음속에 있다. 행복은 생각하기 나름이다. 욕망을 줄이고, 행복을 키우면 행복하다.

[행복 찾기]

옛날 아주 먼 옛날에 불행한 사람이 살았다. 그는 너무 불행해 행복을 찾아 길을 나섰다. 오가는 사람, 만나는 사람마다 행복이 어디에 있는지 물어보았지만 누구 하나 아는 사람이 없었다. 모두가 귀찮다며 저 산 너머에서 행복이 있다고 알려 주었다. 하지만 산 너머 어디에도 행복을 찾을 길이 없었다. 그러던 어느 날 한 농부를 만났다. 그는 땀을 뻘뻘 흘리며 밭갈이를 하고 있었다. 불행한 사람은 농부를 붙잡고 "행복을 아느냐."고 물어보았다. 농부는 하던 일을 멈추고 껄껄 웃으며 "행복은 바로 당신의 마음속에 있답니다. 남을 위해 사랑을 베푸는 곳에도 행복이 있고요. 기쁨을 선사하는 웃음 속에도 행복이 있습니다." 이렇게 행복의 비결을 알려 주었다.

◇ 세계에서 상당히 잘 사는데 불행한 국민의 세 국가가 있다. 싱가포르, 일본, 한국이다. 집단주의 문화 때문이란다. 집단 속에서 끊임없이 남과 나를 비교하고, 집단 속에서 나의 등위를 가늠한다. 반면에 소득수준이 높은 북미나 유럽 국가들의 행복감이 높은 이유는 상당 부분 돈 때문이 아니라 유복한 국가에서 피어나는 개인주의적 문화 덕분이라고 연세대 서은국 심리학과 교수는 진단한다. 우리 속담에 '남의 떡이 커 보인다.' '사촌이 땅을 사면 배가 아프다.'는 것은

우리의 비교 심리를 반영한 것이다. 암 중에서 가장 심각한 암이 '비교암'이다. 우리는 지구 75억명 중 1인이다. 독립적인 1인이다. 천상천하유아독존(天上天下唯我獨尊)이다. 세상에서 내가 유일한 존재이다. 나는 나이고, 너는 너이다. 토끼는 육지에서 잘 뛰고, 거북이는 물에서 잘 헤엄친다. 나의 존재감을 알고 나를 지키자. 나를 키우자. 나를 세우자.

〔어느 메달리스트가 행복할까요?〕

올림픽에서 금메달, 은메달, 동메달 누구 행복이 오래갈까? 금메달은 말할 필요 없이 행복하다. 그러나 얼마 지나지 않아 1등을 지켜야 한다는 압박감이 장난 아니다. 불면증이 올 수도 있다. 강박증이 올 수도 있다. 그럼 은메달과 동메달은 누가 더 행복할까? 은메달은 금메달이 되지 못한 안타까움이 있다. 억울함이 있다. 잠을 못 잔다. 불면증이 올 수도 있다. 그러나 동메달은 4등을 이기고 어렵사리 시상대에 올라온 기쁨과 감격이 있다. 금메달리스트에겐 명예와 함께 매달 100만원의 연금을 받는다. 은메달은 45만원, 동메달은 30만원 연금을 받는다. 액수만 놓고 보면 은메달리스트가 동메달리스트보다 15만원 더 받으나, 만족도는 동메달리스트가 더 높다. 하마터면 한 푼도 못 건질 뻔했기 때문이다. 반면 은메달리스트는 간발의 차이로 메달 색이 바뀌었고 55만원이 날아갔다는 생각을 할 것이다. 동메달은 가까스로 모면한 노메달과 비교하기 때문에 동메달이 가장 행복하다는 것은 우리에게 많은 시사점을 준다.

【예시 36】

○ 런던에서 맨체스터까지 가장 빨리 가는 방법?

① 비행기 ② 친구

<해답 : ②>

◇ 영국의 한 신문사에서 퀴즈를 냈다. '런던에서 맨체스터로 가장 빨리 가는 방법은 무엇인가?' 우리나라로 말하면 대충 서울에서 부산까지 거리 정도다. 두둑한 상금을 노리고 많은 사람이 응모에 나섰다. 물리학자, 수학자, 설계사, 회사원, 학생들이 저마다 기발한 해답을 제시했다. 하지만 많은 경쟁자를 제치고 1등을 차지한 답은 '좋은 친구와 함께 가는 것'이다. 인디언 속담에 '빨리 가려면 혼자가고, 멀리 가려면 함께 가라'는 말이 있다. 좋은 친구(동반자)와 함께 간다면 시간 가는 줄 모르고 재미있게 갈 것이다. 사막이 많은 중동 사람들은 먼 길을 갈 때 동반자부터 먼저 구한다고 한다. 먼 길을 함께 갈 '동반자'를 아랍어로 '라피끄(Rafik)'라고 하는데 라피끄가 있어야 힘든 사막을 함께 헤쳐 나갈 수 있기 때문이다.

◇ 사랑과 친구는 어원이 같다고 한다. Friend의 어원을 찾아보면 고대 영어 freon이라는 단어에서 나왔는데, freon이라는 단어는 Free, 자유롭게 하다는 뜻과 to love, 사랑한다는 의미를 함께 가지고 있다고 한다. 사랑하지만 상대를 자유롭게 하는 관계 그것이 서양인의 친구다. 친구는 곧 '사랑하는 사람'이라는 뜻이 되는 것이다. 친구를 뜻하는 영어 Friend에는 ①F〈Free : 자유로울 수 있고〉 ②r〈remember : 언제나 기억에 남으며〉 ③i〈idea : 항상 생각할 수 있고〉 ④e(enjoy : 같이 있으면 즐겁고〉 ⑤n(need : 필요할 땐 옆에 있어 주고〉 ⑥d(depend : 힘들 땐 의지할 수 있는 고귀한 존재〉라는 의미가 남겨 있고, 또한 친구를 뜻하는 영어 Friend에는 끝, 종료라는 end란 단어가 들어있다. 친구는 끝까지 나와 함께 가는 동반자

이기 때문이다.

(친구라는 동반자)

① 꽃과 같은 친구 – 꽃이 예쁠 때는 찬사를 아끼지 않으나, 지고나면 돌아보지 않듯 자기 좋을 때만 찾아오는 친구를 말한다.

② 저울과 같은 친구 – 이익이 있는지 없는지를 따져 이익이 큰 쪽으로 움직이는 약간은 이기적인 친구라 할 수 있다.

③ 산과 같은 친구 – 항상 변함없이 편안하고 남의 말에 흔들리지 않으며 마음을 든든하게 해주는 친구다.

④ 땅과 같은 친구 – 땅은 뭇 생명의 싹을 틔워주고 길러내며 조건 없이 은혜를 베풀어 주듯 한결같은 마음으로 대해 주는 친구를 말한다.

③, ④번은 남편이자, 아내가 아닐까?

(남자의 동반자)

나이가 들면서 남자에게 필요한 5가지 동반자가 있다. ①사랑하는 마누라 ②사랑하는 아내 ③사랑하는 애들 엄마 ④사랑하는 집사람 ⑤사랑하는 처 …… 다 같은 사람이네. 배우자가 그 만큼 중요하다는 이야기다. 그 다음으로 나이 들면서 또 필요한 것으로 건강, 친구, 돈, 일거리 등을 꼽을 수 있다. 그러나 건강이 최고다.

【예시 37】

○ 남자 얼굴 표정이 굳는 이유?

① 흙 ② 뼈

〈 해답 : ① 〉

◇ 남자 얼굴 표정이 여자보다 더 잘 굳는 이유는 남자는 창조주께서 흙으로 만들었기 때문이다. 흙은 수분이 빠져나가면 굳어지고,

부서져서 가루가 된다. 굳음을 방지하다고 물을 너무 많이 주면 질퍽거리고, 조금 주면 금방 또 굳는다. 그때마다 물을 뿌려줘야 하는데 언제까지 물을 뿌려줘야 하는가? 그러나 굳지 않는 방법이 있긴 있다. 그게 바로 물 대신 웃음이다. 얼굴에 웃는 표정을 지으면 굳었던 얼굴이 부드럽고 말랑말랑해진다. 웃음은 안면 근육을 움직여서 신체적, 정서적, 사회적, 문화적으로 굳어진 것을 펴는 것이다. 1분 동안 박장대소하면 얼굴 근육 80개를 포함하여 650개의 근육과 206개의 뼈가 움직이므로 에어로빅 5분 동안 한 효과와 같은 칼로리가 소모된다. 복식호흡으로 산소공급도 2배로 늘어나서 엔도르핀, 도파민 등 21가지의 건강한 호르몬도 나온다. 얼굴에 피는 함박웃음꽃으로 사회가 한층 더 밝아져야 한다. 사회가 한층 더 유연해져야 한다.

◇ 여자는 창조주가 아담을 잠들게 하고 아담의 갈빗대로 만들었다고 한다. 여성은 남성의 뼈로 만들었다는 것이다. 우리가 흙으로 빚은 그릇을 토기 또는 옹기라고 한다. 그것이 크더라도 별로 비싸지 않다. 그러나 흙에다 뼈를 섞으면 그것을 본차이나(bone china)라고 한다. 크기가 작아도 토기나 옹기보다는 훨씬 비싸다. 흙은 흔들면 금세 먼지와 티끌이 되고, 훅 불면 날아간다. 물 속에서도 금방 풀어진다. 그러나 여자는 다르다. 뼈로 만들어져서 변함이 없다. 여자는 본차이나이기 때문이다. 여자가 남자보다 비싼 이유다.

◇ 그래서 인지는 몰라도 왕 중의 왕인 세종대왕의 지폐는 1만원권이지만 여성인 신사임당은 5만원권이다. 5배 정도 높다고 여성의 가치를 인정하면 된다. 우리는 비싼 것일수록 잘 다뤄야 한다. 그게 창조주의 원리요, 시장의 원리요, 인간의 도리요, 남자의 의무다.

〔감자 쪄먹다 부부싸움〕

일요일 오후 부부가 심심해서 감자를 쪄서 먹기로 하고 부인이 감자를 쪄서

내왔다. 그런데 문제가 생겼다. 부인은 감자를 설탕에 찍어 먹으라고 설탕 접시를 같이 내놨더니

- 신랑 : 아니, 감자를 설탕에 찍어 먹는 사람이 어디 있냐?
- 부인 : 왜? 설탕에다 찍어 먹지 뭐에다 찍어 먹는데?
- 신랑 : 꿀에다 찍어 먹지 않나?
- 부인 : 아니야, 감자는 설탕에다 찍어 먹어.
- 신랑 : 너네 집안은 설탕에다 찍어 먹냐?
- 부인 : 감자 먹는데 왜 집안을 들먹거려?
- 신랑 : 하도 어이가 없어서 그랬다. 왜?

〈 부부는 말다툼 끝에 감자와 설탕의 밥상을 엎어버리고 말았다. 그래도 사태가 안 수그러 들자 결국 이혼하기로 하고 법정에 갔다.〉

- 판사(부부의 이야기를 다 듣고 나서) : 우리 집에선 간장에다 찍어 먹었는데 하면서 웃고 말았다.

■ 우리의 다툼은 실은 별거 아닌 때가 많다. 우리는 세계평화나 국제 난민을 위해 고민하고 싸우지 않는다. 아주 사소한 것을 가지고 핏대를 올리며 싸운다. 이름이 같다고 해서 같은 것이 아니고, 다르다고 해서 다른 것이 아니다. 중요한 것은 이해하고, 배려해 주고 공감하는 마음이다.

【예시 38】

○ 잠을 깨보니 백만장자, 무엇을 먼저 할까?

① 즐기겠다 ② 다시 잠을 자겠다.

〈 해답 : ② 〉

◇ 위 질문에 미국인은 즐기겠다고 하고, 중국인은 요리점을 차리겠다고 했다. 반면에 한국인은 억만장자가 되기 위하여 다시 잠을 자겠다고 했다. 잠자는 것을 너무 좋아하지 말라. 죽으면 죽도록 잘

수 있다. 돈이 생기면 종자돈으로 생각하고 돈을 키워야지 억만장자가 되기 위해서 더 자겠다는 공짜 심리는 헛된 망상이다. 500톤의 생각보다 1그램의 실천이 더 중요하다.

[복권 당첨 기도]

어느 사람이 매일 하나님께 기도 했다. "하나님 복권 1등 당첨되게 해 주세요." 그러나 아무리 기도해도 응답이 없자 하나님한테 따지듯이 물었다. "하나님은 전지전능하시다고 해놓고 왜 저의 간절한 기도를 외면합니까?" 라고 하자. 하늘에서 응답이 왔다. "사랑하는 아들아, 복권을 사놓고 기도를 하거라." 네가 복권도 안사고, 네 할 도리를 하지도 않고 요구만 하면 그것보다 어리석은 사람은 없다. 기도만 간절히 하지 말고, 행동도 간절히 하라.

[벤틀리를 묻어라]

브라질의 한 백만장자가 벤틀리(4,000cc, 약 2억 5천7백만원)를 땅에 묻기로 했다. 구덩이를 파놓고 인증샷을 올리며 말했다. "이집트인들은 보물을 땅에 묻으면 다음 생에 행복할 거라 믿었지. 그래서 나도 묻는 거야." 아주 난리가 났다. 국민들은 평생해도 모자를 욕을 퍼부었다. "그 비싼 벤틀리를 묻는 게 말이 되냐?" "돈이 많아서 개념을 상실했구나." 하지만 아랑곳하지 않았다. 심지어 TV중계까지 한다고 나섰다. 벤틀리를 묻는 날이 되자 백만장자는 기자들을 집으로 초대했다. 첫 삽을 뜨다 말고 기자들을 향해 말했다. "궁금한 게 하나 있다." "벤틀리를 묻는 건 말이 안 된다고 생각하면서 누군가의 생명을 살릴 수 있는 장기는 왜 땅에 그냥 묻어 버리는가?" "여러분의 장기를 그냥 묻지 말아라. 기증하면 수많은 사람을 살릴 수 있다." 그렇다. 벤틀리 묻기는 장기기증을 독려하기 위한 퍼포먼스였던 것이다. 이 노이즈 마케팅 이후 1달 동안 브라질의 장기 기증은 31.5% 증가했다.

[백만장자가 이혼하게 된 이유]

백만장자가 이혼하게 된 이유는 마누라 때문이다. 왜냐하면 남편 백만장자는 원래 억만장자였는데 마누라가 어찌나 사치가 심했는지 재산이 쪼그라들어서 그랬다.

■ 백만장자도 엄청난 재벌이지만, 억만장자였다는 사실에서 백만장자로 재산이 줄어듦으로써 보통의 사람들로서는 그저 어이가 없어서 웃을 수밖에 없는 것이다.

[가장 어려운 일]

세상에서 가장 어려운 일이 세 가지가 있다.
첫 번째는 자기 생각을 남의 머리에 넣는 것
두 번째는 남의 돈을 자기 주머니에 넣는 것이다
세 번째는 위 두 가지를 능숙하게 하는 것
첫 번째 일을 해내는 사람을 선생님이라고 부르고,
두 번째 일을 해내는 사람을 사장님이라고 부르고,
세 번째 일을 해내는 사람을 마누라라고 부른다.
첫 번째, 선생님과 싸우는 것은 배우기 싫은 놈이요.
두 번째, 사장님과 싸우는 것은 돈 벌기 싫은 놈이요.
세 번째, 마누라와 싸우는 것은 살기 싫은 놈이다.

【예시 39】

○ 유머 비법의 순서는?

① 유비무환 ② 용불용설 ③ 적자생존

〈 해답 : ③ → ① → ② 〉

◇ **적자생존**은 생물의 생존경쟁의 결과 환경에 적응하는 것만 살

아남고 그렇지 못한 것은 도태된다는 것이다. 이것도 유머의 세계에서 활용한다면 '적는 자만이 생존한다'로 바꿔서 사용할 수 있다. 기록이 기억을 지배한다. 기록으로 남기지 않는 것은 기억에도 남지 않는다. 몽당연필이 천재보다 낫다고 하는 말도 모두 기록의 중요성을 강조한 말이다.

〔새들의 기록〕

캐나다 어느 도시에서 인부들이 가로수 가지치기를 하고 있었다. 작업을 한참 하다가 새집을 발견했다. 한 인부가 나무 위로 올라가 새집을 보니 갓 태어났는지 솜털이 보송보송한 새끼들이 잠들어 있었다. 인부들은 어떻게 처리할 것인가를 상의한 끝에 새끼가 다 자라면 그때 가지치기로 하고 그 가지만 남겨두기로 했다. 그리고 새끼가 다 자라서 날아갔을 즈음에 인부들은 남은 가지를 치기 위하여 왔다. 혹시나 해서 한 사람이 나무가지 위로 올라가 보았다. 새끼들은 날아갔는지 빈 둥지만 남아 있었다. 그런데 빈 둥지에 작은 쪽지가 있었다. 인부는 그 종이 쪽지를 펴 보았다. 그 속에는 다음과 같은 글이 적혀 있었다. 뭐라고 적혀 있었을까요? 바로 "Thank You"라고 적혀 있었다. 누가 썼을까요? 새끼가 썼을까요? 어미가 썼을까요? 왜 썼을까요? 인부들은 새끼들을 다 키울 때까지 나무를 자르지 않고 기다려 주셔서 "감사합니다"라고 어미 새가 썼다고 생각했다. 아니, 어쩌면 어미가 새끼들에게 글자를 가르쳐서 새끼들이 쓴 것일거라고 생각했다. 아마도 새집을 지을 때 묻어 왔는지도 모른다.

◇ **유비무환**이란 준비가 있으면 근심이 없다는 뜻. 무슨 일이든지 미래를 대비해 두면 걱정할 일이 없다는 뜻이다. 이 말은 유머의 세계에서 활용한다면 언제 어디에서나 사용할 수 있도록 유머를 미리

준비해 두라고 말할 수 있다.

〔3개를 준비하라〕

전임 총리가 도중하차 하며 신임 총리에게 어려울 때 열어보라고 봉투 세 개를 건넸다. 신임 총리는 얼마 후 위기에 직면했다. 첫봉투를 열자. '전임자를 비난하라' 고 쓰여 있었다. 그는 과거의 잘못을 규탄하고, 전임자에게 책임을 돌리며 잠시 위기를 넘겼으나, 얼마 후 또 위기가 닥쳤다. 두 번째 봉투를 열었다. "부하 직원에게 책임을 전가하라"고 써 있었다. 그는 부하 직원이 잘못했다고, 다시는 이런 유사한 사례가 발생하지 않도록 하겠다고 했다. 잠시 조용한 듯 하더니 더욱 강력한 위기에 봉착했다. 세 번째 봉투를 뜯어봤다. 거기에는 이렇게 쓰였다. '당신도 봉투 세 개를 준비하라.'

◇ **용불용설**은 자주 사용하는 신체기관은 세대를 거듭함에 따라서 발달하고 사용하지 않는 기관은 퇴화하여 없어진다는 학설이다. 이 말도 유머의 세계에서 활용한다면 유머를 저장만 해 놓지 말고 자주 사용하라는 것이다. 나가리법칙이라는 게 있다. 나 자신이 먼저 리허설 해보고, 가족에게 해보고, 더 자신감이 생기면 이웃에게 해보라는 것이다. 자주 사용해야 자신의 것으로 될 수 있다. 용불용설은 연습의 법칙이다.

〔인간의 노력〕

인간은 완벽하게 태어나지 못했다. 우리는 누구나 기저귀를 뗄 때까지 3,000번 이상 기저귀에 똥 싸고, 오줌 싸야 했다. 엄마란 단어를 외우기 위해 1년 이상 반복했다. 심지어 걸음마 배우는데 2000번 이상 넘어졌다. 그런 인간이 나중에는 마라톤하고, 축구한다. 연습이 전문가를 만든다. 노력은 우리를 배신하지 않는다.

【예시 40】

○ 부자를 만들어 주는 약은?

① 소문만복래(笑門萬福來)

② 구불약(九不藥)

<해답 : ②>

① **소문만복래(笑門萬福來)** - 웃으면 건강해진다. 일단 웃음은 천연 강장제요, 안정제요, 진통제이다. 웃으면 먼저 건강복, 재물복이 들어온다. 유럽을 제패한 나폴레옹은 "내 평생 행복한 순간은 6일밖에 없었다"라고 말했다. 세계적인 문호 괴테는 행복했던 시간은 28일밖에 안되었다고 고백했다. 반면 신체장애를 극복하고 위대한 업적을 남긴 헬렌 켈러는 "내 생에 단 하루도 행복하지 않은 날이 없었다"라고 했다. 프랑스의 극작가 샹포르는 "웃지 않은 날은 헛산 것이다"라고 했다. 불교에서도 일체유심조(一切唯心造)라고 했다. 모든 게 마음먹기에 달렸다. 웃으면 인상이 바뀌고, 인생도 바뀐다. 윌리엄 제임스 심리학자는 "행복해서 웃는 것이 아니라 웃다보면 행복하다"고 했다. 그 말은 복문만소래(福門萬笑來 : 행복해서 웃는다)가 아니라 소문만복래(笑門萬福來 : 먼저 웃기 때문에 복이 들어온다.) 그래서 인생은 팩트가 아니라 해석이라고 한다.

〔돈 잘버는 의사〕

돈을 좋아하는 어느 의사가 기발한 아이디어를 냈다. 그는 병원 입구에 이렇게 간판을 달았다. "단돈 100만원으로 모든 병을 고쳐드립니다. 실패할 경우 10배인 1000만원으로 돌려 드립니다."

한 엉큼한 사람이 1000만원을 쉽게 벌 수 있을 거란 생각에 방금 문을 연 이 병원에 들어갔다.

- 환자 : 미각을 잃었어요.

- 의사 : 간호사! 22번 약을 가져와서 이 환자분의 혀에 3방울 떨어뜨리세요.

(간호사는 의사의 말대로 했다.)

- 환자 : 웩~엑~! 휘발유 잖아요!
- 의사 : 축하드립니다! 미각이 돌아오셨네요! 백만원 내세요.

(짜증이 잔뜩난 채로 백만원을 내고 갔다. 며칠 후 그는 변장하고 다시 이 병원을 찾았다.)

- 환자 : 기억력을 잃어버렸어요. 아무것도 기억나지 않아요.
- 의사 : 간호사, 22번 약을 가져와서 혀에 3방울 떨어뜨리세요.
- 환자 : 22번? 그거 또 휘발유잖아요!
- 의사 : 축하합니다! 기억력이 되돌아왔네요. 치료비 백만원입니다.

(이를 악물고 돈을 냈다. 며칠 후 그는 다시 그곳을 찾아갔다.)

- 환자 : 시력이 너무 약해져서 윤곽밖에 보이질 않아요.
- 의사 : 안타깝게도 적합한 약이 없네요. 못 고칩니다. 1000만원으로 돌려드리겠습니다.

(이 말과 함께 의사는 천원짜리 지폐 한 장을 내밀었다.)

- 환자 : 잠시만요! 이건 천원짜리잖아요!
- 의사 : 축하합니다! 시력이 돌아왔네요. 치료비 백만원 되겠습니다.

② **구불약(九不藥)** - 옛날 당나라에 송청(宋淸)이라는 한의사가 살았다. 그는 많은 환자를 치료해서 큰 명성과 부를 얻었다. 하루는 가난한 의원이 찾아와서 물었다.

- 가난한 의원 : 이토록 많은 환자가 찾아오는 비결이 무엇입니까?
- 송청 : 글쎄요. 굳이 비결이 있다면 구불약(九不藥) 덕분이지요.
- 가난한 의원 : 구불약이요?
- 송청 : 아홉 개의 불(不)을 치유해 주는 신비로운 약이지요.

1. 불신(不信) - 상대방이 나를 의심하지 않게 해주고

2. 불안(不安) - 불안한 마음을 없애 주고

3. 불쾌(不快) - 나에게 앙심을 품지 않게 해주고

4. 불구(不勾) - 내 마음이 곧다는 사실을 알려주고

5. 불치(不値) - 내가 약값을 속이지 않음을 믿게 해주고

6. 불의(不倚) - 나와 상대방의 거리감을 없애 주며

7. 불충(不衷) - 내가 성의가 없다고 느끼지 않게 해주고

8. 불경(不敬) - 내가 공손하지 않다는 불쾌감을 없애주며

9. 불규(不規) - 내 언행이 원칙에 어긋난다고 느끼지 않도록 해 주지요.

(설명을 끝내자 의원이 송청 앞으로 바싹 다가앉으며)

- 가난한 의원 : 과연 명약이군요, 그토록 신통방통한 약이라며 엄청 비싸겠군요?

- 송청 : 이건 약재로 지을 수 있는 약이 아닙니다.

(그러자 의원의 눈이 휘둥그레졌다.)

- 송청(한바탕 껄껄껄 웃고 나서 대답을 했다) : 잘 들어보세요. 만인을 부자로 만들어주는 구불약(九不藥), 그것은 바로 "웃음"이랍니다.

3
유머의 효능

그대의 마음을 웃음과 기쁨으로 감싸라. 그러면 천 가지 해로움을 막아 주고, 생명을 연장시켜 줄 것이다.

— 윌리엄 셰익스피어(1564~1616). 영국의 시인, 극작가

【예시 41】

○ 화(火)를 누르는 것?

① 태양(日) ② 달(月)

〈해답 : ②〉

◇ 우리는 화병(火病)을 안다. 한국인만이 가지고 있다는 증후군이다. 흔히 '울화통이 터진다.' '화병이 생겼다.' 라는 말을 할 때 그 화병이다. 분노의 감정을 말한다. 화병을 화병(禍病)이라 부르는 이도 있다. 영어로는 화병(Hwa-byung)이라 해서 미국 정신의학협회가 1994년에 펴낸 『정신장애진단 통계편람』에 정신장애나 히스테리나 노이로제, 각종 스트레스로 인한 장애에 두루 적용되는 한국 특유의 문화증후군으로 화병(Hwa-byung)을 한글 발음 그대로 살렸다. 억울한 일을 당했거나 한스런 일을 겪으며 쌓인 화(火)를 삭이지 못해 몸과 마음의 여러 가지 고통에 대하여 사용되는 병 이름이다. 주로 가슴이 답답하고 숨이 막힐 듯하며, 뛰쳐나가고 싶고, 뜨거운 뭉치가 뱃속에서 치밀어 올라오는 증세와 불안, 절망, 우울, 분노가 함께 일어난다고 알려져 있다. 어쨌든 예전에는 가부장적인 사회분위기와 명절증후군 등으로 40~50대의 중년층 여성에게서 자주 발생했다. 그 화(火)를 누르는 것이 있다고 해서 화제다. 과연 그 화를 누를 수 있을까?

◇ 요일 日月火水木金土를 세로로 쓰면 月 아래 火가 있다. 화(火) 위에 월(月)이다. 따라서 火를 누르는 건 위에 있는 月이다. 달이란 '달달(月月)한 유머'를 달달(月月) 외워서 뜨거운 화(火)를 즉시 풀어야 한다. 여기서 달(月)은 유머의 달 4월을 생각하면 된다. 즉 많은 사람들이 바보가 되자는 4월 1일. 만우절(萬愚節)을 생각하면 웃음이 절로 나와 화가 풀릴 것이다.

〔4月 만우절의 유래〕

속여서 기분 좋고, 속아도 불쾌하지 않은 만우절. 모두가 바보가 되는 날(All Fool's Day) 만우절의 탄생과 관련된 이야기는 굉장히 많다. 하지만 가장 그럴 듯한 이야기는 16세기 프랑스로 거슬러 올라간다. 프랑스는 16세기 말 1582년 로마교황 그레고리우스 13세가 128년마다 1일씩 편차 나는 율리우스력(카이사르는 자신의 이름을 따서 율리우스 달력을 만들고, 7월의 영어 July는 Julius Ceasar의 앞 이름을 따서 줄라이가 된 것이다. 그의 아들이 황제가 되자, Augustus〈존엄한 자〉로 불렸고, 자신이 태어난 8월에 자신의 이름을 따서 August가 8월이 되었다.)을 고쳐 그레고리력을 만들었다. 그레고리력(오늘날 양력)은 약 3,300년마다 1일의 편차가 난다. 그들은 새롭게 개정된 달력에 따라 이전의 3월 25일을 새해(New Year's Day)로 하고 4월 1일까지 축제를 열었다고 한다. 마지막 날인 4월 1일에는 모두가 모여서 흥겹게 노는 것으로 축제를 끝마쳤다. 날짜가 개정된 후부터 이 축제는 사라지게 되었다. 하지만 여전히 이 날이 새해 첫 날로 바뀌었다는 것을 제대로 기억하지 못하거나 잘 알지 못하는 사람들이 있었고, 그들은 놀림감이 되었다. 그런 사람들은 열리지도 않는 파티에 초대되는 등 헛수고를 했으며, 심지어 사람들의 조롱이 섞인 선물을 받기도 했다. 이렇게 놀림감이 된 사람들을 프랑스에서는 '4월의 물고기'라는 의미의 '쁘와송 다브릴'이라고 불렀다. 왜냐하면 갓 부화한 물고기처럼 아무것도 모른 채 쉽게 '낚였기' 때문이다. 18세기에 이르자 프랑스의 이 관습은 영국으로 전해졌다. 영국에서는 이 날을 '바보의 날(All Fool's Day)'이라고 불렀다.

〔BBC 방송사〕

만우절하면 떠오르는 방송사는 영국의 BBC다. 거의 해마다 기발한 만우절 장난을 치는 것으로 유명하다. 예를 들면 1957년에는 '스파게티가 열리는 나무'라며 스위스에 있는 나무에서 스파게티를 수확하는 장면을 보여주자 많은 사람들이 전화를 걸어 나무를 재배하는 방법을 묻기도 했다고 한다. 2008년에는 '하늘을 나는 펭귄'이 남극의 추위를 피하기 위해 따뜻한 곳으로 날아가고 있다는 식의 방송이다. 국내 한 취업포털의 조사에서도 성인남녀 10명 중 9명이 만우절에 장난삼아 거짓말을 해본 경험이 있다고 했다. 만우절에 악의 없는 거짓말로 서로 놀려주며 마음껏 웃는 가운데 허물없이 가까워진다. 그러나 유머 수준의 거짓말은 관대하게 넘어가지만, 만우절이랍시고 아무 말이나 무책임하게 내뱉었다가는 큰 코 다친다. 특히 112나 119에 장난 전화는 타인의 목숨을 앗아갈 수 있으므로 상습적인 허위 신고인 경우 징역 최대 5년 혹은 벌금 1000만원이다.

〔만우절 클린턴 일화〕

1997년 만우절에 클린턴은 백악관 대변인이 기자회견하는 장소에 나타나서 "맥커리 대변인이 갑작스런 무릎 부상으로 당분간 기자회견을 할 수 없다."며 "앞으로 엥스코브 보좌관이 맥커리 대변인을 대신해 기자회견을 할 것."이라고 밝혔다. 기자들이 맥커리의 사고 경위와 그의 복귀시기를 질문하자, 클린턴은 "어쩌면 이번 사고로 대변인을 아예 그만 둘 수도 있다."고 답해 기자들을 더욱 놀라게 했다. 곧이어 목발을 짚고 나타난 맥커리 대변인이 장난스럽게 목발을 던져 버리자 기자들은 그제서야 속았다는 사실을 알고 박장대소했다. 성공적으로 만우절 기자회견을 마친 클린턴은 곧 맥커리가 내던진 목발을 짚고는 절룩거리며 기자회견장을 퇴장해 기자들을 다시 폭소의 도가니로 몰아넣었다. 백악관 기자를 그럴듯하게 속여 넘긴 재치보다 그러한 거짓말을 하기 위해 미합중국 대통령인 클린턴과 주변의 참모들이 머리를 맞대고 요모조모 수작을 했을 상황을 떠올려보면 더욱 유쾌해진다. 대통령의 권위보다 인간적인 정서가 더 잘 묻어나기 때문이다.

【예시 42】

○ 인간의 체온이 36.5도인 이유는?

① 세균 막기 위해서 ② 웃기 위해서

〈 해답 : ② 〉

◇ 인간 체온이 36.5도인 이유는 1년 365일간 웃으라는 것이다. 어느 단체에서는 웃음의 날도 제정했다. 365일 웃자는 뜻에서 매년 3월 6일 5시에 열린다고 한다.

◇ 미국의 아인슈타인대학교 아르투로 카사데발 교수가 미국 미생물학회가 발간하는 '엠비오(mBio)' 저널 2010년 11월호에 발표한 바에 따르면 사람이 사용하는 에너지와 세균을 막는데 가장 적합한 온도는 35.9도 ~ 37.7도이며, 중간은 약 36.5도라는 것이다. 그러나 체온이 1도만 내려가도 면역력이 30% 떨어지고, 기초대사량도 12% 떨어진다는 것이다. 반면에 체온이 1도만 올라가도 면역력이 500~600% 상승한다고 한다. 암은 냉병이다. 암세포가 가장 왕성해지는 체온은 35도라고 한다. 크게 웃으면 650개의 근육과 206개의 뼈마디가 움직여서 체온이 올라가고 면역력이 올라간다.

〔웃음의 순서 5단계〕

① 생각웃음 - 긍정적인 생각, 좋은 추억, 재미있는 사건을 떠올려라

② 얼굴웃음 – 얼굴에 부드럽고 아름다운 미소부터 보여라.

③ 목웃음 – 목소리로 크게 길게 웃어라

④ 배웃음 – 단전으로 내려가서 웃어라. 요절복통하라.

⑤ 항문웃음 – 항문을 조이며 웃어라. 케겔운동은 요실금 방지와 정력에 좋다고 한다.

■ 웃음 순서는 먼저 긍정적인 생각을 가져야 웃을 수 있다. 그 다음 얼굴에 미소를 짓고 목부터 웃어라. 그러나 목으로만, 가슴으로만 웃으면 성대가 망가질 수 있으므로 빨리 배로 웃도록 단전 쪽으로 웃음을 옮겨라. 그리고 항문을 조였다 풀었다 하며 웃어라

①생각웃음 → ②얼굴웃음 → ③목웃음 → ④배웃음 → ⑤항문웃음 순으로 웃어라.

〔유머 명강사 10계명〕

① 언제 어디서든 사용할 유머를 준비하라

② 선물을 준비하라

③ 시간, 상황, 장소를 살펴라

④ 시작부터 웃겨라

⑤ 독특한 언어 · 표정 · 행동으로 하라

⑥ 자신의 경험처럼 발하라

⑦ 유행을 반영하라

⑧ 청중과 상호작용하라

⑨ 짧고 쉽게 하라

⑩ 예측을 무너뜨려라

〔웃음 10계명〕

① 긍정적인 사람과 유머와 웃음을 공유하라

② 알아도 모르는 척하고 웃어라

③ 듣는 즉시 박수치며 크게 웃어라
④ 기뻐서 웃고, 웃어서도 기쁨을 맞이하라
⑤ 항상 얼굴엔 미소를 담아라
⑥ 힘들 때 더 많이 웃어라
⑦ 즐거운 생각으로 길게 오래 웃어라
⑧ 웃음을 습관화 시켜라
⑨ 웃을 수 있음에 감사하며 웃어라
⑩ 웃음 노트를 만들어라.

【예시 43】

○ 유머는?

① 상비약 ② 비상약

〈 해답 : ① 〉

◇ 상비약(常備藥)은 언제든지 쓸 수 있도록 소화제, 해열제, 진통제, 두통약, 소독약 등처럼 늘 준비하여 두는 약이다. 비상약(砒霜藥)은 비소(의약품과 농약의 원료로 쓰인다)가 섞인 약제다. 웃음은 항상 마음속에 준비해 두고 필요할 때 언제 먹어도 부작용이 없는 상비약이다. 웃음은 강력한 진통제이고, 소화제이고, 만병통치약이다. 유비무환이다. 항상 준비해 두었다가 필요시 적절히 사용하면 인간관계의 좋은 보약이 될 것이다. 캘리포니아 로마린다 의대의 리버크 교수는 '웃음을 알약으로 담을 수 있다면 모든 가정의 약상자에 비치될 것이다'라고 했다. 윌리엄 셰익스피어는 '그대의 마음을 웃음과 기쁨으로 감싸라. 그러면 천 가지 해로움을 막아주고 생명을 연장시켜 줄 것이다.'고 했다.

〔기분 나쁜 약국〕

어느 외딴 곳에 약국이 있었는데, 워낙 깊은 산골이라 있는 것보다는 없는 것이 더 많았다. 어느 날 환자가 감기약을 달라고 하자, 약사가 말했다.

- 약사 : 감기약은 없어요. 그냥 푹 쉬면서 나을 때까지 기다리세요.

(약사의 말에 환자는 다소 놀라며 말했다.)

- 환자 : 그러다가 폐렴이라도 걸리면 어떡하죠?

- 약사 : 그때 오세요. 우리 약국에 폐렴 약은 있거든요.

■ 감기는 약 안 먹고 참으면 보름 걸려야 낫고, 약 먹으면 2주 걸린다는 우스개 말이 있다. 환자는 약을 구하러 왔는데, 실제로 그런 약사는 없겠지만, 어쨌든 엽기적인 약사는 병을 키워서 돈을 벌려는 속셈이 아니고 무엇이랴.

〔기분 좋은 약국〕

병원 약국 안 가려고 하루 종일 골골대다가 결국 약국에 갔다.

- 환자 : 감기몸살 약 주세요.

- 약사 : 꼭 낫게 해드릴게요.

- 환자 : 말만 들어도 낫을 것 같네요.(유머일까? 작업 거는 걸까? 직업정신일까?)

(어쨌든 환자는 그 말이 너무 재미있어서 소리내어 웃었더니)

- 약사 : 말만 들어도 나은 것 같죠?

■ 심리학 용어에 '플라시보 효과'라는 말이 있다. 프라시보(placebo)는 '내가 기쁘게 해 주지'라는 뜻을 가진 라틴어에서 나왔다고 한다. 실제 효과가 없는 것도 권위적인 의사가 '약 먹으면 낫는다.'라고 했을 때 환자가 맹신하면 낫는다는 것이다. 믿는 대로 이루어질지어다. 이 약사의 한마디가 보약보다 더 효과가 있을 것이다.

[가까운약국]

어느 추운 날 비도 뿌리고 있었다. 외지에 갔다가 몸살기가 있어서 가까운 약국에서 약 처방을 받으려고 그 동네 조그만 가게에서 약국이 어디에 있는지 물어보았다.

- 환자 : 이곳에 가까운 약국이 어디 있죠?

- 가게주인 : (고개를 갸우뚱 거리며) 왜, 가까운약국을 찾으세요? 큰 길로 한 30분쯤 걸어가면 우측에 가까운약국이 있어요.

- 환자 : 30분씩이나 걸어가야만 가까운 약국이 있다고요???

- 가게주인 : 네. 나가서 한 30분 정도 걸어가면 우측에 가까운약국이 있다니까요.

- 환자 : 할 수 없이 30~40분을 걸어서 갔더니, 진짜로 가까운약국이 있었다. 약국 이름이 '가까운약국' 이었다.(5분 거리의 가까운 다른 약국을 놔두고, 추운 날씨에 30분 걸어서 '가까운약국' 으로 갔던 것이다.)

【예시 44】

○ 스트레스(stressed) 예방법은?

① 굶는다. ② 먹는다.

〈 해답 : ② 〉

◇ 스트레스(stress)는 우리말로 '팽팽하게 죄다'는 뜻을 가진 라틴어 스트링거(stringere)에서 유래된 물리학, 공학 용어이다. 즉 어느 고형물체가 외부의 힘에 의해 압도되어 물체 표면의 연속성을 잃게 된 상태라는 것이다. '비뚤어짐'을 뜻하던 이 단어가 의학용어로 사용하게 된 것은 캐나다 몬트리올 대학의 내분비학자 한스 휴고 브루노 셀리에〈Hans Hugo Bruno Selye)박사가 쥐를 대상으로 연구한 결과 1946년 '스트레스가 질병을 일으키는 중요한 인자'임을 발표하였다. 스트레스를 잘 받는 사람은 꼼꼼한 사람, 소심한 성격의 사람,

완벽주의자, 비관주의자, 열등감, 상처가 많은 사람, 거절을 잘 못하는 사람, 자기 비하적인 사람 등이며, 반대로 스트레스를 잘 안 받는 사람은 적극적인 사람, 자신감 있는 사람, 긍정적인 사람, 자존감이 강한 사람 등이다. 진화심리학에서는 스트레스를 더 잘 받는 사람이 생존경쟁에 더 잘 대처해서 우리 인류 조상이 되었다고 추정하기도 하다.

◇ stressed를 반대로 읽으면 디저트(desserts)다. 디저트는 양식(洋式) 식사의 마지막 순서다. 커피나, 와인, 케이크, 아이스크림 등 후식(디저트)을 맛있게, 즐겁게 먹으면 스트레스가 풀릴 수 있다.

◇ 스트레스라고 반드시 나쁜 것만은 아니다.

1. **유스트레스(Eustress)** : 쾌(快) 스트레스 또는 긍정적 스트레스로 같은 자극에 좋은 영향을 입는 것으로, 당장에는 부담이 되더라도 적절히 대응하여 자신의 향후 삶이 더 나아질 수 있는 스트레스다.

〔사이즈를 몰라서〕

어느 남자가 아내에게 장갑을 사주려고 상점에 갔다. 그런데 장갑의 크기를 알 수 없었다. 그러자 상점 여직원이 친절하게 물었다. "사이즈를 모르시겠다고요? 그럼 저의 손을 한 번 만져보세요." 남자는 여직원의 손을 만지작거리고는 장갑 하나를 골라서 계산하였다. 물건을 사가지고 돌아가던 남자는 잠깐 멈추더니 다시 상점으로 돌아와 여직원에게 수줍게 말했다. "저기, 기왕 사는 김에 브래지어도 하나 살까 하는데요?"

2. **디스트레스(Distress)** : 불쾌 스트레스 또는 부정적 스트레스로 자신의 대처나 적응에도 불구하고 지속되는 스트레스는 불안(초조, 근심, 걱정 등)이나 우울의 증상을 일으킬 수 있다.

〔로또 같은 당신〕

어느 부부의 카톡 대화

- 부인 : 당신은 나에게 로또 같은 남자에요.

- 남편 : 왜? 너무 귀하고 사랑스러워서? 당신에게 행운을 가져다 줘서? 날 만난 게 로또 당첨된 것?

- 부인 : 아니, 드럽게 안 맞아서…!

【예시 45】

○ 가벼워지는 방법은?

① 단식 ② 웃기

〈 해답 : ② 〉

◇ 단식하면 일시적으로 몸은 가벼워질 수는 있다. 그래서 단식 열풍이 거세다. 원푸드 다이어트, 황제 다이어트, 덴마크 다이어트, 레몬 디톡스 다이어트 등 별별 다이어트가 다 있다. 육체는 가벼워질 수 있겠으나, 마음까지 가벼워진다고 장담할 수 없다. 지나친 다이어트로 근육이 감소되고, 요요현상까지 심해지고 있다. 다시 말해 건강까지 좋아진다고 할 수 없다. 오히려 요즘 사람들은 지나친 단식으로 영양실조나, 결핵 같은 질병에 노출되기 쉽다고 한다.

〔도인의 단식〕

도를 닦다 거리로 나온 도인 앞에 슈퍼모델 빰치는 미인이 지나갔다. 도인은 저도 모르게 꼴깍 침을 삼키며 이렇게 소리쳤다. "저런 미인은 처음이야… 저 검은 눈동자, 풍만한 가슴, 가는 허리. 오~ 정말 죽인다." 옆에서 그 말을 듣던 사람이 도인에게 물었다. "아니 도를 닦고 있는 사람도 여자를 탐합니까?" 그러자 도인 왈 "그 무슨 섭한 말씀! 단식한다고 메뉴도 보지 말라는 법 있소?"

◇ 마음이 울적하고 무거울 때는 팔을 하늘에 올리고 크게 한 번 웃어보는 것이다. 맑은 대기를 가슴에 마시고 크게 한 번 소리쳐 웃으면 마음이 후련하고 기분도 상쾌할 것이다. 나무처럼 두 팔 벌리고 맑은 공기를 마시자. 그리고 공중부양을 하자. 일체유심조다. 마음먹기에 달렸다. '걱정을 해서 걱정이 없어진다면 걱정할 일이 없겠네' 라는 말도 있지 않은가? 인간 걱정의 96%는 기우(杞憂)다. 그리스의 철학자 아리스토텔레스는 "인간은 웃는 동물이다"라고 말했다. 네덜란드의 역사학자 호이징아는 "호모 루덴스(Homo Ludens)" 즉 유희하는 인간이라고 했다. 인간의 특성을 최대한 살리자. 웃자. 크게 웃자. 길게 웃자. 온몸으로 웃자. 일소일소(一笑一少)다.

〔쥐 환자〕

자신을 쥐라고 생각하는 한 정신병자가 수년간 걸친 의사의 헌신적인 치료로 겨우 완치돼 퇴원을 하게 됐다.

- 환자 : 감사합니다! 선생님!

그렇게 그들이 인사를 나누고 있는데, 갑자기 병원 정문 앞에 커다란 고양이 한 마리가 어슬렁거리고 있는 것을 보고는 이 환자가 겁에 질려서 얼굴이 하얗게 변했다. 이것을 보고는 의사가 환자의 등을 두드리며 말했다.

- 의사 : 괜찮소~ 이제 당신은 다 나았잖아요?

- 환자 : 네… 전 이제 쥐가 아니라는 걸 알아요!

- 의사 : 그런데 뭘 그렇게 겁내는 거죠?

- 환자(애절한 눈빛으로) : 그렇죠! 하지만 저 놈의 고양이가 제가 쥐가 아니라는 걸 알까요?

【예시 46】

○ '나에게 유머가 없었다면 나는 벌써 죽었을 것이다.' 누구 말인가?

① 링컨 ② 간디

〈해답 : ①, ②〉

〔링컨의 유머 - 국회의사당에 가고 싶습니다.〕

링컨이 하원의원으로 출마했을 때였다. 합동 유세에서 그의 라이벌 후보는 링컨이 신앙심이 별로 없는 사람이라고 비난하고 나섰다. 그리고 청중을 향해 이렇게 외쳐댔다. "여러분 중에 천당에 가고 싶은 분들은 손을 들어 보세요." 그 자리에 참석한 청중들 모두가 손을 들었다. 그러나 링컨만은 손을 들지 않고 있었다. 그러자 그는 링컨을 향해 소리쳤다. "링컨, 그러면 당신은 지옥으로 가고 싶다는 말이오?" 이 말을 들은 링컨은 웃으며 군중을 향해 외쳤다. "천만의 말씀입니다. 나는 지금 천당도 지옥도 가고 싶지 않소. 나는 지금 국회의사당으로 가고 싶소."

〔간디의 유머 - 제가 새입니다.〕

간디가 영국에서 대학을 다니던 시절, 자신에게 고개를 절대 숙이지 않는 이 젊은 학생을 아니꼽게 여기던 피터스라는 교수가 있었다. 하루는 간디가 대학 식당에서 피터스 교수 옆자리로 가 점심을 먹으러 앉았다. 피터스 교수는 거드름을 피우며 말했다. "이보게 아직 잘 모르는 모양인데 돼지와 새가 같이 식사하는 경우은 없다네." 간디 왈 "걱정 마세요 교수님, 제가 다른 곳으로 날아갈게요!"

【유머 명언】

■ 링컨 : 내가 만약 웃지 않았다면 나는 밤낮 나를 누르는 무서운 긴장 때문에 죽어버렸을 것이다.

■ 간디 : 나에게 유머가 없었다면 나는 벌써 죽었을 것이다

■ 오프라 윈프리 : 나에게 유머가 없었다면 오늘의 나도 없었을 것이다.

■ 칼 조세프 쿠셀 : 당신은 웃을 때가 가장 아름답다.

■ 노먼 커존슨 : 우리 몸에는 완전한 약국이 있다. 우리는 어떤 병도 치유할 수 있는 강력한 약을 가지고 있다. 그것은 웃음이다.

■ 러셀 : 웃음은 가장 값싸고 효과 있는 만병통치약이다.

■ 영국의 사상가 카라일 : 진실된 유머는 머리에서 나온다기 보다는 마음에서 나온다.

■ 조관일 : 유머는 여유고, 재치이며, 활력이고, 사교성이며, 붙임성이며, 긍정적이고 열린 마음으로 사람을 기분 좋게 한다.

■ 임마누엘 칸트 : 인생의 많은 고통을 평정하기 위해 하늘이 두 가지를 주었으니, 그것은 희망과 잠이라고 볼테르가 말했다. 하지만 여기에 그는 웃음을 더 첨가해야 한다.

■ 찰리 채플린 : 나의 아픔이 누군가의 웃음의 이유가 되어도 좋다. 하지만 나의 웃음이 누군가의 아픔의 이유가 되어서는 안 된다.

■ 찰스 디킨스 : 질병과 슬픔이 있는 이 세상에서 우리를 강하게 살도록 만드는 것은 웃음과 유머밖에 없다.

■ 미국의 목사이자 노예폐지운동가 헨리 워드 비처 : 유머 감각이 없는 사람은 스프링이 없는 마차와 같다. 길 위의 모든 조약돌마다 삐걱거린다.

■ 박봉주 : 당신에게 유머감각이 있다면 상대의 마음을 여는 열쇠를 가지고 있는 것이다.

■ 스페인 조지 산티아나 미 하버드 철학교수 : 웃지 않은 청년은 야만인이고, 웃지 않는 노인은 바보다.

■ 윌리엄 셰익스피어 : 그대의 마음을 웃음과 기쁨으로 감싸라. 그러면 천 가지 해로움을 막아주고, 생명을 연장시켜 줄 것이다.

■ 폴 J. 마이어 : 웃음이야말로 우리 자녀에게 남겨야 할 귀한 재산 중 하나이다. 내 자녀들 중 어느 누구도 이 귀한 시간을 잃어버리지 않도록 웃음을 남기겠다.

■ 헬무트 콜 : 나 하나가 웃음거리가 되어 국민들이 즐거워할 수 있다면 얼마든지 바보가 되겠다.

■ 윈스턴 처칠 : 웃으시오. 그리고 부하들에게도 웃음을 가르치시오. 이것저것도 아니라면 물러나 있으시오.

■ 윌리엄 제임스 : 행복해서 웃는 것이 아니라 웃기 때문에 행복하다.

■ 마크 트웨인 : 배울 것이 풍부한 강연보다 청중이 더 높게 쳐주는 것이 있는데 바로 그것은 재미있는 강연이다.

■ 미국 시인 에드워드 커밍스(1894~1962) : 인생에서 가장 의미 없이 보낸 날은 웃지 않고 보낸 날이다.

■ 프랑스 극작가 샹포르(1740~1794) : 웃지 않은 날은 헛산 것이다.

■ 프랑스의 대문호 빅토르 위고 : 세상이 엄숙하고 엄숙할수록 그만큼 유머가 필요하다.

■ 프랑스 속담 : 모든 날들 중 가장 완벽하게 잃어버린 날은 웃지 않고 지나간 날이다.

■ 일본 속담 : 웃으며 보낸 시간은 신들과 함께 지낸 시간이다.

■ 체코 출신의 작가 밀란 쿤데라 : 웃음은 현대정신의 가장 위대한 발명이다.

【예시 47】

○ 유머리스트는?

① 짠 사람 ② 싱거운 사람

〈해답 : ②〉

◇ 요즘 음식을 싱겁게 먹는 추세라 싱거운 사람이 되어야 한다. 우리나라 사람들은 유독 짠 음식을 좋아한다. 식약청 통계에 따르면 76%가 절인음식이 입에 맞는다고 했다. 한국인은 1일 평균 나트륨 섭취량은 세계보건기구(WHO) 하루 권고량의 2.4배 과잉 섭취한다고 했다. 짠 음식은 심혈관계, 심장질환, 고혈압, 위장질환 등의 원인이라고 한다. 유머리스트는 싱거운 사람이고, 유모리스트는 짠 사람이다.

〔싱거운 녀석〕

철수가 대문 밖에서 울고 있었다. 지나가던 아줌마가 왜 우느냐고 물었다.

- 철수 : 우리 엄마가 방금 전에 아기를 낳았어요.
- 아줌마 : 그런데 왜 우니? 동생이 생겼으니 기뻐해야지?
- 철수 : 우리 아빠가 1년이 넘도록 외국에 나가 계신단 말이에요.
- 아줌마 : 그래서?
- 철수 : 아빠가 집을 떠나면서 집안에 무슨 일이 생기면 모두 네 책임이라고 했다고요.

◇ 웃기는 사람 = 싱거운 사람. 18세기 영국에서는 누군가를 '유머리스트'라고 하면 아첨으로 여겼다고 한다. 그만큼 기지 넘치는 유머 감각의 소유자를 높이 평가했다는 뜻이다. 그러나 한국인에게는 근엄과 위엄에 더 높은 가치를 부여했던 체면을 중시해온 선비문화, 유교문화 탓일까? 유머에 대해 인색한 평가를 내리곤 한다. 불과

몇 십년 전만 해도 과묵하고, 성실하고, 무뚝뚝한 남자를 보면 듬직하다고 했으며, 바람직한 신랑감으로 꼽았다. 그러니 주변을 재미있는 말로 웃기는 사람을 싱거운 사람, 가벼운 사람, 쓸데없는 사람, 헤픈 사람으로 치부해 버렸다. 심지어 '신부가 결혼식장에서 웃으면 딸을 낳는다.'는 식이다. 우리 서민들은 어려운 환경 속에서도 고난을 너털웃음으로 극복했으며, 탈춤, 풍물패의 흥겨운 가락, 장승의 익살스런 모습 등 우리 민족의 중요한 덕목이 웃음임을 알 수 있다. 근래에 들어와서 유머는 행복한 삶을 유지하게 할 뿐만 아니라 경영에서도 성공을 이끄는 힘으로 대접받고 있다. 싱거운 사람은 소금장수가 아니더라도 건강에도 좋고, 주위의 분위기를 부드럽고, 재미있게 이끄는 사람이라 모두들 좋아하게 되었다.

〔싱거운 할머니〕

시골 할매가 택시를 타고 목적지에 도착했다.

- 운전기사 : 할매요, 5500원입니데이~!

- 할매 : 우짜꼬? 기사양반요, 미안하지만 500원어치만 뒤로 빠꾸(후진) 좀 해 주소.

돈이 오천 원 뿐이라서…

- 운전기사 : 할매요, 됐심더. 고마 내리이소.

- 할매 : 아니, 나는 그런 경우 없는 짓은 못합니다. 오백원어치만 뒤로 빠꾸 좀 해 주소.

【예시 48】

○ 사람에게 가장 무서운 중독은?

① 마약 ② 성취 ③ 유머

〈 해답 : ② 〉

◇ 중독(poisoning, 中毒)은 마약이나 술 따위를 계속적으로 지나

치게 복용하여 그것이 없이는 생활이나 활동을 하지 못하고 결국 신체적인 기능장애까지 오게 되는 상태를 말한다.

〔농약중독〕

뚱뚱하다고 놀림을 받던 영자가 포도 외에는 아무것도 먹지 않는 '포도 다이어트'를 시작했다.

사흘째 되던 날 영자는 그만 의식을 잃고 쓰러졌다. 깜짝 놀란 가족은 쓰러진 영자를 병원으로 데려갔다. 영자 어머니가 의사에게 물어봤다. "의사 선생님, 영양실조인가요? 얘가 며칠 동안 포도만 먹었거든요." 의사가 고개를 저으며 말했다. "농약 중독입니다."

〔알콜 중독자〕

– 아들 : 아빠, 알콜 중독자는 어떤 사람이야?

– 아빠 : 저기 나무 두 그루 보이지? 저게 네 그루로 보이는 사람을 보고 알콜 중독자라고 하는 거여

– 아들 : 아빠, 저기 나무 한 그루밖에 없는데…

– 아빠 : 너 혹시, 마약 중독자 아냐?

◇ 마약이나 유머는 대중화된 것은 아니다. 그러나 성취의욕은 대부분 갖고 있다. 그 중에서 성취 중독은 일종의 일중독(workholic)이라고 할 수 있다. 일중독은 남달리 일을 많이 하고 일을 좋아하는 것을 말한다. 스코트(Scott) 외 2명의 공저『일중독의 결과와 의미의 탐험』에서 일중독의 성향을 강박적, 완벽주의, 성취지향적 세 가지 유형으로 분류했다. 미국 하바드 의대 세라미콜리〈Ciaramicoli〉의 연구에 의하면 성취중독〈Performance addiction〉에 걸린 사람은 '남들보다 나은 성취가 사람들로부터 사랑받는 유일한 방법이다'라는 그릇된 믿음을 가지고 있다고 한다. 이러한 사람들은 일 자체가

아니라 일의 결과에 초점을 두기 때문에 온전히 현재에 머물지 못하고, 무언가 하지 않으면 안 되는 강박증을 경험한다고 한다. 우리 사회는 일중독, 성취중독이 심각하다. 엄청난 스트레스를 받아가면서 일하다가 결국 몸도 정신도 황폐화되어 간다. 적당히 하면 발전의 동기유발에 좋지만 과하면 영혼을 갉아먹는다. 그래서 우리 몸에는 웃음과 기쁨, 행복 대신 분노와 초조, 폭력이 잠재되어 우리의 영혼을 갉아먹는다. 한때 매력 넘치던 사람도 무서운 사람으로 변해간다. 성취중독 때문이다. 유일한 해결책은 여유와 힐링이다. 그 중심에 유머와 웃음이 있다. 웃어서 털어내자. 웃어서 벗어나자.

【예시 49】

○ 인생의 희극과 비극의 비율은?

① 49 : 51 ② 50 : 50

〈 해답 : ① 〉

◇ 영국에서 출생했으나, 미국에서 활동한 찰리 채플린은 무성영화시대 최고의 희극배우로 알려져 있다. 그는 '인생은 가까이에서 보면 비극이요, 멀리서 보면 희극이다' 라고 했다. 그러면 ②번이 맞는다. 그러나 필자가 보기엔 '인생은 가까이서 보면 유머(humor)이고, 멀리서 보면 유우머(humour)다' 삶 자체가 코믹하고 유머스럽다는 것이다. 그것을 일찍 받아들이느냐, 늦게 받아들이느냐의 차이가 있을 뿐이다. 선과 악은 종이 한 장 차이라는 것이다. 49:51은 행복의 비율이라고 한다. 50:50으로 보면 고작 1%의 차이지만 그 1%가 저울의 방향을 좌우한다. 당신이 지금 저울질 하는 것은 무엇인가?

〔내 손안의 운명〕

작은 산에 스님 한 분이 사셨다. 들리는 바로는 아직까지 한 명도 그의 말문을 막히게 한 사람이 없다고 할 만큼 현명한 분이었다. 어느 날 똑똑한 아이가 손에 작은 새 한 마리를 쥐고 스님께 여쭈었다.

- 아이 : 스님, 이 새가 죽은 건가요? 아니면 살아 있는 건가요?

(아이는 생각했다. 스님이 살아있다고 하면 목 졸라서 죽여 버리고, 죽었다고 하면 날려보내야지, 그러면 내가 이기는구나.)

- 스님(웃으면서) : 얘야, 그 새의 생사는 네 손에 달렸지. 내 입에 달린 것이 아니란다.

(아이는 새를 날려보내며 말했다.)

- 아이 : 스님은 어떻게 이토록 지혜로우신가요?

- 스님 : 예전에는 정말 멍청한 아이였단다. 그러나 매일 열심히 공부하고 생각하다보니 지혜가 생기기 시작하더구나. 너는 나보다 더 지혜로운 사람이 될 것 같구나.

(그러나 아이는 슬픈 기색을 보이며)

- 아이 : 어제 어머니께서 점을 보셨는데, 제 운명은 엉망이라고 했대요.

- 스님 : 얘야, 네 손금을 좀 보여주렴. 이것은 감정선, 이것은 사업선, 이것은 생명선. 자아 이제는 주먹을 쥐어 보렴.

(아이는 주먹을 꼭 쥐고 스님을 바라보았다.)

- 스님 : 얘야, 네 감정선, 사업선, 생명선이 어디 있느냐?

- 아이 : 제 손 안에 있지요.

- 스님 : 그렇지! 바로 네 운명은 네 손 안에 있는 것이지. 다른 사람의 손에 달린 것이 아니란다.

〔49%의 언어들〕

① 회갑잔치가 생각나지 않아서 "육갑잔치" 잘 치루셨어요?

② 애기엄마가 서점에 가서 한참 책을 찾는데, 점원이 와서 무슨 책 찾으세요? 라고 묻자 "돼지고기 삼형제" 있나요? 했더니 점원 왈 : 아~네~ 혹시 "아기돼지 삼형제" 아니세요?

③ 아이스크림 사러 갔다가 "설레임"이 생각나지 않아 "망설임" 주세요.

④ 시댁에 보낼 '이바지' 음식 주문하려고 전화를 해서 '씨받이' 음식 주문하려는데요.

⑤ 울 부모님은 한 살 차이신데요. 라고 말해야 하는 걸 "울 부모님은 연년생이세요."

⑥ 교회에서 '식물인간' 된 신자 방문을 갔는데, 위로한다는 말이 아드님이 '야채인간' 이 되셨으니 얼마나 마음이 아프시겠어요.

⑦ 커피전문점에서 당당하게 '아메리카노' 를 '아프리카노' 한 잔 주세요.

⑧ 누구랑 전화하다가 갑자기 주머니를 뒤적이며 "나 핸드폰 없어졌다. 좀 있다 통화하자." 며 끊었다.

⑨ 친구집에 갔는데, 그 어머님이 '포크레인 먹어라' 알고 보니까 '콘프레이크' 였다.

【예시 50】

○ 무엇을 칭찬하는가?

① 능력 ② 노력

〈 해답 : ② 〉

◇ 칭찬에 인색하지 마라. 칭찬에는 두 가지 방법이 있다. 능력과 노력, "우리 아들 똑똑하네"와 "우리 아들 열심히 했구나." 두 가지 방법 중에서 현명한 방법은 '노력'을 칭찬하는 것이다. 심리학 연구결과를 보면 아이의 능력을 칭찬하는 경우 성공 여부를 자신의 능력으로 판단하게 되고, 실패하는 경우 자신의 무능력을 생각하게 된다. 따라서 쉽게 포기하고, 집중력도 떨어진다고 한다. 그러나 '노력'을 칭찬하면 아이는 과제의 성공 여부를 실패했을 경우 자신의 노력부족으로 판단하기 때문에 더 집중하고 노력하려고 한다는 것이다. 능력보다는 노력을, 결과보다는 과정을 칭찬하라는 말도 있지만, 아무튼 중요한 것은 칭찬이니까 능력과 노력이 비슷하면 노력을, 능력

이 출중하면 능력을 칭찬하는 것도 좋은 방법이 될 수 있다. 능력이 뛰어나는데도 노력만 칭찬하는 것도 이상하다. 잘못하면 과잉 칭찬이나 아첨으로 비쳐질 수 있다. 미인대칭비비불, 미소 짓고, 인사하고, 대화하고, 칭찬하고, 비난하기 보다는 칭찬을, 비판하기 보다는 이해를, 불평하기 보다는 협조를 실천해야 한다. 칭찬을 하면 나에게 몇 배로 돌아온다. 결국 칭찬은 자기에게 하는 것이다.

〔이쁜 칭찬〕

- 미인 칭찬 : 클레오파트라 이후 제가 만난 최고의 미인입니다.
- 유머 칭찬 : 이순신 장군의 명량대첩 이후 이렇게 통쾌한 유머는 처음입니다.
- 강의 칭찬 : 정말 세종대왕 한글창제 이후 이렇게 재미있는 강의는 처음입니다.
- 아내 칭찬 : 당신같이 이쁜 여인한테 화장품이 뭐 필요해?

〔칭찬과 피에르 가르뎅〕

제2차 세계대전이 끝난 뒤 먹고 잘 곳도 없는 한 청년이 파리의 한 의상실 앞에서 비를 피하고 있었다. 청년은 이탈리아의 유복한 사업가의 아들로 태어났지만 1차 세계대전으로 부친의 사업이 망해 가족이 다 불란서로 이주하였고 생활이 어려워 적십자사에서 아르바이트로 생활하였다. 끼니를 잇기 어려운 형편이라 옷을 사 입을 수가 없어서 청년은 스스로 천을 구해 옷을 만들어 입었다. 다행이도 청년은 옷 만드는 것을 좋아했고 솜씨도 좋아서 그런대로 보기가 좋은 정도였다. 끝이 보이지 않는 생활고로 절망이 엄습할 때면 이상하게도 그의 발걸음은 으레 의상실 앞에 가 서 있었다. 어느 날 비를 피해 의상실 앞에서 의상실을 들여다보고 있는데 마침 의상실에서 나오던 한 부인이 그를 유심히 바라보고 있더니 물었다. "어머, 그 옷

참 멋이 있네요. 어디서 맞추었지요?" "네? 이 옷은 맞춘 것이 아니고 제가 만든 것입니다." "그래요? 정말 너무 멋져요. 당신에겐 옷을 만드는 특별한 재주가 있나봐요." 청년은 이름 모를 이 부인의 한마디에 눈이 번쩍 뜨였다. 1950년 그 청년은 부인의 한 마디에 빛을 얻어 변두리에 의상실을 차렸다. 그런데 디자인 솜씨가 뛰어나다는 소문이 퍼지고 마침내 영화 "마녀와 야수"의 의상을 담당할 것을 제의받아 성공적으로 해냈고 디자이너로 한발 한발 목표를 향해 나가게 되었다. 그 결과 1974년에는 타임지의 표지를 장식할만큼 성장하여 "유럽에서 성공한 최고의 디자이너"라는 찬사를 들었다. 그가 바로 이름 모를 부인의 칭찬 한 마디로 유명한 패션 디자이너가 된 피에르 가르뎅(1922~)이다.

〔미운 칭찬〕

사진작가가 저녁식사에 초대를 받아 자기가 찍은 사진을 몇 장 가져갔다. 그의 작품들을 본 안주인이 감탄하며 말했다.

- 안주인 : 사진들이 참 멋지네요. 카메라가 좋은가 보죠?

- 사진작가 : (저녁을 다 먹은 후 집을 떠나며) 저녁 정말 맛있게 잘 먹었습니다. 냄비가 좋아서 그런지 찌개가 참 맛있네요.

〔들어도 기분 나쁜 칭찬〕

① 당신은 살아있는 부처입니다. - 선행을 베푸시는 목사님에게

② 할머니, 꼭 백세까지 사세요. - 연세가 99세인 할머니에게

③ 참석해 주셔서 자리가 빛났습니다. - 대머리 아저씨에게

④ 참 정직한 분 같으세요. - 직구밖에 던지지 못해서 좌절하는 투수에게

⑤ 당신의 화끈함이 마음에 듭니다. - 화상을 입은 환자에게

⑥ 안녕히 가세요. 다음에 또 오세요. - 예식장 사장님이 결혼식한 사람에게

【예시 51】

○ 최근 여자 혼수품 중 반려동물은?

① 개 ② 소 ③ 고양이

〈해답 : ②〉

◇ 반려(伴侶)동물이란 사람과 더불어 생각이나 행동을 함께 하는 짝처럼 살아가는 동물의 총칭이다. 1983년 오스트리아 빈에서 동물학자 로렌츠 탄생 80주년을 기념하는 심포지엄이 '인간과 애완동물의 관계'라는 주제로 열렸다. '애완(장난감)'이라는 용어의 도구적 관점에서 탈피해 동물 역시 인간처럼 함께 살아가야 할 존재로 인식하는 계기가 되었다. 주로 개는 반려견(伴侶犬), 고양이는 반려묘(伴侶猫)라 하며 많이 사육된다. 그밖에도 곤충, 조류, 물고기 등도 키우기도 한다. 최근 결혼할 여자의 혼수품으로 '소'라는 반려동물을 가지고 간다고 한다. 옳소~! 맞소~! 그렇소~!'이다. 아마 이 소를 잘 들여와 기르면 집안은 웃음꽃이 만발하고 가화만사성이 될 것이다.

① **옳소~!** - 주로 청중의 입장에서 어떤 의견이나 생각에 동의하는 뜻을 나타낼 때 하는 말이다. 공감을 속으로만 다지지 말고 표현해야 한다. '표현하지 않는 사랑은 사랑이 아니다.'라는 말도 있지 않은가? 그렇다고 무조건 옳소는 그렇다. 봐 가면서 가급적 긍정적으로 살라는 것이다. 어느 지역에 가면 '옳소식당'이 있다. 물론 고기집이다. 여기서 먹으면 왠지 기분도 좋아지고, 양도 많이 주고, 먹고 나서 소화도 잘 될 것 같다. 가정에서 옳소는 자기 아내가 주장하는 모든 것에 그저 옳소~!하고 사기를 올려준다는 것이다.

〔탈무드-옳소〕

어떤 젊은 두 사람이 다투다가 랍비를 찾았다. 두 사람은 자신의 입장만

앞다투어 이야기 하자 한 사람씩 따로 따로 이야기 하라고 했다. 첫 번째 사람의 이야기를 다 듣고 나서 랍비는 "당신 말이 옳소"라고 했다. 두 번째 사람의 말을 듣고는 "당신 말이 옳소"라고 똑같이 말했다. 그 얘기를 뒤에서 듣던 아내가 문제를 제기 했다. "아니, 두 사람 다 옳다고 하면 해결이 됩니까? 그게 판단이라고 한거예요?" 랍비는 아내를 바라보면서 "당신 말도 옳소" 했다.

② **맞소~!** - 맞소는 피고가 원고를 상대로 제기하는 맞소송의 준말이 아니다. 그 반대다. 너도 맞소, 다른 너도 맞소, 또 다른 너도 맞다는 뜻이다. 물 반 컵을 보고서 누구는 "반 컵밖에 없네" 라고 말하고, 누구는 "아직 반 컵이나 남았네" 라고 한다. 같은 상황인데도 무조건 자기의 생각이 옳다고는 할 수 없다. 어찌 보면 무소신, 우유부단으로 보일지도 모르지만, 각자의 생각이나 관점에 따라 다른 상황을 인정해 주는 데서 오는 말이니 이 또한 옳다고 해야 한다. 가정에서 맞소는 아내가 하는 모든 일에 맞소~!하고 동의해 주는 것이다.

[삶의 4가지 태도]

미국의 심리학자 토마스 해리스는 삶에는 4가지 태도가 있다고 했다.

- I'm OK, You're OK : 나도 맞고, 너도 맞다.
- I'm OK, You're not OK : 나는 맞고, 너는 틀리다.
- I'm not OK, You're OK : 나는 틀리고, 너는 맞다.
- I'm not OK, You're not OK : 너도 틀리고, 나도 틀리다.

맞소는 I'm OK, You're OK이다. 유머도 바로 I'm OK, You're OK 이다. 유머하는 사람도, 청중도 모두 맞소!

〔항상 울 것이냐, 항상 웃을 것이냐〕

한 할아버지가 아들 때문에 불평을 하자 사람들이 그 이유를 물었다. "나에게는 두 아들이 있는데 큰아들은 소금장수이고, 작은아들은 우산장수라오 그런데 오늘같이 비가 오는 날에는 큰아들이 걱정이고, 날씨가 좋은 날에는 우산장사 하는 놈이 걱정 된다오." 그러자 한 사람이 말했다. "할아버지는 참 복도 많으십니다. 날이 좋으면 큰아들의 소금장사가 잘될 것이고, 비가 오면 우산장사 하는 아들이 잘될 것이니 참 부럽습니다."

③ **그렇소~!** - 그렇소는 3가지로 유추해 볼 수 있다. 일단 첫 번째는 내 자신이 "그렇소" 하고 인정하는 것이고, 두 번째는 상대방의 뜻에 "그렇소" 하고 동의해 주는 것이다. 세 번째는 "당신은 어찌 그렇소?" 라고 말하면 상대방에 대한 불신이 깔려 있는 것이다. 여기서는 첫 번째와 두 번째 그렇소의 뜻으로 해야 가정이 편안 할 것이다. 세 번째를 걸고 넘어지면 항상 전쟁을 치뤄야 하는 지도 모른다. 그렇소는 평화의 단어이다. 가정에서 그렇소는 자기 마누라가 하는 말에 그렇소~!'하고 맞장구치는 것이다. 옳소, 맞소, 그렇소는 평화를 지향하는 꽃이요, 난초처럼 향기 나는 말이다.

◇ 요즘 남자도 예쁜 아내를 위하여 쇠때(Key) 5개를 챙겨간다고 한다.

① 돌쇠 : 아내의 명령에는 무조건 복종하는 충성심 강한 돌쇠,

② 마당쇠 : 아내를 위해 일하고 돈 벌 때는 개미처럼 부지런한 마당쇠,

③ 자물쇠 : 아내의 단점이나 잘못은 절대 말하지 않는 철통같은 자물쇠,

④ 모르쇠 : 아내가 하는 일은 일절 간섭 않고 아무것도 모르는 척 하는 모르쇠,

⑤ 변강쇠 : 아내를 위해 밤에는 언제까지나 강한 남자 변강쇠.

〔100세 인생〕

옛날에 신이 만물을 창조하실 때 동물들의 수명을 고민했다. 인간보다 ①먼저 소를 만드시고 소에게 말하기를 너는 70년만 살아라. 단, 사람을 위해 평생 일만해야 한다. 그러자 소는 일만해야 하는 70년은 너무 많으니 30년만 살겠다고 했다. ②두 번째 개를 만드시고 말씀하시길, 너는 30년만 살아라. 단, 사람들을 위해 평생 집만 지켜라. 그러자 개는 30년은 너무 길으니 15년만 살겠다고 했다. ③세 번째 원숭이를 만드시고 말씀하시길, 너는 40년만 살아라. 단, 사람들을 위해 평생 재롱을 떨어라. 그러자 원숭이도 40년간은 너무 길고, 20년만 살겠다고 했다. ④네 번째 인간을 만드시고 말씀하시길, 너는 25년만 살아라. 단, 너한테는 생각할 수 있는 지혜를 주겠다. 그러자 인간이 신에게 말하기를 그럼 소가 버린 40년, 개가 버린 15년, 원숭이가 버린 20년을 다 주세요.라고 말했다. 욕심이 과하지만 신은 그렇게 살도록 허용했다. 그래서 인간은 25살까지는 주어진 시간을 그냥저냥 살고, 소가 버린 40년으로는 25살부터 65살까지 소같이 일만 하고, 개가 버린 15년으로는 퇴직하고 65살부터 80살같이 15년간 개같이 집보기로 살고, 원숭이가 버린 20년으로는 손자 손녀 앞에서 100살까지 원숭이처럼 재롱을 떨며 산다. 이것이 100세 인생이다.

〔개자식 정정보도〕

어느 날 신문기자로부터 하원의원의 도덕성에 대한 질문을 받은 미국 문학의 링컨이라고 불리는 소설가 마크 트웨인(1835~1910)이 거침없는 독설을 쏟아냈다. "하원의원 ooo는 개자식이다." 그런데 며칠 후 그가 한 말이 여러

일간지에 그대로 기사화되는 바람에 하원에서는 난리가 났다. 마침내 의회에서는 마크 트웨인에게 사실 여부를 입증하거나 아니면 자신의 잘못을 인정하는 성명을 발표하라는 압력을 넣었다. 그러자 마크 트웨인은 며칠이 지난 후 〈뉴욕 타임스〉에 다음과 같은 설명문을 발표했다. "얼마 전 내가 한 말은 옳지도 않을 뿐더러 사실과도 일치하지 않는다고 생각합니다. 그래서 오늘 이 지면을 통해 다음과 같이 정정하고자 합니다. 하원의원 ooo는 개자식이 아니다."

【예시 52】

○ 무엇이 가장 무서운가?

① 뱀 ② 개 ③ 말

〈해답 : ③〉

◇ 한 해에 뱀한테 물려 죽는 사람의 수가 5만 명이나 된다고 한다. 개한테는 더러 물려 죽기는 하지만 엄청난 수는 아니다. 그러나 옛말에 살인은 한 사람만 죽일 수 있지만 험담은 한꺼번에 세 사람을 해치는 결과를 가져온다고 했다.

첫째, 험담을 하는 자신이요,

둘째는 그것을 반대하지 않고 듣는 사람이며,

셋째는 그 험담의 화제가 되고 있는 사람이다.

세치 혀는 수많은 사람을 한꺼번에 죽일 수 있는 가장 맹독성이 있다. 탈무드에서도 '물고기는 언제나 입으로 낚인다. 인간 역시 입으로 걸린다'라고 했다. 톨스토이는 "총에 맞은 상처는 나을 수 있지만, 입에 의한 상처는 절대 아물지 않는다."라고 했다. 입조심, 말조심해야 한다. 유머한다고 사람을 무시하거나 험담하지 말아야 한다. 외모, 인종, 성별, 종교, 신체적 약점을 소재로 유머거리를 만드는 건 학대나 편견일 수 있다. '천사와 악마는 모습이 아니라 그가 하는 말이다.'고 했다. 유머한다고 음담패설(EDPS)을 하다가 잘못 건들면 말벌집을 건드리는 것과 같다. 그 언어는 그 사람의 인격이다. 그 언어는 그 사람의 아비투스(문화적 자본)다.

〔명예훼손죄〕

뚱뚱한 이웃사람에게 돼지라고 말했다가 명예훼손죄로 고발당하여 벌금 5만원을 내라는 판결을 받았다.

– 가해자 : 판사님, 지난번에는 3만원 냈는데, 왜 2만원 더 요구합니까? 억울해요.

– 판사 : 미안합니다. 돼지고기 값이 올랐습니다.

〔비굴한 말〕

사업 실패와 세상살이에 지친 남자가 길을 지나고 있었다. 고급 외제차에서 내리는 뱃살 푸짐한 뚱보 신사를 보고, 자기 처지와 너무 상반된 현실에 열 받아서 한마디 외쳤다.

– 남자 : "에잇~, 돼지야!"

– 신사 : (열 받은 신사는 이 사람을 고소했고, 모욕죄로 벌금형이 내려졌다.)

– 남자 : 판사님, 저 사람에게 돼지라 하면 벌금을 물어야 하는데, 돼지에게 선생님이라고 하면 어찌 되나요?"

– 판사 : 그건 상관없어요.

– 남자 : (회심의 미소를 날리며 신사에게) 선생님, 한번만 봐주세요.

〔외국인이 경험한 무서운 말〕

① 얘야, 손님 받아라 – 한국 음식점에서는 손님을 던지기라도 한단 말인가?

② 엄청 애먹었다 – 개를 잡아먹는다는 얘기는 익히 들어봤지만, 설마 애까지 잡아먹을 줄이야. 정말 엽기적인 민족이 아닐 수 없다.

③ 야, 니가 쏴라 – 조심해야겠다. 언제 누가 나를 쏠지 모르니까. 한국도 총기 소지가 자유로워졌나보다.

④ 왜, 이리도 애를 태우는가 – 애를 바싹 그슬려서 먹는가? 아직 애를 태우는 장면은 목격하지 못했지만, 제발 내 앞에서 애를 태우는 한국인이 나타나지 않았으면 좋겠다.

⑤ 제발 죽여 주세요 – 미장원에 갔다. 잘못 들어왔다. 내 뒷머리를 제발 죽여달라고 한다. 헤어 드레서가 가위를 들고 그녀에게 가까이 가기도 전에 나는 미장원을 빠져나왔다.

⑥ 때리자구 – 길거리를 지나는데, 사람들이 "야, 밥 때릴래?" "잠깐만 전화 먼저 때리고" 이게 무슨 일인가? 뭘로 때릴까? 그냥 맨손으로? 전화기로? 아니면 야구 방망이로?

⑦ 식탁 훔쳤냐 – 식당에 갔더니 주인과 종업원의 대화에서 "다 훔쳤냐?" "네 완전히 깨끗이 훔쳤습니다." 그래 잘했다. 쉬어라.

⑧ 할머니 뼈다귀탕 – 한국이 식인종의 나라인가? 간판보고 뒤집어 지는 줄 알았다. …정말 엽기적인 한국인이다.

⑨ 폭탄세일 – 한국은 무기거래가 자유로운 국가인가? 권총도 아니고 폭탄을 세일하는 곳이 천지다. 가구점, 옷가게, 슈퍼에서도 한다. 핵폭탄 세일하는 곳도 있다. 심지어 온라인에서도 공공연하게 한다.

〔말실수〕

① 오랜만에 고향 시골에 갔는데 어릴 적 자주 갔던 구멍가게 할머니를 마주치자 너무 반가워서 인사를 한다는 게 "어? 할머니 아직 살아계셨어요?"

② 양발을 아무데나 벗어던지는 아이한테 엄마가 "양발 벗었으면, 즉각 즉각 냉장고에 넣으라고 했지?"

③ 배가 많이 부른 임신부에게 '산달이 언제세요?' 한다는 게 "만기일이 언제세요?"

④ 아버지 생신날 음식이 풍성하게 차려진 걸 본 유치원 아들이 "엄마, 오늘이 아빠 제사야?"

⑤ 친구에게 '야 얼마 전에 결혼한 그 선배 다음 달에 아기 낳는데' 했더니 그 친구 속도위반을 "우와, 신호위반이네!!"

⑥ 카페에서 밥 먹고 후식시키는데, "아이스티주세요. 차가운 걸로요."

⑦ 초딩 때 애들 앞에서 노래 부르는데, 동구~밭 과수원길 … 아프리카 꽃이 활짝 폈네.

⑧ 사망신고 온 민원인에게 동사무소 직원 "본인이세요?" 민원인 "본인이 꼭 와야 되나요?"

⑨ 동사무소에서 주민등록 재발급 받고 나오면서 "많이 파세요"

⑩ 치킨집에 전화를 해서 '뼈 없는 치킨'을 시킨다는 게 "살 없는 치킨"주세요.

⑪ 치킨 주문을 해놓고 기다리는데 띵동~! 초인종이 나갈래, 누구세요? 물었더니 치킨집 아저씨 왈 "접니다."

⑫ 내가 집에 전화 해놓고, 엄마가 받으니까 "엄마, 지금 어디야?"

⑬ 추운 겨울날 떡볶이 파는 가게에 가서 "아줌마, 오뎅 천원어치 얼마에요?"

【예시 53】

○ 인간관계의 윤활유는?

① 술 ② 유머

〈해답 : ②〉

① 윤활유의 역할은 기계와 기계 사이의 마찰과 마모방지, 그리고

부식방지나 냉각작용을 하기 때문에 꼭 필요한 존재이다. 마찬가지로 인간관계의 마찰과 소음 그리고 스트레스 등을 줄이기 위해서는 유머라는 윤활유가 필요하다. 미국의 목사이자 노예폐지운동가인 헨리 워드 비처는 '유머 감각이 없는 사람은 스프링이 없는 마차와 같다. 길 위의 모든 조약돌마다 삐걱거린다.'고 했다. 스프링을 윤활유로 바꾸어도 무방하겠다. 유머는 부드러운 인간관계의 윤활유가 될 것이다. 술도 적당히 마신다면 신체적, 정신적, 사회적으로 이로운 측면이 있다. 술은 심리적으로 긴장을 해소시켜 주고 사회적인 관계를 부드럽게 만드는 윤활유 역할을 한다. 그러나 술은 많이 마시면 뇌를 조절하는 기능이 마비되어 자제력과 인내심이 약해져 난폭해지거나 충동적으로 범죄를 저지를 수 있다. 또한 알콜성 감염, 위궤양, 간암 등 여러 가지 질병을 일으킨다.

〔10리와 15리〕

- 어른 : 복동아, 너의 아버지 어디 가셨냐?
- 복동이 : 시장에요.
- 어른 : 여기서 시장이 얼마나 먼데?
- 복동이 : 가는 길은 10리구요, 오는 길은 15리예요.
- 어른 : 그게 무슨 소리냐?
- 복동이 : 에이, 아저씨두. 우리 아버지가 시장에 가실 때는 맑은 정신으로 가시기 때문에 곧장 가시지만, 오실 때에는 술에 취해서 갈지자 걸음으로 오시니까 15리가 되는 거죠.

② 유머는 사람과 사람 사이를 좁힐 뿐만 아니라 대화의 분위기를 밝게 한다. 유머는 사고를 유연하게 하고, 힘들고 절망적인 상황에서도 유머만 있으면 웃음을 되찾게 되고, 그 웃음은 희망과 여유를 준다. 요즘 들어 유머, 유머센스, 펀경영, 유머형 인간이란 단어가

자주 쓰이고 있다. 기업, 가정, 공공기관 신입사원 뽑을 때는 물론 심지어는 인생에서 가장 중요한 배우자를 정하는 조건에도 유머가 빠지지 않는다. 시대가 요구하고 있기 때문이다. 그동안 엄숙주의 문화, 가난하고 여유 없는 사회분위기 등으로 인해 억눌렸던 유머가 봇물처럼 생산되고 있다. 게다가 유머가 상징하는 소통, 화합, 건강, 창의성, 행복감, 활력, 대인관계, 즐거운 대화도 유머를 늘어나게 하는 요인들이다. 누구나 즐겁고 기분 좋은 대화를 원한다. 이런 대화를 하기 위해서는 유머가 필수적이다. 길에는 두 가지 길이 있다. 사람이 다니는 길, 사람이 가야할 길이다. 일본 경영의 신 마쓰시타 고노스케 회장이 했다는 '길은 잃어도 사람을 잃지 말라'는 명언처럼 '길은 잃어도'는 전자의 길이고, '사람을 잃지 말라'는 후자의 길인 것이다. 가장 중요한 것이 사람이다. 그 사람 사이에 흐르는 것이 따뜻한 유머다. 웃음은 유머 속에서 핀 꽃이다.

〔재난복구비 지원〕

레이건 대통령은 재임시절 국민들이 보낸 편지에 종종 친필로 회답을 보냈다. 한번은 어떤 어린이로부터 편지를 받았는데, 자기 방을 청소하는데 돈이 필요하니 정부 재난복구비로 예산 지원을 좀 해달라는 것이었다. 그러자 레이건 대통령은 이렇게 답장을 써보냈다. "유감스럽게도 정부 예산이 턱없이 부족하다네. 자네 어머니가 자네 방을 재난지역으로 선포한 것은 다 이유가 있을 것이네. 그러므로 자네는 자원봉사 활동을 시작하기에 아주 좋은 조건을 갖추고 있는 셈이네. 잘해보게나! 안녕~!"

〔사망신고〕

신규 공무원이 민원창구에 앉아 있는데, 한 여자가 들어와 말했다.

- 여자 : 저, 사망신고를 좀 하려고 합니다.

- 공무원 : 본인이신가요?

- 여자 : 아~, 사망신고는 꼭 본인이 와야 되는가요?

【예시 54】

○ 웃음발전소의 연료는?

① 석유 ② 유머

〈해답 : ②〉

- 유머로 먹는 보약은 웃음발전소
- 귀로 먹는 보약 칭찬발전소
- 늘 고맙습니다 표현하는 감사발전소
- 좋은 쪽으로만 생각하는 긍정발전소
- 마음먹기에 달려 있는 행복발전소

모두가 사회와 개인에게 필요한 발전소이니 몇 개씩 가지고 있다면 명품 인생이 될 것이다.

〔달입니까, 해입니까?〕

술에 취한 두 사람이 함께 걷고 있었다. 한 주정꾼이 말하기를 "멋진 밤이야, 저 달 좀 봐" 또 다른 주정꾼이 술 취한 친구를 쳐다보며 말했다. "네가 틀렸어. 달이 아냐, 저건 해야." 두 주정꾼의 말다툼은 시작되고… 마침 길가는 사람이 있어 그 사람에게 물어보기로 했다. "저기 하늘에서 빛나고 있는 것이 달입니까, 해입니까?" 그러자 길가는 사람 왈, "미안합니다. 제가 이 동네 안 살아서 잘 모르겠습니다."

◇ 최근 발전소가 화두가 되고 있다. 원자력발전소는 가격이 싸고, 안전하고, 기후 변화를 막는다는 등 많은 장점이 있음에도 불구하고 발전 과정에서 발생하는 강한 방사선과 핵폐기물로 지구 환경과 인체에 치명적인 독성을 가지고 있다고 해서 찬반이 뜨겁다. 여

기서는 원자력발전소, 수력발전소 이런 전기를 생산하는 이름 말고, 행복발전소, 칭찬발전소, 웃음발전소, 감사발전소, 긍정발전소 등등 이런 발전소가 많으면 사회가 공해 없이도, 사고 없이도 밝아지지 않을까? 라는 엉뚱한 생각을 해보기도 한다. 그중에 유머발전소는 부작용 없는 청정 웃음을 생산하므로 님비(NIMBY)현상이 발생하지 않는다. 언제 어디서나 유머 연료만 있으면 공해 없는 웃음발전소를 가동할 수 있다. 최근 웃음발전소의 공익성이 알려지면서 여기 저기 전국적으로 설치되고 있다. 웃음발전소는 신선하고 건강한 핵꿀잼 유머로 웃음을 발산하여 대한민국을 웃음공화국으로 만들 것이다.

[남편의 부인되기 소원]

자기는 매일 출근하여 고생하는데 마누라는 집에서 빈둥대는 것 같아 어떻게 지내는지 자세히 알고 싶어 하나님께 기도하며 소원을 빌었다.

– 남편 : 주여, 나는 매일 8시간이나 열심히 일하는데, 집사람은 집에만 있습니다. 그러니 내가 출근하여 얼마나 힘들게 일하는지를 마누라가 알도록 해주고 싶습니다. 하오니 주여~ 꼭 하루만 서로의 육체를 바꾸어서 지내게 해 주십시오. 아멘~!" 딱하게 여긴 전능하신 하나님은 그 남편의 소원을 들어 주었고, 다음 날 아침 남편은 여자가 되어 있었다. 그녀는 일어나자마자 밥을 짓고 애들을 깨우고, 옷을 챙겨 밥 먹이고 도시락을 싸서 학교로 들려 보내고, 남편 출근 시키고, 세탁물을 거두어 세탁기에 돌리고, 고양이 밥을 챙겨주고, 이불개고 쓸고 닦으며 돌아가면서 집안 청소를 하고, 개를 목욕 시키고, 청구서를 결제하려 은행가서 일 보고, 오는 길에 장봐서 낑낑 대며 집에 돌아오니 벌써 오후 1시가 넘었다. 빨래를 널고 애들이 학교에서 돌아오면 먹을 간식을 준비하고, 애들을 기다리며 다림질을 하였다. 좀 있다가 애들이 학교에서 돌아와 먹이고 숙제하라고 실랑이를 벌이고는 잠시 TV를 보며 숨 돌리는데 벌써 오후 4시 30분 저녁 시간이 다 되었다. 그래서 또 허겁지겁 쌀 씻고 고기 절이고 채소를 다듬어서 국 끓이고 저녁 준비를 정신없이 하였다. 남편이 퇴근하고 저

녁 먹은 후에 설거질 끝내고 세탁물을 개어 넣고 애들을 잠자리에 뉘어 재우고 나니 벌써 밤 9시가 넘었다. 그러나 아직도 그녀의 하루 일과는 다 끝나지 않았다. 그녀는 지친 몸으로 잠자리에 들었고, 남편의 요구까지 들어줘야 했다. 다음날 아침이 되어 그녀는 눈 뜨자마자 침대 옆에 무릎 꿇고 기도 하였다.

– 남편 : 주여! 제가 정말 멍청했습니다. 마누라가 집에서 하는 일을 너무나 모르고 질투하고 말았습니다. 제발 소원하오니, 저를 원상으로 회복하여 당장 남편으로 돌려 주십시오. 아멘~!

– 하나님(그러나 하나님은 빙긋이 웃으시며) : 이 사람아 그건 안 되느니라 너는 오늘부터 꼭 10개월 후에야 남편으로 돌아 갈 수밖에 없게 되었다!

– 남편 : 왜요??

– 하나님 : 왜냐하면 넌 어제 밤에 그만 임신하고 말았기 때문이니라.

【예시 55】

○ 교육에 유머를 활용하면?

① 친밀감 형성

② 지루함 방지

③ 집중력 강화

④ 확산적 사고

⑤ 밝은 자아개념 형성

○ 탈무드에 '수업시간에 유머를 활용하라'고 했다. 교육에 유머를 활용하면?

① **친밀감 형성** – 학생과 교사 관계가 가깝게, 편하게 친밀감이 느껴지면 수업에 더 적극적으로 임할 수 있다. 친밀감은 자칫 지치고, 지루할 때 새 힘을 불어 넣어줄 수 있다. '친밀함은 바이러스로부터

우리 몸을 지켜주는 면역세포와 같다'고 했다. 교실이 친밀한 공동체로 느껴질 때 학생은 온기를 느끼며 행복한 수업을 받는다는 느낌이 들것이다. 여기서 '친밀감'을 '유머'로 대체해도 무방하겠다.

〔너구리 라면〕

외국에 있는 분이 어느 날 먹고 싶은 RTA 라면이 있는데 구해 달라는 겁니다. RTA 라면이 뭐지? 하며, 열심히 찾아봤지만 아무도 아는 사람이 없어서 포기하려는데, 외국인이 스마트폰으로 찍어 왔는데…〈너구리 라면〉을 거꾸로 찍어서 보냈습니다. "RTA"를 거꾸로 쓰면 "A(너)T(구)R(리)"입니다.

② **지루함 방지** – 지루함이란 실행 중인 일에 관심 잃고 질려있는 상태를 말한다. 지루할 땐 졸림을 유발하기도 한다. 일반적으로 지루함을 깨기 위해서는 TV를 본다든가, 술을 마신다든가, 운동을 한다든가 등 시간 죽이기를 한다. 그러나 수업 중에 그렇게 할 수는 없다. 수업 중 지루함을 달래는 가장 중요한 기법 중 하나가 유머다. 재미있는 유머로 분위기를 환기시켜라. 지루한 수업은 학생의 동참 없이 교사가 혼자서 하게 될 것이다. 교육 효과도 떨어질 것이다.

〔엉뚱한 진단〕

– 환자 : 의사 선생님, 제가 머리를 누르면 머리가 너무 아파요. 그런데 다리를 누르면 그곳도 아파요. 심지어 배를 눌러도 배가 아파요? 왜 그러죠?

– 의사 : 아하, 어떤 병인 줄 알겠어요. 당신 손가락이 부러진 겁니다.

③ **집중력 강화** – 수업은 일단 재미있어야 한다. 수업 준비를 다양하게 준비해서 학생들이, 청중들이 흥미를 가지고 수업을 들어야 한다. 그리고 최소한 10분마다 교육적 메시지에 집중할 수 있는 재미있는 유머로 웃음을 터뜨려야 분위기가 쇄신된다.

[음악가, 미술가]

학교에서 돌아온 딸아이가 엄마에게 물었다. "엄마! 엄마는 음악가가 좋아요? 아니면 미술가가 좋아요?" 그러자 엄마는 잠시 생각을 하더니, "그야 물론 둘 다 좋지" 그러자 딸아이가 웃으면서 자랑스럽게 성적표를 내보였다. 성적표에는 이렇게 적혀 있었다. "음악-가, 미술-가" 그러자 엄마가 이렇게 말했다. "우리 딸, 너무 한두 과목만 집중하지 마~!"

④ **확산적 사고** – 확산적 사고법은 하나의 답을 정하지 않고 열린 마음으로 가능한 다양한 답을 제시하는 사고이다. 창의력이라고도 한다.

[산토끼의 반대말]

(1) 끼토산 (2) 집토끼 (3) 죽은토끼 (4) 바다토끼 (5) 판토끼 (6) 알카리토끼

- '산'이란 접두어는 오로지 '산(山)'이다. 그래서 산토끼의 반대말은 집토끼이다. 그 외에는 접두어가 아니라 동음이의어(同音異義語)로 산(살다, 生↔죽다), 산(산, 山↔海), 산(사다, 買↔팔다), 산(시다, 酸↔알카리) 그리고 글자를 뒤집어 산(산토기↔끼토산)이 되었다. 한자를 기원으로 하는 난어는 한자음의 단순성으로 인해 많은 농음이의어를 가지고 있다. 창(창조하다 創, 창문 窓, 합창하다 唱), 눈(겨울 눈 雪, 신체 눈 眼), 배(타는 배 舟, 신체 배 腹, 과일 배 梨) 국어에는 약 3,000 단어, 한자어에는 약 20,000 단어의 동음이의어가 있다고 한다.

⑤ **밝은 자아개념 형성** – 유머는 사랑과 긍정, 칭찬과 배려 등으로 밝은 자아개념이 형성된다. 장차 사회생활을 즐겁게 하며 긍정적 영향을 미친다. 또한 자신의 이미지를 개선하는 효과도 얻을 수 있다.

【예시 56】

○ 오바마 대통령 백악관 만찬 통역사는?

① 유머 통역사 ② 분노 통역사

〈해답 : ②〉

〔4월 백악관 유머만찬〕

미국에선 매년 봄마다 백악관 기자단 만찬에 대통령이 참석해서 유머 섞인 연설을 하는 100년 넘는 전통이 있다. 백악관 기자단 만찬은 1914년부터 시작되었으며, 1920년부터 대통령이 참석하면서 워싱턴 언론계 최대 사교행사로 떠올랐다. 매년 4월 마지막 주 토요일에 백악관에 출입하는 기자단뿐만 아니라 정치인, 문화 · 연예인 등이 대거 참석한다. 미국은 해마다 4월을 전국 유머 강조의 달로 제정해 웃음을 전염시키고 있다. 미국에서는 4월이 잔인한 달이 아니라 4월은 웃기는 달이다.

〔오바마의 백악관 유머만찬〕

오바마는 2015년 백악관기자단 만찬 연설에는 '분노 통역사(anger translator)'로 미국의 영화배우 '키건 마이클 키'를 대동했다. 오바마 대통령이 좋게 말하면 '분노 통역사'가 속마음을 적나라하게 까발리며 통역한다. 대통령이 한마디를 하면 분노 통역사가 '사실 대통령이 하고 싶었던 말은 이것이다' 라고 대통령의 속마음을 대신 전하는 형식이다. 오바마 대통령이 차분하게 연설을 하면 그의 뒤를 산만하게 오가며 흥분하고 소리소리 질러댄다. 시종일관 차분하게 연설을 이어가던 오바마 대통령은 종내 같이 흥분하기 시작하고, 이에 분노 통역사는 '당신은 분노 통역사가 필요한 것이 아니라 상담사가 필요하다'며 자리를 뜬다. 자리를 뜨면서 그는 영부인 미셸 오바마에게 "저 사람 미쳤다"고 한마디 툭 던지고 나가 좌중을 폭소로 몰아넣는다. 물론 각본에 따라 짜여진 상황극이지만, 기자들을 향한 대통령의 불편한 심기를 재치 있게 전한 셈이다. 마무리 연설에서는, IS에 참수형 당한 제임스 폴리 등 언론인들의 이름을 거명하며 어두운 곳에 빛을 전하는 언론인들의 사명에 존경의 뜻을 전하며 연설을 마무리해 큰 박수를 받았다고 한다.

◇ 버락 오바마 대통령이 20분 정도 연설했다. 주요 조크 내용은,

① 바이든 부통령의 어깨 마사지는 마술처럼 황홀하더라. 여러분도 받아봐라. 벌써 받았다고? 〈카아터 신임 국방장관 취임식 때 부인의 어깨를 성희롱하듯 만진 것을 농담거리로〉

② 이게 무슨 우연의 일치인지 모르겠지만, 체니는 내 생애 '최악의 부통령이다'고 꼬집었다.

〈자신을 '생애 최악의 대통령'이라고 말한 공화당의 딕 체니 제46대 부시 행정부 전 부통령에 대해서〉

③ 전 국무장관인 힐러리 클린턴 민주당 후보도 사정없이 비난한다. 미국인들이 불확실성의 시대에 살고 있다며, 내 친구가 몇 주 전만 해도 연간 수백만 달러씩 벌었는데 지금은 아이오와 주에서 집도 없이 VAN을 타고 방랑 생활을 하더라. 〈힐러리 클린턴 민주당 대통령 후보가 첫 유세지인 아이오와 주를 방문한 것을 빗댄 것〉

④ 내년엔 다른 누군가 이 자리에 서게 되겠죠. 그녀가 누구인지는 아무도 모르죠?〈자신의 자리에 차기 대통령 'she'가 이 자리에 서 있을 것이라고도 했다. 'she'는 힐러리 클린턴이 될 것이라고 암시하는 조크다.〉

◇ 백악관 기자단 만찬을 보면서 미국의 대통령들은 셀프디스 유머도 서슴치 않고 한다. 이를 두고 뉴욕타임스는 정치인들이 유머 개그에 열심인 이유가 "지나친 엘리트 의식이 정치 생명의 끝을 의

미하는 것을 알기 때문"이라고 설명했다. 많은 정치인들이 명문학교와 명문가문의 출신이라는 사실이 대중들에게 거리감을 느끼게 하여 표를 깎아 먹을 수 있다는데 유머가 이를 상당부분 상쇄할 수 있다는 것이다. 어쨌든 미국의 여유로움에 감탄을 할 수 밖에 없다. 권위 의식을 내세우고 비판을 용납하지 않는 한국의 정치판에서는 볼 수 없는 장면이다. "저 사람 미쳤다"는 소리를 듣고도 대통령은 태연하게 이를 유머로 승화시킨다.

◇ 빌 클린턴 전 대통령은 르윈스키 스캔들 등으로 언론 공세에 시달렸지만, 재임 중 마지막 만찬 때 "8년 동안 있으면서 기자 여러분에게 20년 분량의 기삿거리를 제공했다"며 농담했다.

◇ 부시 전 대통령은 퇴임 후의 계획에 대해 "무슨 일을 하게 될지 모르겠다"고 운을 띄운 뒤 "고어 부통령이 임기 후 아카데미상과 노벨상을 거머쥔 것을 보면 나도 무슨 상을 받지 않겠냐"라고 청중을 웃겼다.

4
유머의 매너

나의 아픔이 누군가의 웃음의 이유가 되어도 좋다. 하지만, 나의 웃음이 누군가의 아픔의 이유가 되어서는 안된다.

— 찰리 채플린(1889~1977). 영국의 희극배우, 영화감독

【예시 57】

○ 유머의 매너는?

① 박장대소(拍掌大笑) ② 삼척동자(三尺童子)

〈해답 : ②〉

◇ 웃음의 종류에는 약이 되는 웃음과 독이 되는 웃음으로 나눌 수 있다. 그 중에서 가장 유용한 웃음박수 하나를 선택하라면 박장대소를 선택하고 싶다. 박장대소란 기뻐서 또는 우스워서 손뼉을 치며 크게 웃는 것을 말한다. 우리의 뇌와 연결된 신경의 30%는 손에 있고, 30%는 입 주변 근육에 있고, 30%는 발에 있다고 한다. 따라서 입으로 웃으며, 손뼉을 치면서 발을 동동 구르면 뇌를 90% 쓸 수 있는 최고의 운동이 되는 것이다. 1분간 박장대소하면 10분간 조깅하는 것과 같다고 한다. 박장대소(拍掌大笑)를 잘 하려면 손바닥(拍掌)과 웃음(大笑)을 알아야 한다. 박장대소에서 손바닥과 웃음을 한자로 살펴본다.

〔손바닥 장(掌)〕

손바닥을 뜻하는 장(掌)자는 尙(상 : 높이다. 숭상하다) + 手(수 : 손 모양)으로 구성되었다. 손을 높이고, 숭상해야 하는 이유가 있다. 독일 철학자 임마뉴엘 칸트는 손을 가리켜 '눈에 보이는 뇌의 일부'라고 했다. 인간이 뇌의 명령을 받아 행하는 일 중에 손이 가장 다양하고 많은 일을 처리한다. 손은 만지며 눈의 역할을 대신하고, 손짓으로 입을 대변하기도 한다. 심지어 인간이 문명을 이룬 것도 손을 자유롭게 써서 그렇다고 했다. 그래서 손을 제2의 뇌라고도 한다. 특히 엄지손가락은 물건을 집거나 연필을 쥐고, 신발끈을 묶는 등 엄지손가락은 다른 네 손가락을 동시에 연결할 수 있어서 다른 동물들과 결정적인 차이를 가져다 주었다. 독일 해부학자 알비누스는 '엄지손가락을 또 하나의 작은 손'이라고도 했다. 뉴턴도 '엄지손가락 하나만으로도 신의 존재를 알 수 있다'고 했다. 그런 손바닥은 우리 몸의 오장육부 축소판이다. 손바닥은 인체 중에서 가장 많은 뼈를 가지고 있다. 사람의 뼈는 총 206개인데 양손에는 54개나 있다. 손바닥만한 곳에 우리 몸 전체 뼈의 25%가 들어 있다. 또한 손바닥에는 345개의 혈자리가 있다. 그래서 손바닥을 지압하거나 마사지를 해주면 어깨가 결릴 때, 잠이 부족할 때, 허리가 아플 때, 눈이 침침할 때, 스트레스가 심할 때, 소화가 안 될 때 효과가 있다. 손바닥을 마주쳐 소리를 내는 경우 혈자리를 자극해 장기기능 강화와 전신운동 효과가 있다고 한다. 박수를 효과적으로 치려면 어깨에 힘을 빼고 열 손가락에 기를 모아 가슴 높이에서, 가슴 넓이만큼 벌리면서 힘차게 쳐준다. 박수는 마찰, 진동, 마사지 효과가 있기 때문에 우리 몸의 기순환을 원활하게 함으로써 몸의 균형을 잡아준다는 게 일반적인 상식이다.

〔웃음 소(笑)〕

박장대소 중에서 한자 웃음 소(笑)자는 竹(죽 : 대나무)과 夭(요 : 구부리다)로 구성되었다. 바람에 대나무(竹)가 구부러지며(夭) 잎이 스치는 소리가 마치 '사람이 허리를 구부리고 웃는 것' 같다는 뜻이다. 따라서 박장대소는 박수만 치는 것이 아니라 바람에 대나무가 흔들리듯이 머리를 흔들고, 허리도 앞뒤로 흔들고, 온몸을 흔들며, 발도 동동 구르면서 소리 지르며 웃는 것이다. 웃음 소(笑)자에는 박장대소하면서 웃으라는 뜻이 포함되어 있는 것이다.

◇ 건강박수의 효능 - '손은 제2의 뇌이다.'라고 한다. 손을 많이 사용하라. 손가락을 사용하는 데는 2개의 근육이 필요한 반면, 젓가

락을 사용하는 데는 60개의 근육신경이 필요하다고 한다. 손뼉치기는 혈액순환이 잘되어 면역력을 향상시킨다. 왼손이 가장 잘한 일은 오른손을 만난 것이다. 한 손은 나를 위하여, 다른 손은 타인을 위하여 있는 것이다. 그러나 두 손이 합치면 누군가를 위하여 기도하라고, 축복 받는 사람에게 박수치라고, 재미있는 유머에 박수치며 건강하라고 신은 우리에게 두 손을 주었다. 한 손만 일방적으로 쓰면 손의 용도를 모르는 것이다.

〔건강박수 종류 및 효능〕

① 합장 박수 – 혈액순환에 좋다.

② 손바닥 박수 – 뱃속, 오장육부에 효과

③ 손가락 박수 – 기관지, 심장, 폐에 효과

④ 손목 박수 – 생식기, 요도, 방광, 정력 강화

⑤ 주먹 박수 – 어깨 결리거나 두통, 치매예방에 효과

⑥ 손등 박수 – 허리, 요통에 효과

⑦ 손끝 박수 – 비염, 기관지, 시력에 도움

⑧ 목뒤 박수 – 어깨 결림, 팔뚝 살에 좋다.

◇ 삼척동자는 키가 석자밖에 되지 않는 어린이, 철이 없는 어리석은 어린이를 가리키는 말이지만, 하지만 유머의 세계에서는 어린아이가 아니라 청중들이 꼭 해야 할 3가지 척을 말한다. 척이란 한눈에 바로 조금의 시간차도 없이 망설임 없이 금방 알아보는 모양을 이르는 말이다. '척하면 삼천리'라는 말은 무슨 일을 알아보거나 할 때 바로 우리나라 땅 길이 3000리 방방곡곡을 훤하게 꿰뚫고 있다는 소리이다. 그런 척이 유머에서는 배려로 표현되어야 한다. 상대가 유머를 하면 알면서도 처음 듣는 것처럼 받아들이는 게 예의이고 또한 그것은 상대방에 대한 배려이기도 하다. 그러나 내가 아는 유머

라고, 재미없는 유머라고 반응을 보이지 않는다면 하는 사람도 멀쑥해지고 분위기도 썰렁해진다. 또 너 얼마나 잘하나 보자, 너 나를 웃겨봐라. 나는 유머에 관심이 없다는 등 심드렁한 표정과 심정으로 팔짱까지 끼고 지켜본다는 식으로 대한다면 유머를 하는 사람은 김이 빠져 유머를 더 이상 진행하고픈 마음이 없어질 것이다. 행복한 웃음은 혼자보다 함께 할 때 33배의 효과가 있다고 했다. 그만큼 상대방의 리액션(반응)이 필요한 것이다. 유머는 상대방의 호응이 클수록 더 효과적이다. 그래서 유머의 삼척동자가 있다. 재미없어도 재미있는 척, 알아도 모르는 척, 유치해도 뒤집어지는 척해야 한다. 왜냐하면 유머는 사랑이기 때문이다. 유머는 상대를 기쁘게, 즐겁게 해주고 싶은 마음에서 출발한다. 어떻게 하면 상대방을 더 재미있게 웃게 할까? 어떻게 하면 상대방을 행복하게 할까? 하는 데서 유머가 출발하기 때문에 상대방이 호응 안 해주면 그만큼 반감된다. 웃자~! 웃으면 일단 자신의 건강이 좋아진다. 다이어트에도 효과가 있다. 사회성도 좋아진다. 생산성도 향상 된다. 유머는 곱셈과도 같다. 내가 제로(0)이면 어떠한 유머가 와도 제로(0)가 된다. 척척 안다고 척척박사인 채 하지 말자. 그것이 웃음의 삼척동자다. 그것을 모르면 정말로 철없고 어리석은 삼척동자가 될 수 있다.

〔삼척동자〕

① **알아도 모르는 척** – 누군가 유머를 하면 안다고 미리 말하여 헛김을 빼면 안 된다. 끝까지 경청하며 공감하는 매너가 필요하다. 중국의 근대문학의 개척자로 알려진 노신(魯迅)은 "명망 있는 학자와 이야기 할 때는 상대방의 말 가운데 이해가 되지 않는 척해야 한다. 너무 모르면 업신여기고, 너무 잘 알면 미워한다. 군데군데 모르는 정도가 가장 적합하다.'고 했다. 유머도 비슷하다. 알아도 아는 척

하지 말고, 알아도 모르는 척 하면서 끝까지 경청하고 박수쳐서 호응해야 한다.

〔지리 수업〕

- 선생님 : 철수야, 지도에서 아메리카 대륙을 찾아보렴.

- 철수 : 선생님~! 찾았어요.

- 선생님 : 그래, 참 잘했다. 여러분, 아메리카 대륙을 발견한 사람이 누구죠?

- 학생들 : 철수요~~ ㅋㅋㅋ

〔역사 수업〕

- 선생님 : 맹구야, 이또 히로부미를 누가 죽였지?

- 맹구 : 선생님, 저는 안 죽였는데요.

② **재미없어도 재미있는 척** - 유머강의는 강사와 청중의 상호작용이다. 가수가 노래 한 곡 부르면 청중은 잘했거나 못했거나 박수친다. 외국에서는 유머를 들으면 재미있고 감사해서 박수를 친다. 우리나라에서도 유머 하나가 끝날 때마다 웃고, 박수치고, 환호하면서 재미있는 척 해준다면 유머하는 사람은 감동받고 더 열정적으로 강의할 것이다. 가짜웃음도 90%의 진짜같은 웃음효과가 있다고 학자들은 말하고 있다. 유머도 재미있다고 생각하면 한없이 재미있다. 그러나 '강사 너 어떻게 웃기나 보자'고 하면 재미없다. 스스로 적극적으로 유머를 받아드릴 때 웃음도 배가 되는 것이다. 행복한 웃음을 함께 웃으면 33배 효과가 있다고 한다.

〔척하면 삼척〕

숨도 못 쉴 정도로 미어터지는 출근길 전철 안, 두 여대생이 서로 얼굴을 맞대고 서 있었는데, 갑자기 한 여대생이 물었다. "얘, 내 뒤에 있는 남자 잘 생겼니?" "아주 젊어" "젊다는 건 나두 알어, 생긴 게 어떠냐구?" "젊다니까~!" 척하면 알아야지… ㅋ

③ **뒤집어지는 척하라** – 뒤집어지는 척한다. 타는 배를 안고 뒤집어지면 안 된다. 그 배가 아니라 사람의 신체인 배를 안고 넘어질 정도로 몹시 웃는 것을 포복절도(抱腹絶倒)라 한다. 가수가 노래 부르면 손 물결을 만들고, 끝나면 기립박수와 함성으로 호응한다. 그러면 가수는 들어가려다 다시 나와서 앙코르 송을 부르기도 한다. 유머도 마찬가지다. 유머를 들으면 적극적인 반응으로 박장대소하며, 포복절도하는 모습을 보여준다면 본인도 즐겁고 강사도 신명나서 더 리얼하게, 더 재미있게 강의에 집중할 것이다. 유머 강의의 시작과 끝은 청중이 완성하는 것이다. 그만큼 호응을 필요로 한다. 인간의 심리는 받은 만큼 돌려주지 않으면 불편함을 느낀다. 박수와 환호성을 지르는 반응의 힘은 유머하는 사람을 춤추게 할 것이다. 적극적인 리액션은 화기애애한 분위기로 이끌어 갈 것이다. 이미 삼척동자의 비밀을 알고 있다면 유머의 고수이다.

(잘난 척 하는 여자)

돈은 많지만 무식한 부인이 전문가이드와 함께 미술품을 관람하고 있었다. 어떤 그림 앞에서

– 부인 : 아, 이 그림은 그 유명한 로댕의 작품이군요.

– 가이드 : 이건 고흐의 그림인데요. 로댕은 조각가죠.

– 부인 : (가이드의 말을 듣고 부인은 얼굴을 붉혔다. 그런 후에도 매번 아는 척하다 계속 무안만 당했다. 드디어 부인이 이상한 그림 앞에 섰다. 이제까지의 무안을 떨쳐버릴 수 있는 기회라고 생각하며 또 다시 아는 척 했다.)

– 부인 : 이 이상한 초상화 그림은 그 유명한 피카소 그림 맞죠?

- 가이드 : (당황해 하며, 낮은 목소리로) 저, 부인, 그건 거울에 비친 부인의 얼굴인데요.

◇ 각국의 유머 반응을 보면 프랑스인은 유머를 듣기 전에 먼저 웃어버린다. 많이 안다고 볼 수 있으나 건방지고 매너가 없어 보인다. 영국인은 유머를 끝까지 다 듣고 웃는다. 역시 신사의 나라라 매너가 좋다. 독일인은 유머를 듣고 다음 날 아침에 웃는다. 아마도 유머를 분석하고 합리적인 사고한 후에 결론이 웃길만하다고 생각해서 웃는가 보다. 중국인은 다 듣고도 못들은 척 한다. 일본인은 잘 듣고 그대로 모방한다. 한국인은 내용도 모르고 남 따라 웃는다고 한다. 동양 3국인 중국, 일본, 한국은 아직 유머에 대한 인식이 깊다고 볼 수 없다. 프랑스인처럼 많이 알되, 영국인처럼 매너가 있기를 희망한다.

【예시 58】

○ 성인 강의의 집중시간은?

① 7분 ② 10분 ③ 15분

〈해답 : ③〉

◇ 국어사전에는 집중이란 한 가지 일에 모든 힘을 쏟아 붓는 것이라고 되어 있다. 사람들은 중요한 일을 할 때 집중력을 높이고 싶어 한다. 집중력을 높이는 방법에 대하여 찾아보기도 하지만 큰 효과를 보지 못하는 경우가 많다. 어느 통계에 의하면 초등학생은 수업에 집중한 시간이 7분, 중등은 10분, 성인은 15분 정도 된다고 했다. 이 시간이 지나면 학생들은 집중력이 떨어져 다른 일을 하고 싶어 한다. 따라서 집중력이 떨어지기 전에 집중력을 높일 수 있는 방

법을 찾아야 하는데 그게 바로 독서와 유머다. 책을 읽을 때 뇌가 100% 작동된다면, TV볼 때 뇌는 40%, 만화를 볼 때 뇌는 60% 작동된다고 한다. 프란시스 베이컨은 "독서는 완전한 인간을 만들고, 토론은 부드러운 인간을 만들고, 논술은 정확한 인간을 만든다."고 했다. 그렇다면 유머는 어떨까? 유머를 하면 ①집중력을 높여줄 뿐만 아니라 ②친밀감을 형성하게 해서 수업 분위기를 부드럽게 하고, ③흥미를 유발하게 함으로써 수업내용을 정확하게 인지하게 하고, ④기분을 전환시켜 기억력을 높일 수 있다. 그래서 '수업시간에 유머를 곁들어라'는 유태인 속담이 있다.

〔뉴턴의 집중력 ①〕

어느 겨울 날 뉴턴은 난로 곁에 앉아서 무엇인가 열심히 연구하고 있었다. 그는 너무 오랫동안 난로 옆에 앉아 있었으므로 뜨겁다는 것을 느끼고 하인을 불렀다. "난로가 너무 뜨거우니 난로를 멀리 치워놓게" 뉴턴의 말을 들은 하인은 뉴턴의 의자를 뒤로 조금 당겨서 물러나게 했더니, 뉴턴은 "음, 좋은 생각이군."

일본의 교육컨설팅 사쿠라이 카츠히코 대표는 집중에 대해 '불필요한 언어적 사고가 존재하지 않는 상태'라고 말한다. '무언가에 집중하고 있을 때 뇌는 알파파가 나오거나 도파민이 분비되지만, 심리적으로는 어떤 언어적 사고도 존재하지 않고 작업이나 행위에 몰두하고 있는 상태가 된다.'라고 설명한다.

〔뉴턴의 집중력 ②〕

뉴턴이 실험을 하면서 계란을 삶아 먹으려고 한 손에는 계란, 한 손에는 시계를 들고 냄비의 뚜껑을 열었다. 얼마 뒤에 삶은 계란을 꺼내기 위하여 냄비를 열어보니 냄비 속에는 계란 대신 시계가 들어 있었다.

◇ '인간은 창과 활을 들고 산으로 들로 뛰어다니도록 진화한 동물인데 1시간 이상 의자에 묶여 꼼짝도 못하도록 하는 것은 반인간적이다.'고 한다. 1시간 앉아 있으면 기대수명이 무릇 22분 줄어들고, 하루에 3시간 앉아 있는 시간을 줄이면 2년을 더 오래 산다〈미국 루이지애나 생명의학연구소와 하버드 의대 연구진 발표. 2014. 7. 17. 조선일보, 최재천〉

〔아인슈타인의 집중력〕

아인슈타인이 기차를 탔다. 마침 차장이 검표를 시작하는데 아무리 뒤져봐도 차표를 찾을 수가 없었다. 뭔가를 골똘히 생각하다가 차표를 어디에 뒀는지 잊어버린 것이다. 차장이 보니 당대 최고의 과학자인 아인슈타인이 아닌가? 그래서 차표를 찾고 있는 아인슈타인에게 괜찮다고 말했다. 하지만, 아인슈타인은 당황하며 말했다.

- 아인슈타인 : 아니, 차장 양반, 당신이야 괜찮지만, 나에게는 너무나도 필요한 차표일세. 차표가 있어야 내가 어디까지 가는 지 알 수 있을 것 아닌가?

【예시 59】

○ 유머의 적폐청산이 아닌 것?

① 유머 끝날 때마다 박수 안치는 것

② 얼마나 웃기나 팔짱끼고 입 다물고 있는 것

③ T.O.P를 무시하는 유머

④ 칭찬과 배려가 없는 유머

⑤ 유통기한 지난 유머

〈 해답 : ⑤ 〉

◇ 적폐(積弊)란 '쌓을 적, 폐단 폐'로써 오랫동안 쌓여 온 폐단, 누

적된 폐단이라는 뜻이다. 유머에도 오랫동안 적폐가 있다. 예를 들면 유머를 했는데 전혀 웃지도 않는다든지, 호응을 얻지 못한 경우 즉, 유머가 실패한 경우 "에이~ 썰렁하게 왜 그래?", "썰렁하구만", 또는 요즘 말로 "아재 개그하고 있네~!" "그만해~!" 등의 표현을 쓰곤 한다. '아재 개그'란 '아저씨 개그'의 속어인데 통칭 아저씨들이나 하는 시대에 뒤떨어진 진부한 농담을 말한다.

① 어부가 싫어하는 사람은? 〈배철수〉

② 인도는 지금 몇 시 일까요? 〈네시〉

③ 붉은 길에 떨어져 있는 동전은? 〈홍길동전〉

④ 노루가 다니는 길은? 〈노르웨이〉

⑤ 야채장사가 싫어하는 도시는? 〈시드니〉

⑥ 반성문을 영어로 하면? 〈글로벌〉

⑦ 곰은 사과를 어떻게 먹지? 〈베어 먹는다〉

⑧ 전화기로 세운 로마의 건물은? 〈콜로세움〉

⑨ 하나님이 버스에서 내리면? 〈신 내림〉 등등

이런 유머를 아재 개그라고 하는데, 이건 일종의 유머의 기법 중에서 '유머의 말놀이(Pun)'이다. 우리말로 '말장난, 언어의 유희' 등으로 번역할 수 있다. 이런 기법을 모르는 사람들이 유치하다고 한다. 위 내용은 어느 교회 주보에 '향기 나는 이야기'란에 실린 유머다. 아재 개그라고 말하는 사람들의 대다수는 그런 개그도 못하는 사람들이 하는 말이다. 유머에 대하여 식견이 있는 사람들은 유머가 썰렁하다느니, 아재 개그니 그런 말을 하지 않는다. 오히려 반기며 재미있어 한다. 그 유머를 더욱 발전적으로 키우려고 한다.

◇ 유머에서 유통기한

유머에도 유통기한이 있을까? 유통기한이 있다면 그 유통기한은 누가 정하는 것일까? 그러면 우리 고전에 나오는 해학이나 유머는 유통기한이 지나서 부패하고 냄새가 나는 것일까? 고전에 유통기한이 없듯이 유머에는 유통기한이 없다. 다만 TOP(시간과 상황과 장소)에 맞느냐 맞지 않느냐 하는 조건만 있을 뿐이다. 온고이지신이다. 옛것도 TOP에 잘 맞으면 칠흑 같은 밤에도 햇살처럼 빛나는 웃음이 된다.

〔할머니 유통기한〕

- 사회자 : 할머니 연세가 어떻게 되세요?

- 할머니 : 응, 제조일자가 좀 오래 됐지.

- 사회자 : 요즘 건강은 어떠세요?

- 할머니 : 에~, 유통기한이 다 돼간다 싶네.

- 사회자 : 주민증 한 번 보여주실 수 있으세요?

- 할머니 : 에구~, 주민증은 어디뒀나 기억이 안나. 대신 골다공증은 있는디, 보여 줘?

- 사회자 : 할아버진 계셔유?

- 할머니 : 에휴~, 재작년에 뒷산에 잠자러 갔는데, 아직도 안 일어나는구만 그려

- 사회자 : 그럼 어여 깨우셔야지요.

- 할머니 : 아녀, 나도 인자 잠자러 가야 제. 그 영감 넘 오래 기다리게 하면 바람 나.

【예시 60】

○ 건강한 웃음은?

① 호박웃음 ② 좁쌀웃음

〈 해답 : ① 〉

◇ 노벨의학상을 받은 알렉시스 카렐 박사는 "얼굴색과 위 색깔은 같다"

라고 했다. '얼굴이 웃으면 위도 웃는다'는 뜻이다. 얼굴을 찡그리면 위도 찡그린다. 얼굴에 근심이 있으면 위도 근심이 있다. 그래서 소화불량에 걸린다. 웃어라. 웃을 자유가 있을 때 마음껏 웃어라. 웃고 싶어도 못 웃어서 후회하지 말고 마음껏 웃어라.

〔호박웃음〕

'좁쌀 백 번 구르는 것보다 호박 한 번 구르는 게 낫다'라는 말이 있다. 이왕이면 크게 웃으라는 뜻이다. 호박웃음은 함박웃음과 같이 크게 웃는 웃음이다. 박장대소하며 눈물이 나도록 웃어라. 허리가 끊어지도록 흔들며 웃어라. 웃음은 질병예방과 치료의 효과가 있다고 한다. 웃으면 걱정이 사라지고, 정신건강에도 좋다. 영국의 소설가 찰스 디킨스(1812~1870)는 '질병과 슬픔이 있는 이 세상에서 우리를 강하게 살도록 만드는 것은 웃음과 유머밖에 없다.'고 했다. 웃자, 박장대소하고, 요절복통하자.

〔웃다 죽은 사람들〕

경찰서 시체 안치실에 희한한 시체 3구가 들어왔다. 시체가 모두 웃고 있는 듯한 표정이었다. 부검관이 의아한 듯 경찰에게 물었다.

- 부검관 : 아니, 이 시체들은 왜 웃으면서 죽었소?

- 경찰관 : 아, 첫 번째 시체는 10억짜리 복권에 당첨되자 너무 놀라서 웃다가 심장마비로 죽었소.

- 부검관 : 두 번째 시체는 왜 웃으면서 죽었소?

- 경찰관 : 자기 아들이 학교에서 1등 했다는 소식에 너무 기뻐서 웃다가 죽었지요.

- 부검관 : 그럼 세 번째 남자는 왜 죽었소?

- 경찰관 : 아, 이 남자는 번갯불에 맞았다고 합니다.

- 부검관 : 번갯불에 맞았는데 웃긴 왜 웃었단 말이요?

- 경찰관 : 이 분은 정치인인데, 번쩍하고 터질 때, 누가 자기 사진 찍는 줄 알고 "김치!" 하며 웃음표정 짓다가 벼락 맞아 죽었답니다.

〔중국의 호박축제〕

중국에는 '난과제'라고 하는 호박축제가 있다. 난과제는 양수가 겹치는 음력 9월 9일 중양절에 집집마다 수확한 호박을 투표로 '호박왕'을 뽑아 그 호박을 잘라 좁쌀과 함께 끓여 먹는다. 어쩌면 가장 큰 열매를 대표하는 호박과 가장 작은 것을 대표하는 좁쌀을 함께 버무려 먹음으로써 크고 작고, 많고 적고를 해소하는 평등의 사상이 배여 있지 않나 생각하게 한다. 웃음도 호박웃음만 필요한 것이 아니라 때로는 신뢰와 배려와 안정감을 보여주는 좁쌀 같은 미소와 호탕하고 적극적이고, 자신감을 나타내는 호박 같은 웃음으로 인생을 살아간다면 조화롭고 지혜로운 삶이 될 것이다.

〔좁쌀웃음〕

좁쌀웃음도 무시하면 안 된다. 미소나 잦은 웃음은 대화시, 상담시 주목받는 웃음이다. 둘이서, 셋이서 대화하는데 너무 크게 웃으면 허풍쟁이로 여길 수도 있다. 가식이 많은 사람으로 오해할 수도 있다. 중국 속담에 '웃지 않으려면 상점 문을 닫아라'라고 했다. 이때 웃음도 조용한 미소 같은 웃음이다. 미소 같은 웃음은 설득력이다. 미소 같은 웃음은 신뢰감이다. 또한 자주 웃으면 건강을 위한 좋은 습관이다. 처칠은 직원들에게 웃는 방법을 가르치라고 했다. 살짝 미소 짓는 방법부터 실천하면 인상도 바뀌고 인생도 바뀔 수 있다.

[버킷 리스트]

TV에서 길거리 인터뷰를 했다.

- TV : 천국에 간다면 가장 먼저 가져가고 싶은 것은 무엇입니까?

- 저자 : 유머책입니다.

- TV : 왜 그 많은 것 중에서 유머책이죠?

- 저자 : 내 책을 보고 웃다 죽은 사람들이 수백만 명이라 미안해서 위로 하러 가는 거죠~~!!

[유머가 없는 연설]

일본 경제장관이 영국에 가서 일본의 경제정책에 대하여 30분 정도 연설을 했다. 장관은 더듬거리지 않고 잘 했다고 판단하고, 이번에는 기자들에게 일본의 경제정책에 대하여 질문하라고 했다. 그러자 한 유력 신문기자가 먼저 마이크를 얻어서 말했다. "장관은 30분 동안 일본의 경제정책에 대하여 말씀하시면서 유머를 한마디도 안 했습니다. 영국에서는 죄악입니다." 라고 말했다고 한다.

■ 미국의 목사이자 노예폐지운동가인 헨리 워드 비치(Henny Ward Beecher, 1813~1887)는 '유머감각이 없는 사람은 스프링이 없는 마차와 같다. 길 위의 모든 조약돌마다 삐걱거린다.' 라고 했다.

【예시 61】

○ 좋은 건배사는?

① 오바마 ② 나태주

〈 해답 : ② 〉

◇ 우리는 연초에서부터 연말까지 회식, 친목 모임, 송년이나 신년회 등 많은 모임을 가지면서 건배사를 하게 된다. 모임에서 건배사는 사회적 신분과 지위의 한 징표일 수도 있다. 굳이 좋은 건배사

와 나쁜 건배사란 있을 수 없겠지만, 간단한 건배사 하나로 그 모임의 분위기를 띄울 수도 있고, 썰렁하게 할 수도 있다. 그러기 위해서는 미리 좋은 건배사를 준비했다가 하면 분위기를 살릴 수 있다. 다만 그 상황, 그 분위기에 따라서 어떤 건배사에 어떤 의미를 부여하느냐에 달려있는 것이다. 특히 건배 제의자는 모임 취지와 관련해서 짧게 간단히 인사말을 해야지 너무 길면 지루하고, 짜증낸다. 건배사에서 가장 주의해야 할 내용이다. 그러나 가끔 블랙유머〈black humor〉성 건배사나 유머는 웃음이나 재미를 유발하면서도 그 밑바탕에는 인간 본성이나 사회에 대한 섬뜩하고 잔혹한 반어와 풍자를 담고 있는 경우, 예를 들면 외모, 인종, 성별, 장애, 신체적 약점, 나이 등을 건배사나 유머 거리로 만드는 것은 학대가 된다. 잘못 건들면 말벌집을 들쑤시는 것과 같다. 시중에 떠도는 많은 유머책들이 블랙유머를 담고 있다. 너무나 많다보니 일반 사람들은 블랙유머가 일반적인 유머로 알고 사용하곤 한다. 요즘 법과 정서에 안 맞는 유머다. 건배사 한마디로 신세가 나락으로 떨어지는 경우도 많이 보았다. 대표적인 게 '오바마 건배사'다.

〔오바마 건배사〕

오바마 건배사는 많이 화제가 된 나쁜 사례로 꼽힌다. 2010년 11. 2. 통일부 기자단 25명을 초청하고 거기서 남북이산가족 2차 상봉단 단장은 우방국 대통령의 이름을 거론하며 성희롱 소재로 삼았다. 일명 '오바마' 삼행시 건배사이다. "(오)빠 (바)라보지만 말고 (마)음대로 해봐"였다. 단장은 분위기를 띄우기 위해 했다지만, 엄숙해야 할 이산가족 상봉행사를 앞두고 우방국 대통령의 이름을 거론하며 성희롱의 소재로 삼았다. 이 부적절한 건배사로 의료계와 언론의 집중포화를 받았다. 결국 그는 사임하고 말았다. 아마 '(오)직 (바)라고

(마)음 먹은 대로 되는 이산가족 모임이 되기를 기원합니다.' 했으면 좋았을 아쉬운 건배사였다.

〔나태주 건배사〕

한 번은 직장에서 지리산으로 연수를 간적이 있다. 저녁 만찬시간에 사회자가 갑자기 '우리 직원 중에 시인이 있다며 그분한테 건배사를 제안하겠다'면서 필자를 지목했다. 그때 나는 통속적인 건배사보다는 나태주 시인의 '풀꽃'을 가지고 건배사를 했다. '자세히 보아야 예쁘다. 오래 보아야 사랑스럽다. 너도 그렇다'를 낭송하고는 내가 끝에서 '너도(주인공)' 하면은 여러분은 '그렇다!'라고 크게 외쳐달라고 했다. '풀꽃' 시를 낭송하고 '너도' 대신에 '기관장 이름'을 댔더니 모두가 '그렇다'라고 크게 외쳤다. 그 다음부터 분위기는 달아오르기 시작했다.

〔중년을 위하여~!〕

여자 스님들이 식당에서 식사를 하다가 옆 테이블 아저씨들과 싸움이 붙었다. 왜? 그 아저씨들이 건배를 하면서 이렇게 외쳤다. "중년을 위하여~!"

◇ 요즘은 '삼행시'부터 '구구팔팔이삼사'까지 다양하게 건배사가 인터넷에 떠돌고 있다. 모임 때 미리 준비하는데 무리가 없어 보인다. 좋은 의미와 재미있는 건배사로 분위기를 한층 띄울 수 있기를 기원한다.

걸걸걸〈더 사랑할 걸, 더 즐길 걸, 더 참을 걸〉에서 요즘은 풀풀풀〈남성은 파워풀, 여성은 뷰티풀, 이 자리는 원더풀〉 좋은 건배사를 소개한다.

① 당나귀 : 당신과 나의 귀한 만남을 위하여

② 변사또 : 변치말자. 사랑하자. 또 만나자

③ 사우나 : 사랑과 우정을 나누자

④ 오징어 : 오래오래 징하게 어울리자

⑤ 당신멋져 : 당당하고 신나게 멋있게 져주자

⑥ 남존여비 : 남자의 존재는 여자의 비위를 맞추는 것이다.

⑦ 단무지 : 단순하고 무식하게 지금 즐기자

⑧ 거시기 : 거절하지 말고, 시키는 대로, 기쁘게

⑨ 주전자 : 주인의식 갖고, 전문지식을 갖고, 자신감을 갖자.

⑩ 재건축 : 재미나고 건강하고 축복받으며 삽시다.

⑪ 시미나창 : 시작은 미약하나 나중에 창대하리라

⑫ 소화제 : 소통과 화합이 제일이다.

⑬ 천만다행 : 천만번 생각해도 만나야 할 운명, 다시 또다시 행복하게 사랑합시다.

⑭ 세계화 시대 : 영어로 'One shot!' - 불어로 '드숑'

⑮ 주고받기 : 술잔은 비우고 – 마음은 채우자

⑯ 주고받기 : 얼씨구 – 절씨구, 지화자 - 조오타

⑰ 주고받기 : 의사 – 소통, 운수 – 대통, 만사 – 형통

⑱ 주고받기 : 기쁨은 더하고, 사랑은 나누자

⑲ 소취하 당취평 : 소주에 취하면 하루가 즐겁고, 당신에 취하면 평생이 즐겁다.

⑳ 여기저기 : 여러분의 기쁨이 저의 기쁨입니다.

【예시 62】

○ 안다고 미리 웃으면?

① 업무방해죄 ② 아는 게 병

〈해답 : ①〉

◇ 업무방해죄란 허위의 사실을 유포하거나 위계 또는 위력으로써 사람의 업무를 방해하는 범죄이다. 업무방해죄가 성립될 경우에는 5년 이하의 징역이나 1,500만원 이하의 벌금에 처하도록 형법 제314조에 명시되어 있다. 위 문제의 경우 강사가 유머를 던졌는데 안다고 미리 답을 말하는 경우이다. 말하자면 김빼기를 한 경우다. 청자가 미리 아는 경우는 다음과 같은 경우를 예측할 수 있다.

첫 번째, 문제가 쉬워서 알 수도 있고,

두 번째, 책을 보거나 강의를 들어서 알 수도 있고,

세 번째, 자기의 인지능력으로 맞출 수도 있다.

그럴 경우 강사는 당황하지 말고 대답한 사람에게 기분 나쁘지 않게 유머 업무를 방해했다며, '업무방해죄'를 이야기하며 웃으며 넘어갈 수도 있다. 또는 선물을 준비했다면 준비한 선물을 줄 수도 있다. 임기응변이다. 수강자는 알아도 모르는 척하는 매너도 필요하다.

〔아는 게 병〕

생물시간에 노총각 선생이 영희에게 질문했다.

- 노총각 선생 : 인간의 신체기관 중 사랑하면 20%정도 팽창하는 부분은 어느 곳이지?

- 영희 : (얼굴 붉히며 머뭇머뭇했다.)

- 노총각 선생 : 아직 그것도 모른단 말이야? (힐책했다.)

- 영희 : 알긴 알지만 어떻게…

- 노총각 선생 : 이봐, 영희 학생. 그건 눈동자라구!

■ 남성에겐 아름다운 여성사진을 보여주면 눈동자가 20%정도 커진다고 한다. 여성에게 예쁜 아기사진을 보여주면 20%정도 커진다고 한다.

◇ '아는 게 병이다' 라는 말이 있다. 너무 많이 알기 때문에 쓸데없는 걱정도 그만큼 많다는 말이다. 과연 아는 게 병일까? 아마 어설프게 알기 때문에 당하는 고통이 더 커서 걱정하는 말이 아닌가 싶다. 옛날 어르신들은 모르고서 당하는 것보다 알고서 당하면 억울하지 않다고 했다. 서양에서는 '아는 것이 힘'이다 라고 했다. 우리나라에서는 '모르는 게 약이다.' 식자우환(識字憂患)이다.

〔잘난 체하면 죽는다〕

옛날에 부하가 대장에게 '오늘 암구호를 무엇으로 할까요?' 라고 묻자 대장이 마침 닭고기를 먹다가 "닭갈비"로 하라고 했다. 그날 밤에 보초를 서는데 평소 병사들을 괴롭히는 자칭 유식한 장교가 다가오자 보초병이 암구호를 물었다. 장교는 갑자기 닭갈비가 생각이 안 나자 '계륵(鷄肋)' 이라고 했다. 그러자 그 말뜻을 알아듣지 못하는 병사는 결국 적으로 오인하고 장교를 창으로 찔러 죽였다.

■ 계륵(鷄肋)은 닭의 갈비뼈로 먹을 것은 없으나 버리기는 아까운 부위다. 바둑에서도 별로 크지 않은 돌을 취하는 걸 '계륵(鷄肋)'이라고 한다. 한 번도 읽지 않고 먼지만 잔뜩 쌓이는 책을 '계륵집(鷄肋集)'이라고 한다. 잘난 체하면 죽는다. 강사도 마찬가지다. 현장의 분위기를 파악하고, 청중을 파악해서 그 수준에 맞는 유머 강의를 해야지, 자기 잘난 척하고 강의를 진행하면 그 강의 분위기가 죽을 수 있다.

〔어느 회사의 사훈〕

어느 회사에서 유식한 사장이 사원들에게 사훈을 공모했다. 여러 사훈 중 사원 투표 결과 일등을 한 것을 발표하였다.

– 직원 : 日職集愛 可高拾多(일직 집애 가고 십다.) 〔하루 업무에 애증을 모아야 능률도 오르고 얻는 것도 많다.〕 그랬더니 경영자 측에서 다른 의견을 냈다.

– 사장 : 溢職加書 母何始愷(일직 가서 모하시개?) 〔일과 서류가 넘치는데 애들 엄마가 좋아하겠는가?〕

그래도 사원들이 굽히지 않자, 결국 사장은 사훈을 다음과 같이 정했다.

– 결론 : 河己實音 官頭登可(하기실음 관두등가) 〔물 흐르듯 아무 소리 없이 열심히 일하면 높은 자리에 오를 수 있다.〕 사훈을 이렇게 정하니 사원들이 '댓글'을 달았다.

– 댓글 : 鹽眪下內(염병하내), 〔세상의 소금이며 빛과 같은 존재이지만 늘 자신을 낮춘다.〕

【예시 63】

○ 어느 여자가 더 좋나?

① 호박 같은 여자 ② 인형 같은 여자

〈 해답 : ① 〉

◇ 호박 같은 여자란? '호탕하고 박력 있는 여자', 인형 같은 여자란 '인간성이 형편없는 여자다'라는 뜻이 아니라 오늘은 호박에 대한 억울한 사연을 풀어주고자 한다. 우리는 못생긴 여자를 비유할 때 호박 같은 여자라고 한다. 여자가 화장이라도 하면 '호박에 줄긋는다고 수박되나?' 라고 하면서 무시한다. 사실 여기서 호박은 과일 이름이 아니다. 나무의 진이 화석화해 만들어진 호박(琥珀)은 색이 아름답고 투명해 옛날부터 귀한 보석으로 여겼다. 옛 문헌에 호박을

평한 것을 보면, '호박은 빛이 사방으로 환하게 비추는 진주(珍珠)와 같고, 맑고 투명하기는 마노(瑪瑙)와 같으며, 투명하고 반짝이는 것은 수정(水晶)과 같다. 예로부터 사람들은 호박을 황금이나 옥에 못지 않은 보석으로 여겼다'라고 했다. 특히 송진이 굳어진 그 속에 모기나 개미 등 벌레가 들어간 것을 최고로 친다. 고대 로마시대에는 호박을 가장 값비싼 장식품으로 사용했으며, 품질이 뛰어난 호박을 얼마나 갖고 있느냐에 따라 사람의 가치를 평가했다. 따라서 호박 같은 여자란 '호박처럼 아름답고 귀한 여자'라는 뜻이다. 우리는 뜻밖에 좋은 물건을 얻거나 횡재를 했을 때 '호박이 덩굴째로 굴러 떨어졌다'고 한다. 이제부터 호박 같은 여자란 일상생활에 없어서는 안 될 귀중한 여자라고 생각하자.

〔호박에서 전기를〕

◇ 기원전 '철학의 아버지'라고 불리는 탈레스는 우주의 시원이나 자연을 바라보는 관점을 신화적인 방식을 버리고 자연을 이성을 통해서 합리적인 방식으로 이해하려고 한 최초의 철학자이기도 하다. 그래서 그를 철학의 아버지라고 한다. 탈레스는 보석류인 호박(琥珀)을 문지르면 정전기가 발생하여 털(毛)이 달라붙는 현상을 최초로 발견했나. 그래서 호박을 문지르면 정전기를 발생하는 특징 때문에 전기, 전자를 뜻하는 electricity 단어로 정착했다. elektron은 그리스어로 호박이라는 뜻이다. 호박 같은 여자는 동서양을 막론하고 전기처럼 일상생활에 없어서는 안 될 귀중한 보석같은 인물이다. 그래서 서양 여자이름에도 엘렉트라(Electra)라는 단어를 종종 사용한다.

[호박 같은 여군의 지혜]

한 여군 장교가 포로가 되었습니다. 적들은 여군 장교에게 편지를 쓰게 하여 그들의 지휘관을 이쪽으로 오게 하려는 속임수를 쓰려고 했습니다. 여군 장교는 고문에 못 이겨 적이 요구하는 대로 편지를 쓸 수밖에 없었습니다. 하지만, 그 여군은 아군을 구렁텅이에 몰아넣을 수가 없었습니다. 사관후보생 때부터, 훈련받은 게 대체 얼마인데… 생각을 거듭한 끝에 편지 속에 가만히 사타구니에서 털(毛) 하나를 뽑아 편지지 말미에 붙여 봉투에 넣었습니다. 편지는 아군 지휘관에게 전달되었고, 평소 명석한 대장은 이 편지에 동봉되어 있던 문제의 털을 들고 한참을 고민했습니다. 이 뜻이 대체 뭔가?…?? "이 나쁜 시키들~!!! 이건 음모(陰毛→陰謀)다는 뜻이다!"

■ 동음이의어(同音異義語)로써 위기를 넘겼다. 여군의 지혜가 호박 보석처럼 빛났기에 적군의 모략은 실패로 돌아갔다.

[장미꽃]

늘 아름다움을 뽐내던 장미꽃이 호박꽃에게 말했다.

- 장미 : 야, 호박! 호박꽃도 꽃이냐?

- 호박 : 야, 그러는 넌 호박이라도 열리냐?

■ 장미는 호박에게 가시 같은 말로 쏘아붙였다. 마음이 아름다워야 한다. 마음이 부드러워야 한다. 비교하지 말아야 한다. 그러나 장미는 자신의 꽃만 자랑으로 내세웠지, 자신의 가시는 염두에 두지 않았다. 지금도 많은 사람들이 장미의 가시를 두려워한다. 독일의 시인 릴케는 장미 가시에 찔려 덧나서 죽었다고 했다. 누구나 각자의 타고난 달란트가 있다. 장미꽃은 자기 몸의 가시로 남의 마음에 가시를 박는 그런 말은 하지 말아야 한다. 호박은 항암효과, 당뇨병 예방, 노화방지에 탁월한 것으로 알려졌다. 장미에 비할 바가 아니다. 법륜 스님은 나이 드니 황금기가 오는 늙은 호박 같다고 했다.

【예시 64】

○ 인사 '안녕'의 반대말은?

① 만남 ② 이별 ③ 안녕

〈해답 : ③〉

◇ 우리는 헤어졌다가 만나면 '안녕!'한다. 또 만났다가 헤어질 때도 역시 '안녕!'이다. 안녕은 만났을 때, 헤어질 때 두 가지 뜻이 다 쓰인다. 그러니까 반갑다고 안녕, 헤어지자고 안녕이다. 안녕의 반대말은 안녕이다. 카피라이터 정철은 "모든 만남은 안녕으로 시작해서 안녕으로 끝난다."고 했다. 끝도 시작처럼 하라는 뜻이다. 설렘이 사라졌다 해도 실례는 하지 말라는 뜻이란다. ①, ②번은 협소적인 반대말이다.

〔인사가 살린다〕

냉동식품 가공 공장에서 일하던 한 여직원이 퇴근하기 전에 늘 하던 대로 냉동 창고에 들어가 점검을 하다가 갑자기 '꽝!' 하고 문이 닫혀 버렸다. 그녀는 목이 터져라 소리를 질러 도움을 청했지만 아무런 반응이 없었다. 무서운 정적이 흐르는 가운데, 그녀는 '내가 여기서 얼어 죽는 건가?' 생각하며 절망감에 울기 시작했다. 5시간이 지났지만 아무런 기척이 없자 여직원의 몸도 서서히 감각이 없을 정도로 얼어가고 있었다. 그때 냉동 창고 문틈으로 빛이 들어오면서 누군가 문을 열었다. 자세히 보니 경비원 아저씨였다. 그렇게 기적적으로 구조된 후, 그녀는 경비원 아저씨에게 어떻게 자기가 거기에 있는 줄 알았냐고 물어보았다. 경비원 아저씨는 자기가 공장에 온지 35년이 됐지만 그 여직원 말고는 자기한테 누구도 '안녕하세요' 하고 인사를 하는 사람이 없었다고 한다. 그녀는 늘 출근할 때 "안녕하세요!" 퇴근할 때는 "수고하세요!"라며 인사를 건넸는데, 그날 퇴근시간이 됐는데도 모습을 보이지 않자 경비원 아저씨는 이상하다는 생각이 들어 공장 안을 여기저기 찾아다니다가 냉동 창고까지 확인해 봤던 것이다. 경비원 아저씨는 "사람들은 모두 나를 별 볼일 없는 사람으로 대했지만, 당신은 매일 나에게 인사를 해주니 늘 당신이 기다려졌어요. 내가 그래도 사람 대접을 받고 있구나 하고 느꼈거든요"라고 말했다.

[상상으로 죽는다]

1950년대 어떤 선원이 스코틀랜드의 한 항구에서 짐을 내린 뒤 포르투갈의 리스본으로 되돌아가는 포도주 운반선의 냉동창고 속에서 얼어 죽었다. 냉동실 벽에는 그 선원이 죽어가면서 뾰족한 쇠조각으로 새겨놓은 고통의 기록이 시간대 별로 적혀 있었다. 그는 짐을 다 내렸는지 확인하기 위해 냉동실에 들어갔다. 그 사이 아무도 없는 줄 알고 동료 선원이 밖에서 냉동실 문을 잠궈 버렸다. 문을 두드렸지만 아무도 오지 않았다. 냉동실 안에는 충분한 음식이 있었다. 그러나 선원은 자기가 오래 견디지 못할 것을 알고 있었다. 처음에는 냉기가 코와 손가락 발가락을 얼렸고, 시간이 가면서 언 부위는 넓어졌다. 그리고 이내 따끔거리는 상처로 바뀌어 갔다. 이윽고 온몸이 하나의 얼음덩이로 굳어져 가는 것을 느꼈다. 배가 리스본에 도착한 후, 선장은 냉동실 안에 죽어있는 선원을 발견하였다. 그리고 벽에 쓰여진 고통의 기록을 읽었다. 그러다가 선장은 놀라 기절할 뻔했다. 기록의 내용 때문이 아니라 컨테이너 속의 온도가 상당히 높다는 것을 느꼈기 때문이다. 선장은 실내 온도를 다시 측정하게 했다. 영상 19도였다. 리스본으로 돌아오는 배는 포도주를 적재하지 않았기 때문에 항해 도중 냉장고는 작동하지 않았던 것이다. 그런데 그 선원은 왜 얼어 죽었을까? 선원은 몸이 점점 언다고 생각했기 때문에 정말로 얼어 죽었다. 이것이 생각과 상상의 가공할 힘이다. 존재하지 않는 것을 존재하게 하고, 가상의 것이 현실이 되게 하고, 이루어 지지 않은 것을 이루어 진 것으로 만들어 낸다.

【예시 65】

○ 남자가 왜 밥값을 낼까?

① 경제적 여유 ② 여자의 치장 값

〈해답 : ②〉

◇ 남자는 어떤 모임에 여자보다는 간단하게 가꾸고 나온다. 치장에 그다지 신경을 많이 안 쓴다는 것이다. 그러나 여자들은 좀 요란하다. 여자의 변신은 무죄라는 말이 있듯이 여자는 화장을 30분 정도 하고, 머리도 손질하고, 액세서리를 달고 나온다. 적어도 1시간 정도 자신의 치장에 시간을 쓴다. 어쩌면 그 전날부터 얼굴 팩하고, 신경 쓰는지도 모른다. 그래서 우스개 소리로 여자의 가장 큰 낭비는 '예쁜 여자가 화장하는 것'이라고 한다. 여자가 얼굴을 단장하는 건 마음을 단장하는 거란다. 그러나 남자는 머리 감고, 스킨 · 로션 바르고, 옷장 열어보고 옷 한 벌 골라 입고 빗질하면 끝이다. 여자는 남자보다 훨씬 많은 시간과 치장을 하고 나온다. 그것이 남자가 밥을 사야 하는 충분한 이유다. 그러나 진정한 미모, 아름다움이란 꾸며진 외모보다는 내면의 아름다움이다. 우리는 마음이 아름다운 사람과 만나면 즐겁고, 헤어지면 또 다시 만나고 싶어 한다. 마음속에서 우러나는 은은한 미소와 우아한 멋을 지닌 사람이 정말로 멋진 사람이다.

〔세대별 화장법〕

① 10대 – 치장(治粧) : 매만져 자연스럽게 꾸미거나 모양을 냄

② 20대 – 단장(丹粧) : 예쁘게 치장함

③ 30대 – 화장(化粧) : 분, 연지 따위로 매만져 얼굴을 꾸밈

④ 40대 – 분장(扮裝) : 인물에 어울리게 얼굴과 복장을 꾸밈

⑤ 50대 – 변장(變裝) : 옷차림이나 모습을 다르게 꾸밈, 여자의

변신은 무죄

⑥ 60대 – 위장(僞裝) : 정체가 드러나지 않도록 거짓으로 꾸밈

⑦ 70대 – 환장(換腸) : 정상적인 정신 상태에서 벗어나게 아주 마음이 바뀌어 달라짐

⑧ 80대 – 끝장

■ 30대까지는 화장품만 바르면 되지만, 40대 이후부터는 화장품+옷(裝), 50대는 화장품+옷+성형수술+명품백까지 해서 변신, 변장해야 한다. 60대부터는 화장품+옷+명품백+보톡스까지 해서 자신을 감추어야 한다.

[저승 리모델링 중인 이유]

어느 날 한 남자가 죽어 저승에 갔다. 평소에 얼마나 잘못 살았던지 제 발로 지옥 쪽으로 찾아갔다. 그런데 지옥문 앞에 가보니 '공사중' 팻말이 붙어 있는 게 아닌가? 투덜거리며 돌아서다가 지옥의 문지기를 만나 이유를 물었다. 문지기가 말했다. "한국 사람들 때문에 지옥을 다시 고치고 있다. 한국 사람들이 어찌나 찜질방이랑 불가마를 많이 다녔는지. 지옥불 정도엔 끄떡도 않는다. 오히려 '아! 시원하다. 아! 따뜻하다."고 한다. 지옥이 생긴 이래 처음으로 온도를 높이기 위해서 리모델링을 하게 된 것이다. 그러면서 "지옥에 꼭 들어가고 싶으면 대기표를 뽑아서 대기하라"고 한다. 대기표를 뽑았다. 그랬더니 9,000번이 나왔다. "하루에 10명씩 들어간다고 하면서 지옥에 들어가려면 900일을 기다려야 한다"고 한다. 그래서 그 남자는 혹시나 해서 천국 쪽으로 갔다. 그랬더니 천국도 '공사중'이었다. 천국 문지기를 만나 이유를 물었다. "천국도 한국 사람들 때문에 공사중이다. 어찌나 성형수술을 해대는지 본인 여부를 확인하는 '원본대조필' 하는데 시간이 너무 걸려서 〈자동인식시스템〉을 깔고 있는 중" 이라고 그러면서 "그래도 천국에 가고 싶으면 대기표를 뽑아서 순서를 기다리라"고 한다. 그래서 역시 대기표를 뽑았다 1,004 번이 나왔다. 그래서 번호표를 보여주면서 "얼마나 기다려야 하느냐?"고 물었다. 그랬더니

"하루에 1명씩 들어가니 1,004일을 기다려야 한다"고 한다. "살아서도 노숙자로 살았는데 죽어서도 노숙자 생활을 해야 하나?"

[사귀던 여자]

아내가 남편에게 물었다.

- 아내 : 자기 결혼 전에 사귀던 여자 있었어? 솔직히 말해봐, 응?
- 남편 : 응 있었어.
- 아내 : 정말? 사랑했어?
- 남편 : 응 뜨겁게 사랑했어.
- 아내 : 뽀뽀도 해봤어?
- 남편 : 해봤지.
- 아내 : (아내는 드디어 열이 받쳤다.) 지금도 그 여자 사랑해?
- 남편 : 그럼 사랑하지. 첫사랑인데…
- 아내 : (완전히 열이 오른 아내가 소리를 빽 질렀다.) 그럼 그년하고 결혼하지 그랬어.
- 남편 : (그러자… 남편 왈…) 그래서 그년하고 결혼했잖아.
- 아내 : 허~~ 걱.

[좋아하던 여자]

아내가 남편에게 물었다.

- 아내 : 자기 결혼 전에 좋아하던 여자 있었어? 솔직히 말해봐, 응?
- 남편 : 응 있었어.
- 아내 : 정말? 사랑했어?
- 남편 : 응 가슴에 얼굴을 파묻고 뜨겁게 사랑했어.
- 아내 : 뽀뽀도 해봤어?
- 남편 : 해봤지.
- 아내 : (아내는 드디어 열이 받쳤다.) 지금도 그 여자 사랑해?
- 남편 : 그럼 사랑하지. 영원히 사랑해…

- 아내 : (완전히 열이 오른 아내가 소리를 빽 질렀다.) 그럼 그년하고 결혼하지 그랬어.

- 남편 : (그러자… 남편 왈…) 그 여자는 우리 엄마야.

- 아내 : 헐~~!

【예시 66】

○ '내 탓이오' 유머는

① 자기 비하 ② 타인 비하

〈해답 : ①〉

◇ '네 탓이오'는 미성숙한 사람들이 '너의 탓이다'라며 남의 탓으로 돌리는 자기 방어본능이다. '네 탓이오' 하는 시간을 줄여라. 용서하고, 사과하고, 반성하고, 성찰하는 시간을 가져라. 모든 것은 다 '내 탓'으로부터 온다. 우리 속담에 '잘 된 것은 내 탓이고, 못된 것은 조상 탓이다.'라는 핑계 속담이 있다. 얼굴 잘 생긴 것은 내 탓이오. 키 작은 것은 부모님 탓을 한다. 내탓, 아내탓, 남편탓, 조상탓, 직장탓, 시대탓, 가난탓, 외모탓, 고향탓, 지역탓, 하나님탓(여기서 하나님탓은 제발 빼달라…ㅎㅎㅎ). 비겁하다. 손가락을 상대를 향해 뻗어보면 엄지는 심판한다. 세 손가락이 나를 향한다고. 이것이 네 탓 내 탓의 손가락 원리이다. 내 잘못, 내 허물이 더 크니 나부터 반성하라는 뜻이다.

〔I am〕

누구 탓인가? 〈런던 타임스〉가 저명 작가들에게 동일한 주제로 에세이를 부탁했다. 제목은 '무엇이 이 세상 문제인가?' 였다. 1위는 역설의 거장이며, 20세기 최고의 문필가로 평가받는 『오소독시』의 저자 G K. 체스터턴(Gilbert Keith Chesterton, 1874~1936)의 "I am"이었다. 문제투성이가 된 이 세상의 문제는 바로 "나"라는 사실이다. 선정 이유는 역사상 가장 짧고, 가장 강력하고, 가장 정확한 대답이었다는 것이다.

◇ 천주교 미사 순서에 '내 탓이오. 내 탓이오. 내 큰 탓이로소이다.'하면서 가슴을 세 번 치는 참회의식이 있다고 한다. 김수환 추기경이 살아계실 때 '내 탓이오'라는 스티커를 차에 붙이고 다니자는 운동을 했는데 1년도 안돼 중간에 흐지부지 되었다는데 그 사연이 재미있다.

첫째, 차에 붙여놓은 '내 탓이오'라는 스티커를 보면서 그 차의 운전자가 '내 탓이오'하고 항상 생각하라는 취지였는데, 차 뒤편에 붙여 놓아서 마치 뒤 차주에게 '내 탓이오'하라 강요하는 것 같았기 때문이다.

둘째, '내 탓이오'라는 스티커를 붙이고 다니면 천주교 신자가 운전한다고 선전하는 것이나 마찬가지인데 그 차가 난폭운전이나 신호위반하면 천주교에 대한 이미지가 나빠질 수 있다는 염려 때문이다.

〔모두 자기 탓〕

옛날 한 색시가 부엌에서 울자 남편이 이유를 묻자 밥을 태웠다는 것이다.

- 남편 : 내 탓이오. 오늘 바빠서 물을 조금 밖에 길어오지 못했더니 물이 부족해서 밥이 탔을 것이오.(부인은 감격하여 더 눈물을 쏟았다.)

- 시아버지 : 내가 늙어서 근력이 떨어져서 장작을 잘게 패지 못했기 때문이다. 내 탓이다.

- 시어머니 : 내 탓이다. 내가 늙어서 밥 냄새를 못 맡아서 밥 내려놓을 때를 알려주지 못했으니 내 탓이다. 가화만사성(家和萬事成)이다. 고함소리 나는 문으로 불행이 들어오고, 웃음소리 나는 곳으로 행복이 들어온다.

◇ **자기 비하(self dis) 유머** : 셀프(self)는 자기 자신이다. 디스(dis)는 디스리스펙트(disrespect, 무례)의 줄임말로, 상대를 공격하거나 폄하하는 힙합의 하위문화 중 하나였으나, 지금은 의미의 범위가 넓어져 힙합과 관계없이 일상 상황에서 자신이 스스로를 비난하거나 자신의 치부를 드러낼 때 셀프디스(self-dis)라 한다. 자학(自虐)유머, 자조(自嘲)유머, 자흑(自黑)유머라고 할 수 있는데, 상대방을 웃기기 위하여 자신의 약점이나 잘못을 드러내 놓고 비하하는 것. 자신을 깎아내리는 것이다. 예를 들면, '나는 얼굴이 까매서 더 까매질 수가 없어', '나 같은 노안(老顔)인 사람과 함께 있으면 너는 젊어 보여서 좋겠네'. 등등 이것은 유머의 우월성이론과 연계할 때, 자신을 깎아내리므로 상대는 반대로 우월성을 갖게 되어 웃게 된다.

〔시각장애인 메타 긍정〕

경찰공무원을 하다가 어느 날 갑자기 눈에 질병이 생겨 후천적으로 시력을 잃으신 분이 계시다. 어느 날 식사모임에서 자기소개를 하는 시간에 조마조마 이 분을 바라보았다. 이 분은 "저는 눈에 뵈는 것이 없는 사람입니다."라고 말해서 갑자기 식당 안에 웃음이 터졌다. 이어서 말하길 "나는 아침에 일찍 일어나 저녁에 잘 때까지 봉사로 삽니다."라고 해서 또 한 번 웃음이 터졌다.

■ 누구나 숨기고 싶은 약점이 있을 텐데 오히려 그것을 셀프디스로 삼고서 여러 사람에게 웃음을 줄 수 있다는 그 분의 정신은 매우 강하고, 높을 것이다.

그러나 만약 강사가 우월감에 자신을 너무 자랑한다면 청중들은 쉽게 마음의 문을 열지 않을 것이다. 더구나 자신을 높이고, 상대를 비하한다면 그건 유머의 취약이 아니라 지뢰다. 스스로 무덤을 파는 행위다. 어쨌든 결국 유머는 〈유〉치하고 〈머〉저리 같은 짓으로 남을 웃게 하는 것이 아니라 〈유〉연하게 〈머〉리를 써서 나도 남도 즐겁게 웃게 하는 것이다.

〔예쁜 여자란〕

결혼할 여자를 고를 때 다른 건 하나도 안 보고 오직 얼굴과 몸매만 보고 아내를 고른 남자. 신혼의 생활은 그럭저럭 행복했다. 그러던 어느 날 남자가 애지중지하던 고급차를 도난당하고 말았다,

- 아내 : 여보 내가 집 앞에 들어오다 보니까 웬 낯선 남자가 우리 차문을 열더니 휘리릭 몰고 가버렸어요.

(남자는 기가 막혔다. 바로 코앞에 차를 도둑맞는데 그걸 보고만 있었다는 사실에 속에서 불이 났다.)

- 남편 : 그러는 동안 당신은 뭐 했어? 못 가져가게 말리든지, 아니면 빨리 나를 불렀어야 할 것 아니냐?

(그러나 아리따운 아내는 매혹적인 미소를 띄우며 말했다.)

- 아내 : 아이, 걱정 말아요. 여보! 내가 멍청하게 보고만 있었겠어요? 우리 차번호를 외워뒀으니깐 금방 찾을 수 있을 거예요~!

〔빌 클린턴 고별 만찬〕

클린턴은 임기만료를 앞두고 백악관 기자단과의 만찬에서 "나는 재임기간 동안 여러분에게 20년 이상의 뉴스거리를 제공했습니다."라고 자신의 아킬레스건이라고도 할 수 있는 르윈스키와의 성추문을 스스로 드러내놓아 기자들을 웃겼다.

■ 자학유머의 반대말로는 자뻑유머가 있다. 자기가 잘 났다고 믿거나 스스로에게 반하여 푹빠지는 일.

〔오바마 퇴장〕

만찬에서 그는 대통령 생활의 회한을 위트있게 표현해 큰 박수를 받았다. "8년 전 나는 이상주의자로서 힘으로 넘치는 젊은이였는데, 지금 나를 보라. 회

색머리에 관(무덤)으로 들어갈 날만 남았다."며 연설 마지막에는 "오바마 퇴장"이라고 말하며 마이크를 떨어뜨리는 퍼포먼스를 보이기도 했다.

◇ **타인 비하 유머** : 어느 독서실의 금기사항 '멀티펜(3색펜 또는 4색펜) 사용을 금지합니다.' 이유는 색깔 변경시 스프링 튕기는 소리가 타인에게 방해 된다는 것이다. 유머에도 금기사항이 있다. 타인을 비하하거나 인종 차별을 하는 유머는 평지풍파를 일으킬 수 있으니 조심해야 한다. 특히 EDPS(음담패설.淫談悖說)은 음탕하고 도리에 어긋나는 이야기로 폭발성 있는 유머이기는 하나, 성적 속어를 노골적으로 표현하거나, 속된 표현을 하면 평소 점잖게 생각하던 그분을 다시 생각하게 된다. 1996년 양성평등기본법에 '성희롱'이 명시되면서 분위기는 더욱 달라졌다. 이후 국가인권위원회법, 남녀고용평등과일 · 가정양립지원에관한법률 등에서 성희롱을 처벌하는 법이 늘면서 더욱 살벌해졌다. 최근에는 나도 당했다는 미투(Me Too)운동으로 인하여 자살하거나 한순간에 패가망신당하고 있다. 스웨덴 한림원은 미투운동으로 심사위원들이 연루되어 2018년에는 노벨문학상 선정과 시상을 하지 않기로 했다고 발표했다. 본인은 웃자고 한 유머라고 해도 상대가 성적 수치심을 느끼면 성희롱 범죄로 고소당할 수 있으니 조심해야 한다. 잘못 건드리면 벌집을 쑤신거나 마찬가지이므로 대상과 장소를 살펴야 한다.

〔유머의 금기사항〕

① 성적 수치심을 유발하는 음담패설 등 성희롱 유머

② 남녀 차별적인 유머

③ 신체적, 정신적 장애를 대상으로 한 유머

④ 특정 집단이나 정치성, 종파성을 띤 편파적인 유머

⑤ 지역 편파적인 유머

⑥ 유통기한이 지나서 다 알고 있는 유머

⑦ 주제에서 벗어난 유머

(스스로 망가지면 아름답다)

어떤 사람이 양 어깨에 물지게를 지고 물을 날랐다. 오른쪽과 왼쪽에 각각 항아리가 하나씩 있었다. 그런데 왼쪽 항아리는 금이 간 항아리이다. 물을 가득 채워서 출발했지만, 집에 오면 물은 반쯤 비어 있었다. 반면에 오른쪽 항아리는 항상 물이 가득차 있었다. 어느 날 금이 간 왼쪽 항아리는 너무 미안한 마음에 주인에게 요청했다.

- 금간 항아리 : 주인님, 나 때문에 항상 일을 두 번씩 하는 것 같아서 죄송합니다. 금이 간 나 같은 항아리는 버리고, 새 것으로 사서 쓰세요.

- 주인 : 나도 네가 금이 간 것을 알고 있단다. 네가 금이 간 것을 알면서도 일부러 바꾸지 않았지. 우리가 걸어온 길 양쪽을 보아라. 물 한 방울 흘리지 않는 오른쪽 길에는 아무 생명도 자라지 못하는 황무지이지만, 왼쪽에는 아름다운 꽃과 풀이 무성하게 자라지 않니? 너는 비록 금이 갔지만 너로 인해서 많은 생명이 자라나는 모습이 아름답지 않니? 나는 그 생명을 즐긴단다.

찰리 채플린은 '나의 아픔이 누군가의 웃음의 이유가 되어도 좋다. 하지만 나의 웃음이 누군가의 아픔의 이유가 되어서는 안 된다.'고 했다. 성경 마태복음에는 '입으로 들어가는 것이 사람을 더럽게 하는 것이 아니라 입에서 나오는 그것이 사람을 더럽게 하는 것이니라.'고 했다. 칼에는 두 개의 날이 있지만, 사람의 입에는 백 개의 날이 있다.

【예시 67】

○ 지렁이가 꿈틀거리는 이유?

① 웃겨서 ② 덜 밟혀서

〈해답 : ①〉

◇ 여성들의 입술에 바르는 립스틱에 지렁이의 성분이 들어 있는 것을 여성들은 알고 있을까? 지렁이의 성분에는 피부의 보습효과가 뛰어난 성분이 함유되어 있다. 그래서 입술 건조를 막는 특수한 기름 성분으로 여성용 립스틱의 촉촉함을 유지시키는 비밀이 거기에 숨어 있는 것이다. 지렁이를 말려서 가루를 내면 아주 부드럽기 때문에 화장품의 원료로 많이 쓰인다고 한다. 여성이 평생 먹는 립스틱의 양은 보통 2kg이라고 한다. 지렁이가 꿈틀거리는 이유는 덜 밟혀서, 아파서 라고 하면 유머리스트가 아직 아니다. 지렁이가 꿈틀거리는 이유는 웃겨서이다. 말하자면 요절복통(腰折腹痛)하느라고 꿈틀거리고 있는 것이다.

◇ 우리 속담에 '지렁이도 밟으면 꿈틀거린다'는 말이 있다. 아무리 순하고 보잘 것 없는 사람도 너무 업신여기면 반항한다는 뜻이다. 지렁이가 꿈틀한다는 건 저항이다. 외부 자극에 대한 자신이 지금 불이익을 당하고 있다는 사실이다. 저항은 약자의 의견을 알리는 유일한 수단이다. 최근 갑질 논란이 사회문제가 되고 있다. 돈과 권력으로 사람을 함부로 대하는 안하무인이고, 깔보고, 얕잡아보고, 우습게 생각하는 자들이 갑질함으로써 최근 사회문제가 되고 있다. 남을 존중할 줄 아는 태도를 가져야 한다. 유머의 제1순위는 웃기기 전에 상대에 대한 배려심이다. 人人人人의 뜻은 사람 밑에 사람 없고, 사람 위에 사람 없다.

〔갑질 유머①〕

옛날에 나이 지긋한 백정이 장터에서 푸줏간을 하고 있었다. 어느 날 양반 두 사람이 고기를 사러 들어왔다. 한 사람은 거만해 보였고, 한 사람은 겸손해 보였다.

- 거만한 양반 : 이놈, 만득아! 고기 한 근 큼직하게 베어라. 어험~!

- 백정 : 예. 그러지요.

- 겸손한 양반 : 김 서방, 고기 한 근 주소.

- 백정 : 예, 그러지요. 고맙습니다.

(거만한 양반이 보니 자기의 두 배는 되는 게 아닌가?)

- 거만한 양반 : 네, 이놈, 어찌하여 이 양반이나 내나 똑같은 한 근인데 내 것은 왜 이 양반의 반밖에 안 되느냐?

- 백정 : 예, 그건 자른 사람이 달라서 그런 겁니다요.

- 거만한 양반 : 뭐라고? 네 이놈이, 고기를 둘 다 썰지 않았느냐? 이놈아!

- 백정 : 자꾸 이놈 저놈 하지 마시오. 저건 김서방이 자른 거고, 이건 만득이 놈이 자른 겁네다. 아시겠소?

〔갑질 유머②〕

커피 값이 다른 이유

- "커피" 라고 반말하며 주문하는 사람 ---- 5천원

- "커피 주세요" 라고 주문하는 사람 ----- 4천원

- "안녕하세요. 커피 한 잔 주세요" 라고 주문하는 사람 ------ 2천 5백원

■ 예의 바르고 상냥한 손님에게는 절반의 가격으로 받겠다는 것이다. 어느 날 카페 주인은 손님들이 종업원에게 함부로 말하는 것을 보고 아이디어를 냈다고 한다. 말은 그 사람의 인격이다. 말도 아름다운 꽃처럼 향기를 지니고 있다. 말 한마디로 천냥 빚을 갚는다고 했다.

5
유머강의의 비법

당신에게 유머감각이 있다면 상대의 마음을 여는 열쇠를 가지고 있는 것이다.

— 박봉주(1958~). 대한민국 시인, 유머리스트

【예시 68】

○ 강의 시작하기 전에 꼭 먹는 과일은?

① 바나나 ② 사과

〈해답 : ②〉

◇ 강의하기 전에 꼭 먹는 과일이 있다. 바로 사과다. 먹는 과일 사과가 아니라 자기의 잘못을 인정하고 양해를 구하는 사과(謝過)다. 우리나라는 강의 시작하기 전에 사과부터 먹는다. 예를 들면, ① "여러분 늦어서 미안합니다. 새벽부터 달려왔는데, 교통이 너무 막혀서 늦었습니다. 죄송합니다. ② 대전은 신도시라 교통체계가 잘 갖추어진 도시로 알고 있었는데, 도시와 도시간의 구간이 너무 짧고, 신호체계도 연계되지 않아서 늦었습니다. 또는 앞차의 교통사고로 늦었습니다. 사과합니다" ③ "여러분 죄송합니다만 너무 더워서 그러는데, 상의 양복을 벗어도 되겠습니까?" 등등 사과부터 한다.

◇ 그러나 이런 멘트도 유머로 활용할 수 있다. 예를 들면, ① 교통이 너무 막혀서 좀 수업이 늦었습니다. 제가 도지사(시장, 경찰청장)를 대신해서 사과를 드립니다. ② 오다가 중간지점에서 교통사고가 나서 당황했습니다. 그래서 눈을 감고 하나님께 기도했습니다. "하나님, 저는 오늘 귀중한 분들을 모시고 강의를 해야 하는데, 늦으면 안 됩니다. 저에게 길을 열어주세요."라고 기도하고 눈을 떴더니, 기적처럼 길이 열렸습니다. 그 길이 갓(god)길이었습니다. 그래서 무사히 지금 도착했습니다. 신의 도움으로 제가 이 시간에 도착할 수 있었습니다. 그러니 여러분 저한테 뭐라고 하면 안 됩니다. 오늘이 강의도 신의 도움으로 잘 될 것 같습니다. ③ 여러분, 제가 요즘 체력강화를 위하여 헬스장에서 근력운동을 하는데 남들이 근육이 좀 나왔다고 합니다. 탄탄한 근육의 윤곽을 보여드리기 위해 상의 벗어도 되겠습니까? … 이런 식으로 하면 웃으면서 즐겁게 자신의

미안함을 웃음으로 처리하고, 청중들에게 마음의 문을 열게 할 수도 있다. 다음부터는 강의 시작의 재료는 사과가 아니라 유머였으면 좋겠다.

〔대전역 출입구〕

여기 계신 분들은 어디서 오셨어요? 대전에서 오셨나요? 다른 지역에서도 오셨나요? 제가 워낙 전국구라서 여러 군데서 오시던데. 그럼 제가 여러분이 대전 분인가 대전 분이 아닌가 잠깐 테스트 해보겠습니다.

첫 번째, 대전광역시청은 무슨 구로 들어가죠? 네. 서구입니다.

두 번째, 저기 멀리 있는 대청댐은요? 무슨 구로 들어가죠? 맞습니다. 대덕구입니다.

세 번째, 그럼 대전역은 무슨 구로 들어갑니까? 중구요? 동구요? 대전역은 '출입구' 로 들어갑니다.

각 지역에서 누구나 아는 랜드마크를 2개~3개 정도 택해서 활용하면 재미있게 시작의 문을 열 수가 있다.

〔강사의 말솜씨〕

저 말 잘하죠? 하지만, 지금은 말을 잘하지만, 옛날에는 말을 참 못한 흑역사가 있었습니다. 사실 저는 1년 동안 말 한마디도 못한 적이 있었어요. 저는 엄마, 아빠라는 단어를 배우는데 무려 1년이나 걸렸습니다. 이것도 말해야 하나? 기저귀에 똥오줌 3000번이나 싸고, 똥오줌 안 싸는데 무려 3년이나 걸렸습니다. 걸음마 배우는데 2천 번이나 넘어졌다고 합니다.

■ 저는 저의 느린 발육성장에 좌절하기도 했지만, 죽어라고 노력해서 지금 여러분 앞에 설 수가 있었습니다. 예? 여러분도 이런 과정을 거쳤다고요?

【예시 69】

○ 강의 중 하품이 나는 이유?

① 산소 부족 ② 유머 부족

〈해답 : ②〉

◇ 의학적 소견으로는 뇌에 산소가 부족하기 때문이다. 뇌는 체중의 2%밖에 안 되지만 산소 소비량은 25% 정도이다. 특히 공부할 때 두뇌 활동이 활발해서 산소의 사용량은 더욱 증가하게 된다. 한 연구 결과에 따르면 산소가 풍부한 방에서 공부하면 집중력, 기억력이 일반 방보다 17~23% 증가했다고 한다. 우리가 산 속이나 나무가 많은 곳을 걸을 때 머리가 맑아지고, 가슴이 상쾌한 느낌은 바로 산소가 풍부하기 때문이다. 그러나 뇌에 산소가 떨어지면 졸음이 오고, 피로감을 느끼고, 기억력과 집중력이 떨어지면서 멍해진다. 특히 뇌는 산소 부족시 어느 기관보다 빨리 영향을 받는다고 한다. 이때 하품함으로써 산소를 한 번에 많이 마시면 뇌가 다시 활발히 운동할 수 있다. 특히 재미가 없거나 지루할 때 하품하는 것은 심리적 요인이다.

〔훈장과 학동의 졸음〕

어느 서당의 훈장이 자기는 항상 낮잠을 자면서 아이들이 잠깐 졸기라도 하면 불호령을 내리곤 했다. 그러던 어느 날 참다못한 학동이 훈장에게 따지듯이 물었다.

- 학동 : 훈장님은 주무시면서 저희는 왜 못 자게 하는 이유는 무엇입니까?
- 훈장 : 나야 꿈에 공자님을 만나기 때문에 그렇지.

(그런데 이튿날 학동이 낮잠을 자다 훈장에게 들켜 매를 맞게 되었다.)

- 훈장 : 왜 또 낮잠을 잤느냐?
- 학동 : 꿈에 공자님을 만나느라고 그랬습니다.

- 훈장 : 그래? 공자께서 뭐라고 하시더냐?
- 학동 : 이제까지 한 번도 훈장님을 만난 적이 없다고 그랬습니다.

■ 식후 졸음현상은 우리 인체가 공복시 위장으로 흘러가는 혈액은 약 5~7%(뇌 25%) 정도다. 하지만 식사 후 10~15% 두 배 상승하게 된다. 음식물을 부수고, 혼합하고, 배출하기 위하여 많은 영양분과 에너지가 필요하다. 그러나 위장의 에너지가 약하면 더 많은 에너지(혈액 등)가 위(胃)로 투입되는데 그러다 보니 두뇌와 팔다리로 가는 혈액량이 부족하다보니 팔다리가 나른해지고, 머리가 흐리멍덩해진다. 강의에서 졸음을 멀리하고 의미있는 강의 결과를 얻으려면

첫째, 차갑고 딱딱한 얼음을 깨라.

아이스 브레이킹(Ice-breaking)이란 강의나 단체의 모임에서 새로운 사람을 만났을 때 어색하고 서먹서먹한 분위기를 깨는 방법이다. 어떻게 하면 분위기를 화기애애하게 할까는 많은 강사들의 고민이다. 아이스 브레이킹을 위해서는 날씨나 최근에 화제가 되는 뉴스에 대해 간단하게 이야기를 나누는 것이 가장 무난하다. 첫 번째 아이스 브레이킹만 잘해도 강의 절반을 성공한 것이다.

〔혈액형 이야기〕

여러분, 혈액형에 따라 사람 기질이나 성격이 다르다는 것을 잘 아시죠? 제가 혈액형에 대하여 재미나게 요약해서 말씀드리겠습니다. 물론 과학적인 근거가 없다는 것도 알고 계시죠?

- A형 : 소세지 – 소심하고, 세심하고, 지랄 같은 성격
- B형 : 오이지 – 오만하고, 이기적이고, 지랄 같은 성격
- O형 : 단무지 – 단순하고, 무식하고, 지랄 같은 성격
- AB형 : 지지지 – 지랄 같고, 지랄 같고, 지랄 같고

여기서 공통분모가 있습니다. 모두 '지랄 같은 성격'이라는 겁니다. 우리 모두 이런 못난이 인데, 다른 것이라고는 소심, 세심, 오만, 이기, 단순, 무식입니다. 이것도 자랑이라고 서열을 매기고, 인격을 논하고, 자랑하고, 으스댑니다. 우리 서로 잘난 체 하지 말고 오늘 못난이들끼리 재미있게 어울려 봅시다.

둘째, 강사는 연기자처럼 말과 행동에 색깔을 입혀라.

'강의는 생물이다.'라는 말이 있다. 강의의 품질은 강사의 원맨쇼로 이루어지는 것이 아니다. 강의가 한번 이루어지려면, 교육담당자의 철저한 준비와 강의실 환경 그리고 강사와 청중의 상호작용으로 이루어진다. 그 중에서 가장 중요한 부분은 역시 강사의 자질이다. 따라서 강사는 자신이 준비한 강의 내용을 열정적으로 보여 주어야 하고, 청중은 이에 맞추어 호응을 해줘야 이상적인 강의가 될 수 있다. 강사와 청중이 따로국밥이 되어서는 서로가 만족한 강의였다고 볼 수 없다. 그러기 위해서 강사는 강의 내용에 맞는 복장과 강의시 말의 속도와 톤의 강약을 적절하게 구사해야 한다.

〔증인 세우기〕

- 원고 : 판사님, 피고가 돈을 훔친 것을 본 사람을 자그마치 5명이나 증인으로 세울 수 있습니다. 저 놈이 도둑놈이 틀림없습니다.
- 피고 : 판사님, 저는 돈을 훔치는 것을 보지 못한 사람을 10명이나 증인으로 대겠습니다.
- 판사 : 나는 지금까지 재판을 하면서 이렇게 명쾌한 피고의 변론을 들어 본 적이 없다.

셋째, 학습자의 눈높이를 고려하라.

강의 내용은 강사가 하고 싶은 말을 하는 게 아니라 청중이 듣고 싶은 내용을 말해야 한다. 그러기 위해서는 강사는 사전에 강의실의 학습분위기는 물론 청중을 연구해서 청중들이 원하는 것, 청중들이 듣고 싶어하는 것을 강의 내용으로 삼아야 한다. 강사나 다른 성공한 사람들의 독특한 사례들을 잘 배분해서 청중에 맞게 강의한다면 성공할 수 있을 것이다.

◇ '강연장은 뒷자리부터 채워지고, 공연장은 앞자리부터 채워진다'는 말이 있다. 공연장은 축제처럼 하는데, 강의장은 숙제처럼 딱딱하기 때문이다. '말을 물가에 끌고 갈 수는 있어도 물을 억지로 먹일 수는 없다.' 말이 스스로 물을 마시게 하는 강의로 풍부한 사례와 유머까지 곁들여 재미있는 강의를 한다면 하품하거나 졸릴 틈이 없을 것이다. 특히 강사는 강의시간과 휴식시간을 잘 지켜서 휴식시간에 수강생들이 충분히 휴식을 취할 수 있도록 배려해야 한다. '휴식시간 10분은 강의 시간 50분에 버금간다.'는 말이 있다. 비록 10분간의 짧은 쉬는 시간이지만, 피로회복과 집중력 향상 등 컨디션에 효과가 있으므로 과소평가해서는 안 된다. 쉬는 시간에 바깥의 맑은 공기를 마시게 한다든지, 시원한 음료수를 마시게 한다든지, 기지개를 켜고 온다면 강의장을 수면장으로 만들지는 않을 것이다. 강의장을 생기 넘치는 활력 장소로 만들 것인지 수면장으로 만들 것인지는 강의 내용 못지않게 강사의 중요한 역할이다.

【예시 70】

○ 설교 중 졸면 누구 책임?

① 신도 ② 목사

〈해답 : ②〉

〔졸면 누구 책임?〕

어느 목사가 설교를 하는데 앞에서 한 신도가 조는 것이다. 그것이 거슬렸던지 목사는 그 옆의 할머니 보고 깨우라고 했다. 그러나 할머니가 깨우면 조금 후에 또 조는 것이다. 할머니가 또 깨우면 또 졸고 하니, 이번에는 목사가 큰 소리로 "할머니 좀 확실하게 깨우세요" 라고 말하자, 할머니는 "자기가 재워놓고 누구보고 깨우라고 해~!"라고 생각하면서 깨웠다고 합니다.

◇ 여러분 강의 시간에 졸리면 누구 책임? 그러면 일제히 '강사요!' 라고 말한다. 지금부터 30년 전에 제가 강의하는데 한 예쁜 아가씨가 졸고 있었습니다. 결국 잠깐 졸았다는 이유로 그 아가씨를 책임지게 되었습니다. 지금도 책임지고 있습니다. 저는 한 사람 책임지기도 힘듭니다. 여러분이 졸리면 제가 여러 명 책임져야 하는 상황까지 올 수 있으니 졸지 않으시길 바랍니다.

[목사님의 설교]

성실하고 선한 삶을 살아온 목사님과 매우 거친 삶을 살아온 총알택시 운전기사가 같은 날 죽어서 함께 천국에 갔다. 목사님은 자신이 운전기사보다 훨씬 칭찬을 많이 들을 것으로 기대했으나, 하나님께서는 목사님보다 총알택시 운전기사를 더 많이 칭찬하셨다. 그리고는 목사 지옥~!, 총알택시 운전기사 천국~!이라고 선언했다. 기가 막힌 목사님이 그 이유를 묻자, 하나님께서 이렇게 대답하셨다. "네가 설교할 때는 많은 사람들이 늘 졸았느니라. 그러나 저 친구가 운전할 때는 많은 사람들이 늘 기도했느니라. 목사야, 누가 천국에 가야 하느냐?"

[스님과 술집 여인]

공부하는 스님과 술파는 여인이 나란히 이웃집에 살았다. 스님은 열심히 기도했고, 여인은 열심히 술을 팔았다. 세월이 흐른 후 한 날 한 시에 세상을 떠났다. 그런데 스님은 무간지옥(無間地獄)에 떨어졌고, 여자는 극락에 떨어졌다. 그러자 스님이 부처님께 따졌다.

- 스님 : 아니, 부처님, 왜 부처님만 찬양해온 제가 무간지옥이고, 저 술파는 여인은 극락입니까? 판결문 바꿔 읽으신 거 아닙니까?

- 부처 : (부처님은 정확하십니다.) 스님아 보아라, 너는 밤마다 "아, 부럽다. 맛있는 술에다가 어여쁜 아가씨, 춤추고 노래하고 얼마나 신날까?"하며 부러워하지 않았느냐? 그러나 저 여인은, 밤마다 "아, 부럽다. 새벽마다 예불 드리고, 꽃을 바치고, 경전을 읽고, 얼마나 행복할까?" 부러워했다. 〈서로 마음속으로 진정 부러워했던 게 달랐던 것이다.〉

〔목사님 주차〕

목사님이 주차금지 구역에 차를 대고 이런 메모를 붙여 두었다.

"우리가 우리에게 죄 지은 자를 사하여 준 것 같이 한번만 봐 주시기 바랍니다."

잠시 후에 와 보니 이런 메모가 적혀 있었다.

"우리를 시험에 들게 하지 마옵시고, 다만 악〈안 떼면 실직 당할 수도 있음〉에서 우리를 구하여 주시옵소서."

【예시 기】

○ 유머 강의는?

① 魚(물고기 어) ② 漁(고기잡을 어)

〈해답 : ②〉

◇ 노자는 사람들에게 물고기를 주는 것과 사람들에게 물고기 잡는 방법을 가르쳐 주는 일은 같지 않다고 했다. 유태인 자녀 교육방법 중에도 '물고기를 잡아주면 하루만 배가 부르게 해주는 근시적인 도움이 되지만, 물고기 잡는 방법을 가르쳐 주면 평생을 배부르게 해주는 일과 같다.'고 했다. 더 나아가 서울대 조동성 교수는 사람에게 물고기를 잡는 방법을 가르쳐 주는 것은 굶겨서 바닷가로 보내는

것만 못하다고 했다. 사람을 굶겨서 바닷가로 보내면 배고픔을 해결하기 위해 스스로 고기 잡는 방법을 계획하고 실행하게 될 것이다. 고기잡이에 필요한 도구도 고안해 사용하게 되고, 먹기 위한 도구와 요리 방법, 상황에 따라서는 고기를 저장하거나 보관하는 방법도 생각할 수 있다는 것이다. 유머의 뇌도 채워야 할 고기(魚)가 아니라 훈련을 받아야 할 방법(漁)이다. 고기 魚자에 물(水)이 있는 것은 강이나 바다에 물고기가 있다고 소리만 지르지 말고 바짓가랑이를 걷고 젖더라도 들어가서 잡으라는 의미이다.

〔지금 낚시 중〕

어떤 남자가 친한 친구 부인과 뜨거운 열정을 나누고 있었다. 한바탕 회오리바람이 지나고 땀이 다 식을 때 쯤 여자의 휴대폰이 울렸다. 여자가 전화를 받았는데 바로 남편이었다.

- 부인 : 뭐~? 정말? 그렇게 큰 고기를 자기가 잡았단 말이야?
  오오! 으응! 축하해! 그래! 재미있게 놀다와!
- 남자 : 누군데요?
- 부인 : 제 남편이에요. 지금 당신하고 낚시하고 있다고 그러네요.

〔아스피린 사러 왔다가 바다를 샀다〕

한 대형 마트의 지배인이 새로 채용한 점원이 일을 잘하고 있는지 살피러 왔다. "오늘 손님을 몇 사람이나 상대했나?" "한 사람입니다." "한 사람밖에 안 왔다고? 그럼 오늘 판매액은?"

"158,334,000원입니다." 지배인이 놀라며 어떻게 한 사람에게 그렇게 많이 팔았느냐고 묻자 종업원이 대답했다. "제일 먼저 낚싯바늘을 팔았죠. 다음에는 낚싯대와 릴을 팔았습니다. 이어 제가 손님에게 어디서 낚시를 하실 거냐고 물었더니 저 아래 바닷가에서 할 거라고 하더군요. 그래서 저는 그럼 보트가 필요할 거라고 했더니 그 손님은 소형 보트를 샀습니다. 그러고 나자 손님은 자기 소형차가 보트를 끌고 가지 못할 것 같다고 걱정하기에 저는 그 손님을 우리 자동차 판매부로 데리고 가서 레저용 차 한 대를 팔았습니다." 직원의 이야기에 놀란 지배인이 물었다. "낚싯바늘을 사러 온 손님한테 그 비싼 물건들을 다 팔았단 말인가?" "아닙니다, 지배인님. 실은 그 손님은 자기 부인이 골치가 아프다고 해서 아스피린 한 통을 사러 왔었죠. 그런 걸 제가 '선생님 이번 주말은 망쳤군요. 차라리 낚시나 가시죠' 하고 권했지요."

【예시 72】

○ 유머강사의 제1 조건은?

① 얼짱 ② 배짱 ③말짱

〈 해답 : ③ 〉

① **얼짱** : 유머를 잘하려면 여러 가지 요소가 필요하다. 얼짱은 얼굴 짱(최고)의 줄임말이다. 장난조로 얼굴짱, 얼굴짱나의 준말이다. 반면에 못생긴 얼굴은 얼굴짱구, 얼굴짱아찌, 얼꽝이라고 부른다. 2001년에 처음 등장한 용어로 용모 수려한 남녀에게 붙는 칭호로 킹카, 퀸카로 표현되었지만, 인터넷상에서는 얼짱(얼굴 최고)으로 대체되었다. 최근에는 취업도 외무고시(外務考試)를 빗대어 외모고시(外貌考試)라고 한다. 그러나 얼짱은 잘 생기거나 예쁜 얼굴만을 의미하지는 않는다. 얼굴이 조각같이 잘 생겼다는 의미보다는 유머를 하는데 적합한 인물이어야 한다. 개그나 코미디 프로에 보면 얼굴만 봐도 웃음이 나오는 사람이 있다. 그런 사람은 유머 강사로서 엄청난 강점을 타고 난 것이다.

〔구기자와 피자〕

어느 예쁜 여자와 아주 못생긴 여자가 있었다. 그 둘은 어려서부터 친한 친구였는데 커가면서 너무나 많은 비교를 받으며 살아왔다. 더 이상 참지 못한 못생긴 여자는 자기의 친구인 예쁜 여자의 얼굴을 흉측하게 만들고 싶었다. 그래서 그 여자는 오랜 연구 끝에 '구기자' 라는 차를 만들어서 그 예쁜 여자에게 먹였다. 그 예쁜 여자는 말 그대로 얼굴이 마구 구겨지는 것이었다. 그 얼굴은 도저히 현대의학으로는 치료가 불가능한 것이었다. 그 예쁜 여자는 희망을 잃지 않고 산속에 들어가 얼굴이 정상으로 돌아오게 해달라고 정성스레 기도를 했다. 기도를 한 지 100일이 되던 날, 산신령이 홀연히 나타나 무언가를 먹이니 신기하게도 얼굴이 원래대로 돌아오게 된 것이다. 그것은 무엇일까?… 그것은 다름 아닌 '피자' 였던 것이다.

② **배짱** : 유머를 잘 하는 요소 중에 하나가 대중 앞에 설 때 떨리지 않는 용기이고, 자신감이고, 배짱이다. 한때 이시형 박사의 『배짱으로 삽시다』라는 책이 베스트셀러가 된 적이 있었다. 배짱이 두둑한 사람은 굳이 남의 눈치를 보지 않으니 체면을 차릴 일도 없고, 그로 인해 스트레스를 받고 위축될 필요가 없다는 게 이 책의 핵심이다. 배짱은 자신감에서 나온다. 강단에 올라서면 많은 사람이 자신을 집중하게 된다. 그들의 눈빛이 부담스러워 행동이 부자연스럽거나, 말이 어눌하면 수강자에 대한 예의가 아니다. 그것을 극복하려면 많은 경험이 필요한데 경험에 앞서 많은 연습을 하고 올라가야 한다. 미리 사전에 강당 분위기, 대상자 등을 파악하고 올라가면 훨씬 도움이 된다. 무대만 올라가면 머릿속이 하얗게 되고, 무엇을 말하고 있는지 난파선 같이 헤매는 무대울렁증이 아니라 작은 무대든지, 큰 무대든지 여건만 되면 무조건 무대로 올라가서 청중을 휘어잡는 '무대올림증'이 있어야 한다. 그런 사람은 리더의 자질을 타고난 사람이다.

〔화가 세배지의 배짱〕

헝가리 출신의 젊은 미술가 세배지에게 한 유력 정치인이 초상화를 그려 달라고 했다. 초상화를 본 정치인은 자신과 닮지 않았다며 약속한 500달러(약 550,000원)를 지불하지 않았다. 세배지가 말했다. "그림이 의원님과 닮지 않았다는 것에 서명해 주시겠습니까?" 정치인은 기꺼이 서명해 주었다. 얼마 후 미술관을 찾은 정치인은 기절할 뻔 했다. 바로 그 초상화의 제목은 〈어느 도둑놈의 초상〉이었다. 정치인은 그 그림을 원래 가격의 열 배를 주고 살 수밖에 없었다.

③ **말짱** : 유머에서 말짱이 가장 중요하다. 오죽하면 '말짱 꽝'이란 말도 있을까? 말하는데도 색깔이 있다. 부드럽게, 강하게, 약하게, 천천히, 빠르게 등 감정에 따라, 내용에 따라 여러 색깔을 섞어서 말해야 한다. 이것은 청각적인 요소를 중요시 한 것이고, 진짜 중요한 것은 내용이다. 말을 잘못 이야기하면 구설수에 오르고, 많은 사람들로부터 지탄을 받게 되기 때문이다. 정치적, 종교적, 남녀 성차별, 사람의 신체적인 이야기는 조심해야 한다. 열 번 잘하다가도 한 번 잘못하면 말짱 꽝이다. 말짱 도루묵과 말짱 황은 말짱 꽝의 아우들이다.

〔말짱 사위감〕

한 부잣집 딸이 결혼하고 싶은 남자를 부모님께 소개했다. 부자인 부모들은 이 청년의 진정성을 의심해서 몇 가지 물어보았다.

- 부모 : 자네, 평생 내 딸만 사랑할건가?
- 남자 : 아닙니다.
- 부모(깜짝 놀라며) : 아니라니, 그 이유가 뭔가?
- 남자 : 저는 따님뿐만 아니라 장인, 장모님까지 사랑하겠습니다.

〔말짱 CEO〕

IBM의 창립자인 톰 왓슨은 따뜻함이 배어나는 유머를 구사하는 말짱 리더로 유명하다. 그가 IBM의 회장으로 있을 때의 일이다. 한 간부가 위험부담이 큰 사업을 벌였다가 1,000만 달러(약 110억원)가 넘는 엄청난 손실을 내고 말았다. 왓슨은 즉시 그를 불러 들였고, 간부는 의기소침한 얼굴로 말했다. "정말 죄송합니다. 당연히 저의 사표를 원하시겠지요?" 그러자 왓슨은 어이없다는 표정을 지으며 대답했다. "IBM은 자네의 교육비로 무려 1,000만 달러를 투자했네. 그런데 자네가 그만두겠다니. 자네 지금 농담하나?"

■ 분명히 간부는 회사에 1,000만 달러라는 막대한 손실을 끼쳤다. 하지만 왓슨은 이를 질책하는 대신 '손실이 교육'이라는 유머 말짱을 발휘해 간부의 실수를 너그럽게 용서했다. 왓슨의 배려에 용기를 얻은 그 간부는 훗날 수십 배의 이익을 올리며 성공적으로 IBM을 이끌었다고 한다.

【예시 73】

○ 누가 말을 잘하나?

① 말장사 ② 약장사

〈해답 : ②〉

◇ 말장사가 말을 잘하나, 약장사가 말을 잘하나? 약장사 하면 오일장에서 약 팔던 약장사가 말을 참 잘했다. 얼마나 말을 잘하는지 누구나 약을 살 수 밖에 없었다. 그 약을 먹으면 모든 병이 다 나을 듯이 선전했다. 말이란 많이 하는 것보다는 쓸모 있게 하는 게 중요하다.

〔개구리와 닭〕

- 제자 : 스승님, 말을 많이 하는 게 좋습니까, 적게 하는 게 좋습니까?

- 스승 : 제자야, 연못의 청개구리를 보아라. 입이 닳도록 밤낮없이 울어대지만 그 소리에 관심을 기울이는 사람은 없단다. 하지만, 닭은 새벽에 두어 번만 울어도 모두들 그 소리에 잠에서 깨지 않느냐?

◇ 종교인도 말 잘하는 사람들 부류에 들어갈 수 있다. 그러면 목사, 스님, 신부님들의 말솜씨는 어떨까?

6.25때 인민군이 동네에 들어왔다. 동네 사람들을 모이게 하고 한 명 한 명 성분을 분류했다. 목사, 공무원, 지주들은 즉석에서 총살을 시켰다. 목사 부부는 애가 바짝바짝 탄다. 생사의 갈림길이다. 목사는 심문차례를 기다리다 속으로 기도했다. "하나님 아버지, 어떡해야 합니까?" 그러자 하늘에서 음성이 들려왔다. "아들아, 걱정하지 말아라. 원수 앞에 설 때 무슨 말을 할까 염려하지 말라. 사실대로 말해라." 목사는 깜짝 놀랐다. "아니 이 자리에서 목사라고 사실 대로 말하라고요? 그럼 죽으란 말입니까?"

① 드디어 목사의 차례가 왔다.

- 인민군 : 동무 직업이 뭐요?
- 목사(머뭇거리다가 기어들어가는 목소리로) : 약장사입니다.
- 인민군 : 무슨 약장사요?
- 목사(어떨결에) : 신약을 팝니다.
- 인민군(고개를 갸우뚱 하더니) : 그래?, 통과!

② 다음 차례는 신부님이다.

- 인민군 : 당신은 직업이 뭐요?
- 신부 : 저도 약장사입니다
- 인민군 : 무슨 약을 파시오?
- 신부 : 저는 구약을 팝니다.
- 인민군(고개를 갸우뚱 하더니, 그런 약도 있나?) : 그래?, 너도 통과!

③ 다음은 스님 차례다.

- 인민군 : 당신은 직업이 뭐요?
- 스님 : 저도 약장사입니다

- 인민군 : 오늘 약장사가 왜 이리 많아? 그래 무슨 약을 파시오?

- 스님 : 저는 절약을 팝니다.

- 인민군(고개를 갸우뚱 하더니) : 그래?, 그런 약도 있나? 너도 통과! 남조선은 아픈 환자가 엄청 많나보군

■ 우리나라는 목사, 신부, 스님이 어려운 시국에도 약장사를 해서 먹여 살렸기 때문에 기독교, 천주교, 불교가 국민의 사랑을 받으며 건강하게 자라고 있다.

【예시 74】

○ 유머리스트가 좋아하는 것?

① 악수 ② 키스 ③ 허그

〈해답 : ②〉

〔악수의 유래〕

19세기 미국의 서부 개척시대, 법보다 주먹과 총이 가까워서 무법자들이 판을 치던 시기였다. 그 시대 사람들에게 총은 필수품이었다. 그러다 보니 오른손은 권총을 쥐고 있는 신체 부위 중 가장 위협적인 부분이었다. 그로 인한 오해로 원치 않은 총격전이 발생할 수 있으므로 적대감이 없다는 표시로 "나 권총에서 손 뗐다"라는 의미로 오른손을 상대를 향해 내밀었다고 한다. 그러면 그 상대도 "나 역시 너랑 싸우기 싫어"하면서 오른손을 내밀었다는 것이 악수의 유래다. 그런 의미에서 미소, 웃음, 악수는 상대방에게 '동료나 평화'라는 인식을 심어주기 위하여 진화된 셈이다.

〔키스의 유래〕

원시시대의 키스는 감시가 목적이었다. 남자가 사냥을 나간 사이 아내가 저장해 둔 음식을 혼자 먹지 않았는지 확인하는 방법이 바로

입 속을 살피는 키스였던 것. 좀 치사하다. 농사를 짓지 않아 음식이 부족하고, 먹을거리가 곧 생존을 의미했던 그 시대의 키스는 입안 구석구석 혀로 샅샅이 살피는 살벌한 검사였다. 그리스시대에는 결혼한 남성들이 자신의 아내가 와인을 마셨는지 알아보기 위해 입술을 포개고 술 냄새를 맡았고, 말레이시아 남해의 어느 민족 사이에서는 코를 맞대는 풍습에서 키스가 유래됐다. 또, 에스키모 인들은 연인에 대한 애정 표현 수단으로 코를 비비며 애무를 했다는 유래가 있다.

◇ 우리나라도 옛날부터 키스는 해 왔겠지만, Kiss라는 용어가 일반인에게 유행하기 시작한 것은 아마도 서양 영화가 들어올 때쯤이라고 한다. 그때는 영화나 TV드라마 속의 키스신이 사회적 문제가 되어 입술과 입술이 닿기도 전에 장면이 바뀌었다. 키스에 관한 명언 하나, '아이는 받고, 젊은이는 훔치고, 어른은 주고받는 것.' 그게 키스란다.

그러나 유머에서 키스(Kiss)란 단수하고 짧게 하라는 뜻의 약자이다.

Keep it simple, stupid(단순하게 하란 말이야, 멍청아!),

Keep it simple, short(단순하고, 짧게 하라)라는 뜻으로 대화(유머)나 연설, 강의 등을 할 때는 단순하고 어리석은 사람도 알아들을 수 있도록 쉽게 하라는 뜻이다. 특히 말하는 사람이나 듣는 사람간의 정보 격차가 큰 경우 더욱 그러하다. 유머를 했는데 반응이 소극적인 경우가 있다. 여러 가지 요인이 있을 수 있겠지만, 보통은 너무 길거나, 내용이 복잡 또는 어려워서 청자들이 금방 못 알아듣는 경우다. 이때 설명을 보충하면 그때서야 웃는 반응을 보이는데, 이건 실패한 유머다. 유머 강의는 중학생 수준으로 해야 한다. 유머는 인물이나 배경, 상황 등에 대하여 구구절절 설명을 필요로 하지 않는다. 이야기가 끝나면 바로 웃음이 터져 나와야지 설명을 보충해야 한다는 건 혹시 유머를 너무 어렵거나 누구나 아는 너무 쉬운 유머를 잘못 선택한 것이 아닌지 반성해 봐야 한다. 말하는 사람의 입장에서는 당연히 알고 있을 것이라 생각해 설명을 충분히 하지 않는 경우를 '지식의 저주'라고 한다. 따라서 유머는 무조건 재미있으면서 단순하고, 쉬워야 한다. 그러나 그 여운은 길어야 한다. 유머의 Kiss는 언단의장(言短意長)의 미학이다.

〔이상적인 교장 모델〕

학생들이 이상적인 교장에 대해 토론한 결과 가장 이상적인 교장 모델로 윈스턴 처칠이 뽑혔다. 이유는 "연설과 여자의 치마는 짧을수록 좋다." 라는 명언 때문이다. 우리나라 학교장의 연설은 긴 것으로 정평이 나 있다. 에~, 또, 끝으로, 마지막으로 …… 장황하고 긴 연설은 끝날 줄 몰랐다. 기억에 남는 내용도 별로 없었다. 그 당시 처칠의 명언은 옳았다. 우리나라 모 국방부장관은 점심시간에 음식을 앞에 두고 "연설과 여자 치마는 짧을수록 좋다"고 처칠의 명언을 인용했다가 '여자 치마'라는 말로 구설수에 오른 적이 있다. 과거 같으면 유머와 재치가 있다고 들었을 텐데 그러나 지금은 시대가 달라졌다. 양성평등기본법에 의해 성희롱, 성폭력 조항으로 유머나 성적 음담패설은 죄가 될 수 있다.

〔처칠의 연설〕

2차 대전이 한창일 때 윈스턴 처칠 수상은 옥스퍼드대 졸업식 축사 연설을 부탁받았다. 졸업식에는 많은 사람들이 참석하였고, 전쟁으로 위축된 수많은 사람들이 영국의 위대한 정치가인 처칠의 연설을 기대하는 눈빛으로 그를 기다렸다. 처칠은 천천히 강단으로 올라가서 아무 말없이 한참 졸업생들을 바라보았다. 그리고 처칠은 아주 작은 목소리로 'You, never give up!(절대 포기하지 말아라!)' 라고 말했다. 잠시 뜸을 들인 후 좀 더 큰소리로 'You, never give up!(절대 포기하지 말아라!)' 라고 말했다. 그리고 잠시 뜸을 들인 후 이번에는 아주 큰소리로 'You, never give up!(절대 포기하지 말아라!)' 라고 외치곤 강단에서 내려왔다.

■ 이 연설은 영국 젊은이들에게 용기를 심어준 명연설로 기억되었다.

〔배삼룡의 주례사〕

코미디언 배삼룡 선생이 후배 코미디언 조금산의 결혼식 주례에서

- 배삼룡 : 금산아, 내가 무슨 말 하려는지 알지?

- 조금산 : 네

- 배삼룡 : 그럼 그렇게 살어. 끝! 〈하고 바로 나갔다고 한다.〉

〔해리슨 포드의 Thank you~!〕

미국 배우 해리슨 포드(1942~)가 골든글러브 시상식에서 이렇게 이야기했다.

- 해리슨 포드 : 제가 시상식 수상 소감을 두 개를 준비했습니다. 하나는 짧게, 하나는 길게 했습니다. 오늘은 시간이 없기 때문에 짧은 것으로 하겠습니다. "Thank you~!"

아, 너무 짧았나요? 그러면 긴 것을 마저하고 내려가겠습니다. "Thank you, very much~!"

■ 우리는 가끔 배우나 탤런트들이 수상소감 같은 곳에서 문학작품보다 감동적이고 멋진 표현을 하는 것을 본다. 여기서 주의할 것은 연설이든지, 시상식 소감이든지 길면 지루하고 재미없다. 보통은

울면서 그동안 자신을 믿어준 부모님께 감사하다고 하고, 감독님께도 감사하다고 하고, 스텝들에게도 고맙다고 하면서 가급적 자신을 도와 준 많은 사람들을 거론하며 정작 중요한 수상소감은 빼뜨리거나 그 후에 하는 경우가 있다. 그것에 비하면 해리슨 포드의 수상소감은 얼마나 함축적이고, 유머스러운 수상소감인가? 많은 사람들이 이 짧은 수상소감에 웃으며 함성과 함께 수상소감보다 길게 박수치지 않을 수 없었을 것이다.

〔연설은 짧게 준비하라〕

미국독립선언서를 기초한 토머스 제퍼슨은 "3분 연설을 하려면 3주를 준비하라. 10분 연설을 위해선 1주일이 필요하다. 1시간 연설을 하려면 당장 해도 된다."고 말했다.

【예시 75】

○ 가장 잘 숨는 것은?

① 리모콘 ② 자신감

〈해답 : ②〉

◇ 하루 일과 중 하나가 리모컨 찾기다. 리모컨은 가족의 공유이다 보니 사용하는 자가 제자리에 놓지 않고 편리한대로 놓다보니까 다음 사람이 찾아야 하는 애로사항이 있다. 그래서 리모컨도 핸드폰처럼 벨소리로 찾을 수 있게 하자는 우스개 말도 나온다. 그러나 리모컨은 TV주변에 있기 마련이다. 결국은 쉽게 찾아지는 게 또한 리모컨이다.

〔리모컨 휴대 이유〕

여자 손님이 물건들을 계산대에 가져갔다. 점원이 포장하고 나서 물었다.

"현찰로 하시겠어요, 아니면 카드로 하시겠어요?" 여자가 지갑을 꺼내려고 핸드백을 뒤지는데 TV의 리모컨이 눈에 띄었다. "TV 리모컨을 항상 가지고 다니시나요?" 하고 점원은 물었다. "아니에요, 남편이 쇼핑에 따라나서 주지 않기에 이렇게 하는 게 골탕 먹이는 제일 좋은 방법이겠다 싶었던 거예요."

그러나 인생을 살아가는데 있어서 자신감도 잘 숨는 것 중에 하나이다. 하지만 자신감은 잘못된 습관과 행동으로 인해 쉽게 숨을 수 있다. 특히 수많은 대중이 자신을 쳐다본다고 할 때 생각했던 대로 되지 않고 머리가 하얗게 되는 경우도 있을 것이다. '할 말을 잃는다. 말문이 막힌다. 횡설수설 엉뚱한 말을 하고 있다. 강사가 머리가 하얗게 비워진다'면 매우 곤란한 일이다. 자신감 부족이다. 준비 부족이다. 연습 부족이다. 용기 부족이다. 청중에 대한 배려 부족이다. 자신감을 키우려면 일단 유비무환의 정신이 필요하다.

〔보험 컨설턴트의 자신감〕

한 보험회사 컨설턴트가 대기업의 회장님을 만나기 위해서 방문했지만, 비서실에서 번번이 거절당했다. 수없는 방문 끝에 직접 회장님에게 편지를 썼는데 회장님으로부터 직접 연락이 와서 최고의 계약을 체결할 수 있었다. "회장님, 저는 매 순간 원하기만 하면 하나님을 만날 수 있습니다. 그런데 회장님은 아무리 노력해도 만날 수가 없네요." 보험 컨설턴트는 27세에 백만장자가 되었던 폴 마이어다.

◇ 유머 발표를 하는 경우 또는 유머 강의를 하게 되는 경우 가장 중요한 것은 많은 유머가 머릿속에 저장되어야 있어야 한다. 그리고 끊임없이 연습을 해야 한다. 차인태 아나운서는 1990년대 한국 방송사가 낳은 대한민국 대표 아나운서였다. 수줍음 많고 말수가 적은 아이였다고 한다. 그러나 정확한 표준어 발음, 우리말 구사를 위해

선배 아나운서들의 방송 테이프를 필사하여 밤을 새웠고, 3분짜리 방송을 위해 수백 번씩 연습을 했다고 한다. 그는 나중에 '연습벌레만이 아름다운 나비의 날개를 가질 자격이 있다'고 말했다. 일단 최선을 다해서 연습하고, 그리고 과감하게 실행하라. 결과에 잘못된 점에 대해서 반성하고, 수정해 나가는 건 그 이후의 몫이다. 배우나 가수들은 2시간 연기면 2시간 이상의 리허설을 한다. 실수를 줄이기 위해서다. 좀 더 잘하기 위해서다.

〔자신감 유머〕

회사에 지각한 사오정 허겁지겁 사무실에 도착했는데 회의는 한참 진행 중이었다. 회의에 지각하면 대개 민망하고 자신감을 잃으며 발언할 용기마저 나질 않는다. 하지만 사오정이 한마디 던졌다. 버스 뒷자리에 앉았더니 좀 늦었습니다. 앞으로 회의 있는 날에는 꼭 앞자리에 앉겠습니다.

【예시 76】

○ 바람직한 유머는?

① 화이트 유머(White humor) ② 블랙 유머(Black humor)

〈 해답 : ① 〉

유머의 종류는 크게 긍정의 유머와 부정의 유머로 나눌 수 있다. 다시 말해 우리말로 해학(諧謔)에서 해(諧)의 유머와 학(謔)의 유머로, 영어로는 화이트(White) 유머와 블랙(Black) 유머라고 할 수 있다.

① **화이트 유머(White humor)**는 해(諧)의 유머다. 해(諧)는 화합하다. 어울리다. 농담하다 : 言(말씀 언) + 皆(모두 개), 사람이 모두(皆) 말(言)하니 토론하듯이 '어울리다.' '화합하다.' 이다. 해(諧)는 소통(疏通)의 언어, 화합의 언어, 긍정적의 언어, 낙관적 유머이다.

세계적인 자동차 판매왕 조 지라드는 “인간에게 얼굴이 있는 것은 먹기 위해서나 세수하기 위해서 혹은 면도하기 위해서가 아니라 오직 웃기 위해서다!”라고 했다. 유머는 냉철한 머리에서 나오지 않고 따뜻한 가슴에서 나와야 한다. 따뜻한 유머란 타인을 배려하고, 겸손하고, 감동을 주는 것이다. 사랑으로 배려하고, 나눔으로 배려하고, 상호작용하고, 용기로 배려하고, 격려로 배려하고, 웃음으로 배려하는 게 화이트 유머이다. 감동의 유머다. 해(諧)의 유머이다. 카피라이터 정철은 아름다움의 첫글자는 “아!” 부터 시작하는 것은 감탄부터 하라는 이야기란다.

〔4등칸이 없다〕

아프리카 오지에서 의료 봉사활동을 하던 슈바이처 박사가 모금 운동을 위해 오랜만에 고향에 들렀다. 수많은 사람들이 그를 마중하러 역으로 나왔다. 그가 1등 칸이나 2등 칸에서 나오리라 생각했던 사람들의 예상과는 달리 슈바이처 박사는 3등 칸에서 나타났다. 사람들이 왜 굳이 3등 칸을 타고 왔느냐고 묻자, 박사는 빙그레 웃으며 대답했다. “이 열차엔 4등 칸이 없더군요” 겸손하면서도 재치있는 유머다. 곧 도착한다던 한국 국회의원은 아무리 찾아도 없어서 알아보니까, 이 열차엔 특급실이 없다고 해서 모금 운동 포기하고 오지 않았다고 한다.

② **블랙 유머**(Black humor)는 학(謔)의 유머이다. 학(謔)〈희롱할 학. 익살부릴 학〉: 言(말씀 언) + 虐 〔사나울 학), 즉 호랑이(虍)가 손톱(爪)으로 공격하듯이(虐) 사납게 희롱하며 말(言)하는 것이다. 그래서 학(謔)은 단절(斷絶)의 언어, 공격의 언어, 냉소적 유머이다. 웃음을 유발하면서도 그 밑바탕에는 인간 본성이나 사회에 대한 섬뜩하고 잔혹한 반어와 풍자 따위를 담고 있는 부정적인 유머이다. 그러나 많은 사람들이 걸쭉한 음담패설류의 Y담을 유머로 알고 있

으며, 이 정도 해야 '인물'이라는 소리를 듣는다고 거침없이 하는 사람이 있다. 1996년 양성평등기본법에 '성희롱'이 명시되면서 본인이 웃자고 한 이야기라도 상대방이 수치심을 느끼면 성희롱으로 고소당할 수 있다는 점을 명심해야 한다.

〔우체국 창구 직원의 유머〕

대통령의 기념우표가 발행되자 대통령은 신기하기도 해서 우체국을 찾았다.

- 대통령 : 우째, 우표가 잘 팔립니까?
- 창구 직원 : 네, 그런데 잘 붙지 않는다고 하네요.
- 대통령(침을 발라 붙이며) : 잘 붙는데요?
- 창구 직원 : 그게, 사람들이 자꾸 침을 앞에다 뱉어서…

〔애꾸눈 외무장관〕

일본의 '이누가이' 외상이 있었다. 그는 눈이 하나밖에 없는 애꾸눈이란 별명을 늘 달고 다녔다. 그는 정치인으로서 얼마나 유능한지 의사당에서 의원들의 질문에 척척 대답을 해댔다. 그러자 나중에 야당 의원들이 답변과 상관없이 감정적으로 화가 나기 시작했다. 감정이 뒤섞이다보니 나중에는 인신 공격적인 말을 해댔다. 척척 답변하는 '이누가이' 외상을 향해 감정이 상한 야당 의원이 이렇게 말했다. "당신은 눈도 하나밖에 없으면서 어떻게 그렇게 세상 물정을 잘 압니까?" 약이 오른 야당 의원이 그 사람을 비꼬며 하는 말이었다. (야당 의원의 발언은 장애에 대한 모욕적인 말이었다. 장내는 잠시 찬물을 끼얹은 듯 조용해졌고, 몇몇 몰지각한 의원들만 낄낄거리며 웃고 있었다.) 그 말을 들은 '이누가이' 외상은 침작한 어조로 이렇게 말했다. "의원, 의원께서는 여태까지 일목요연(一目瞭然)하다는 말씀도 모르고 계셨다는 말씀입니까?" (인신공격을 한 야당 의원은 웃음거리가 되었다.)

(장군의 배려)

군대 장성급 지휘관 워크숍이 있어서 장군을 모시고 워크숍 장소까지 갔다. 목적지에 도착하니 장군이 "난 갔다 올테니까 대기하고 있도록" 군대 갔다 온 사람들은 다 알다시피 항상 잠이 부족해서… 장군이 올 때까지 자유롭게 한숨 때렸다! 자고 있는 사이에 장군이 왔는데, 운전병이 자고 있으니까 장군은 "피곤한가 보지" 생각하고 좀 더 자라고 안 깨우고 뒷자리에서 가만히 있었다. 운전병이 잠에서 부시시 깨면서 "뭐야 아직도 안 왔나", "아 이씨발 새끼, 존나게 안오네, 뒈질려고…" 그런데 백미러에 장군이 보이는 거였다. 엄청 난감…근데 장군은 그냥 웃으면서 넘어갔다. 영창도 안 갔다.

【예시 77】

○ 무엇이 더 중요한가?

① Contents〈내용〉 ② Delivery〈전달력〉

〈 해답 : ① 〉

◇ 메라비언의 법칙 - 의사소통을 통한 인상의 형성에서 여러 채널들이 갖는 비중을 연구한 미국 UCLA대학 심리학과 명예교수인 앨버트 메라비언은 1971년 『침묵의 메시지』에서 상대방에 대한 인상이나 호감을 결정하는 데는 말하는 메시지 내용이 7%, 청각정보(목소리, 음색, 어조 등)가 38%, 시각정보(눈빛, 표정, 몸짓 등)가 55%의 영향의 미친다고 했다. 세 요소가 서로 보완을 이루면 좋겠지만, 그렇게 완벽하게 갖춘 사람은 흔치 않다. 특히 언어를 사용하지 않고 몸짓이나 표정만으로 하는 판토마임도 아니고 메시지 내용이 7%밖에 안 된다는 것은 매우 충격적이다. 그러나 메시지가 없는 광대 같은 목소리나 몸짓은 너무 내용을 등한시 한 것이다. 기본이고 중요한 것은 내용(Contents)임을 잊어서는 안 된다. 화려해 보이는 제스쳐나 말 속에 알맹이가 없다면 그것은 빈껍데기일 뿐이다. 강의

의 생명은 내용의 차별화와 내용에 대한 몰입이다. 메인이 되어야 할 '내용'구성을 소홀히 하면서 외적인 스킬과 용모만 신경 쓴다면 속빈 강정이 될 것이다. 성경에도 '내가 사람의 방언과 천사의 말을 할지라도 사랑이 없으면 소리 나는 구리와 울리는 꽹과리가 되고 공허한 메아리일 뿐이다.'고 했다. 메시지가 없이 변죽만 울리는 껍데기 강의는 명품 강사의 자격이라고 할 수 없다. 내용〈Contents〉이 갖춰진 후에 시각, 청각정보의 전달력을 보완으로 사용해야 올바른 유머리스트가 될 수 있고, 오래 기억에 남고, 오래 갈 수 있다. 그런 연후에 비언어적인 의사소통의 선구자 앨버트 메라비언의 법칙을 참고하자.

〔껍데기는 어떻게 처리해요?〕

한 일본인이 한국식당에서 식사를 하고 있었다. 한국인 웨이터가 새우 요리를 가져오자 일본인이 물었다.

- 일본인 : 당신들은 먹고 난 새우 껍데기를 어떻게 처리해요?

- 한국인 : 당연히 버리지요

- 일본인 : NO, NO 당신들은 참 낭비가 심하네요. 우리 일본에서는 새우 껍질을 모아 새우깡을 만들어 한국에 수출해요.

(한참 후 웨이터가 과일을 가져오자 일본인이 또 물었다.)

- 일본인 : 당신들은 먹고 난 과일 껍데기를 어떻게 처리해요?

- 한국인 : 당연히 버리지요.

- 일본인 : NO, NO 당신들은 참 낭비가 심하네요. 우리 일본에서는 과일 껍데기를 모아 과일즙을 만들어 한국에 수출한답니다.

(잠시 후 계산할 때 일본인이 껌을 씹으며 웨이터한테 물었다.)

- 일본인 : 당신들은 씹고 난 껌을 어떻게 처리해요?

- 한국인 : 당연히 버리지요.

- 일본인 : NO, NO 당신들은 참 낭비가 심하네요. 우리 일본에서는 씹고

난 껌을 모아 콘돔을 만들어 한국에 수출해요.

(그 말을 듣고 난 웨이터는 귀찮아하며 물었다.)

- 한국인 : 그럼 당신들 일본에서는 쓰고 난 콘돔을 어떻게 처리해요?

- 일본인 : 당연히 버리지요.

- 한국인 : NO, NO! 우리 한국에서는 쓰고 난 콘돔을 모아 껌을 만들어 일본에 수출한답니다.

【예시 78】

○ 유머리스트가 지켜야 할 5계명

① 시작부터 웃겨라

② 짧고 쉽게 하라

③ 나를 낮추어라

④ T.O.P를 적용하라

⑤ 연기자처럼 연기하라

◇ 유머리스트 5계명

① **시작부터 웃겨라** : 유머의 골든타임은 1분 이내다. 즉 시작부터다. 자기소개부터 웃겨야 한다. 또는 도입 부분에서부터 웃겨라. 자기 이름, 삼행시, 외모, 복장, 마술, 노래, 춤, 유머 퀴즈 등으로 상대방의 예측을 무너뜨려야 크게 웃는다.

〔김씨의 유머〕

저도 저의 이마의 주름이 고민인데, 세상을 앞서 가려고 열심히 살았더니 엉뚱하게도 주름이 앞서갑니다. … 아마도 하나님께서 세상을 주름잡고 살라고 주름을 주신 것 같습니다. 저는 눈이 작아서 사람을 볼 때마다 눈으로 보는 것이 아니라 마음으로 봅니다.

② **짧고 쉽게 하라** : 유머는 짧게 하라. 중학생도 알아들을 수 있도록 쉽게 말하라. 길거나 어려우면 내용을 분명하게 받아들이지 못해 끝나자마자 웃지 않을 수 있다.

〔안 대머리〕

- 꼬마 : 엄마, 아빤 왜 머리가 하나도 없어?
- 엄마 : 머리를 많이 쓰셔서 그렇지
- 꼬마 : 그럼 엄만 왜 그렇게 머리가 많아?

③ **나를 낮추어라** : 부처님도 낮추어라. 바보 노릇도 서슴치 않는다.

한 스님이 시주를 끝내고 절로 돌아가고 있었다. 날이 유난히 추워 마음이 급한 스님은 얼어 있는 연못 위로 걸어가려고 했다. 몇 걸음 갔을 때 얼음이 덜 얼었는지 "쩌저적" 하는 소리가 들렸다. 그러자 스님은 비명을 지르며 건너편으로 뛰어 가는 것이 아닌가. 다행히 무사히 건넜지만 주위에 있던 사람들은 스님의 비명 소리를 듣고 자빠질 수밖에 없었다. 스님이 하신 말씀은… "아이구. 하나님~!!" ㅎㅎㅎ

④ **TOP을 적용하라** : 유머는 소통을 원활하게 하시만 때와 상황과 장소를 고려하지 못하면 역효과를 내기도 한다. Timing(시간), Occation(상황), Place(장소) 3박자를 고려해서 유머를 하면 유머의 톱(TOP)이 될 수 있다.

⑤ **연기자처럼 하라** : 유머는 1인극이다. 유머를 효과적으로 전달하려면 마치 배우나 탤런트가 연기하듯이 언어의 고조, 완급, 몸짓의 표정까지 디테일하게 표현해야 한다. 미국 심리학자 앨버트 메라비언은 '7-38-55법칙'을 제시했다. 메라비언은 커뮤니케이션은 어

휘, 목소리 톤, 신체 언어 3요소로 이루어지는데 상대에게서 받은 인상에서 메시지 내용이 차지하는 것은 7%뿐이고, 38%는 음색 · 어조 · 목소리 등의 청각 정보, 55%는 눈빛 · 표정 · 몸짓 등 시각 정보라고 했다. 즉 행동의 목소리가 말의 소리보다 크다는 것이다.

【예시 79】

○ 유머 강사는?

① 생이지지(生而知之) ② 학이지지(學而知之)

③ 곤이지지(困而知之)

<해답 : ②>

◇ 공자는 인간이 무엇을 터득하는 데는 생이지지(生而知之), 학이지지(學而知之), 곤이지지(困而知之) 세 종류가 있다고 했다.

① **생이지지**는 태어나면서부터 아는 경지, 성인(聖人)은 나면서부터 아는 사람이다.

〔천재의 제문〕

어느 천재가 장인이 돌아가시자 제문(祭文)을 썼다. 그리고 읽었다. 그런데 제문을 아무리 들어도 돌아가신 장인의 제문이 아니라 장모님의 내용 같았다. 그래서 처남들이 이상하다고 했다. 아무리 들어봐도 아버님 제문이 아니고 어머니 제문 같다고 하자 천재가 하는 말 "내 제문은 틀림없어요. 돌아가신 분이 잘못 돌아가신 거지요."

② **학이지지**는 배움을 통해서 아는 경지, 대현(大賢)은 배워서 알게 된다.

(학습의 효과)

할머니가 네 살짜리 손자에게 색깔을 가르쳐 주고 있었다.

- 할머니 : 아가야, 이 전화기는 무슨 색이지?

- 손자 : 검은색요

- 할머니 : 그럼 저 화분의 꽃은 무슨 색일까?

- 손자 : 분홍색요

- 할머니(흡족해 하며) : 아휴, 우리 애기 잘도 맞추네. 그때 마침 바람이 불어 창문이 닫히자 할머니는 어렵겠지 하면서 물었다. 그럼 저 바람소리는 무슨 색일까?

- 손자(지겹다는 듯이) : 저에게 계속 물어보지 말고, 할머니도 유치원에 가서 배우세요.

③ **곤이지지**는 고생고생하면서 아는 경지를 말한다. 겪어보아야 아는 사람이다.

(아인슈타인과 운전기사)

아인슈타인은 본인의 운전기사와 함께 이곳저곳 많은 강의를 다녔다. 한번은 한 대학에 강의를 해야 하는데, 아인슈타인은 심한 몸살로 강의가 어려운 경우였지만 이미 예약이 된 처지라 어쩔 수 없이 해야 할 운명에 놓였다. 이를 보다 못한 운전기사가 말했다. "박사님, 저는 박사님 강의를 어찌나 많이 들었는지 저보고 해보라고 하셔도 해낼 수가 있어요." 그러자 아인슈타인은 "그럼, 이번에는 자네가 해보게. 이곳 사람들은 내 얼굴을 모른다네. 나는 강의실 뒤에서 모자를 눌러쓰고 앉아서 자네 운전기사라고 하겠네."라고 말했다. 운전기사는 흠잡을 곳 없이 완벽하게 강의를 해냈다. 그런데 우려했던 대로 한 학생이 까다로운 질문을 했다. 워낙 어려운 질문이라 아인슈타인이 걱정스러워 하고 있는데 운전기사는 태연하게 대답했다. "그건 너무 간단한 질문이군요. 너무 쉬운 문제니 저 뒤에 앉아있는 제 운전기사가 나와서 설명해 드리도록 하죠!"

■ 공자께서는 스스로 학이지지라고 하셨고, 퇴계나 율곡선생도 자신은 곤이지지라고 겸손해 하셨다. 유머강사가 되려면 조금은 끼를 타고나면 좋겠다. 즉 생이지지(生而知之)에다가 유머책을 보고, 강의 듣고 하는 학이지지(學而知之)를 겸한다면 훌륭한 유머 강사가 될 수 있을 것이다. 그러나 더 중요하고 재미있는 건 자신이 살아온 남다른 과정을 진솔하게 이야기 하는 곤이지지가 있다면 최고의 강사가 될 것이다.

【예시 80】

○ 유머강사의 제2 조건은?

① 사랑 ② 열정

〈해답 : ②〉

◇ 사람은 유머 공부를 할 때 연인을 사랑하듯이 애정을 가지고 공부를 해야 한다. 그렇게 한다면 지루하지 않고 오랫동안 지속적으로 공부할 수 있을 것이다. 우리가 잊지 못하는 강의가 두 종류 있다. 하나는 재미있는 강의고, 하나는 열정적인 강의다. 그러나 강사의 조건은 유머와 열정(熱情)이다. 그 중에 열정이라는 영어 단어 enthusiasm의 어원을 살펴보면, '안'의 en〈in〉과 '신(하나님)'을 뜻하는 theos〈god〉라는 두 개의 헬라어로 이루어진 합성어다. 즉 '사람 마음속에 계신 신(하나님)' 또는 '그 사람의 마음속에는 신(하나님)으로 가득 채워졌다'는 뜻일 것이다. 한마디로 강사는 청중 앞에 서면 신들린 사람처럼 신바람 나게 열정을 쏟아야 한다.

[열정페이, 너나 하세요]

열정페이는 제대로 된 노동의 대가를 노동자에게 지불하지 않으려는 사회 현상이다. 너는 열정도 있고, 너는 재능이 있다. 겉으로는 당신의 실력이 대단하다고 추켜세우지만, 너는 어차피 강의를 하고 싶어 안달이니 공짜로 강의를 해라. 너 아니라도 여기서 강의하고 싶어하는 사람 많다. 너는 경력을 쌓고 싶어서 안달이니 경력도 쌓을 겸 내 밑에서 공짜로 조수(보조강사, 총무, 경리, 영업, 비서, 운전, 심부름 등)나 하면서 필요시 땜방 강의를 해라. 가끔씩 내가 밥이나 사 줄게. 젊음은 돈을 주고 살 수 없어도 젊은이는 헐값에 살 수 있다고 보는 풍조다. 포항제철 창업자 박태준 회장은 '기업이 살기 위해서는 인재를 유치해야 하고, 그러기 위해서는 그들의 삶이 윤택해야 한다' 고 했다.

◇ 미국의 철학자 랠프 왈도 에머슨은 '그 어떤 위대한 일도 열정 없이 이루어진 건 없다.'라고 했다. 열정과 성공은 쌍둥이라고 했다. 둘 중에 하나가 없으면 다른 하나도 없다는 뜻이다. 나에게 남다른 열정이 있는가? 그 열정의 시간은 얼마나 지속될 수 있는가? 영원히 살 것처럼 꿈꾸고, 내일 죽을 것처럼 오늘을 살아라. 그러면 10분에서 100분으로, 100분에서 100일로, 100일에서 100년까지 열정이 타오르게 되리라. 일상과 일터에서 열정을 가지고 일한다는 것은 하나님과 함께 하신다는 것이다. 하나님이 옆에 계신데 소홀히 할 수 없다. 대충할 수 없다. 그래서 신을 가진, 열정을 가진 사람은 아름답고, 그 결과도 훌륭할 수밖에 없다.

[최신 무기]

이스라엘이 아랍권의 13개국과 전쟁을 선포했다. 당시 이스라엘 국방장관이었던 다얀 장군은 이런 성명을 발표했다. "지금 이스라엘 군대는 막강한 최신 무기로 무장을 완료했다. 이 최신의 무기는 이스라엘 전군에 긴급 배치된 바, 우리는 이 무기를 사용하여 아랍연합군을 몇 시간 내에 물리치게 될 것이다.” 수많은 국가정보기관이 이 신무기의 정체를 파악하려 애썼지만 찾아낼 수 없는 가운데 이스라엘은 엿새 만에 전쟁을 승리로 이끌었다. 그리고 다얀 장군은 전쟁 종료 성명을 발표했다. “우리는 단 세 시간 만에 승리를 확신했다. 그것은 최신 무기인 〈불타는 애국심〉 덕분이었다. 이 애국심을 활용해 우리는 단시일에 적군을 물리쳤다.”

【예시 81】

○ 유머 강사는?

① 명(命)강사 ② 명(鳴)강사 ③ 명(明)강사

〈 해답 : ③ 〉

◇ 보통 기관 강의나 기업 단체 등에 강의를 가면 교육담당자는 재미있게 해달라고 한다. 수강생들 대부분이 자발적이기보다는 의무적으로 나온 분들이라 딱딱하거나 건조하면 물에 수면제 탄 것과 같다. 실제로 유명강사들의 강의를 들어보면 재미있는 강사들이 훨씬 인기가 많다. 재미있는 어투나 어휘를 구사하면서 쉽게 기억할 수 있는 모션까지 취하는 경우가 많다. 반대로 심각하거나 심오한 내용으로 강의를 진행하면 오히려 청중의 집중력을 떨어뜨릴 수 있다. 명(名)강사란 교육자로서의 교육관이 뚜렷하고, 미래지향적인 인생관을 제시해주며, ‘아하~!’하며 인식을 전환(轉換)해 줄 수 있는 사람이어야 한다. 명(名)강사의 조건은 명(命)강사, 명(鳴)강사, 명(明)강사의 능력을 고루 갖추어야 한다고 했다. 그러나 3가지 요소를 다 갖추기엔 너무 이상적인 방법이라고 할 수 있다. 강의의 목적에 따라서, 기업의 필요에 따라서 나누어 보면

① **명(命)강사**는 사명감(使命感), 교육관이 투철한 강사이다. 교육이란 학습자의 성장을 돕는 강사로 긍정적인 시선과 미래지향적인 인생관을 심어주는 강사다. 이런 강사는 사명감에 불타서 쉬는 시간

도 줄여가며 한 자라도 더 가르칠 기세로 가르친다. 마치 사막을 물도 없이 건너는 것과 같아 수업시간 내내 건조하고 지루해 질 수 있으니 조심해야 한다. 학교 교육을 전문적으로 하는 교육자들이 대부분 이 부류에 속한다고 볼 수 있다. 특히 교장 선생님 훈시는 지루하기로 정평이 나있다. 에, 또, 그리고, 마지막으로…이어지는 훈시는 정말 듣기가 힘들었다.

〔교수의 가르침〕

20대 – 난사(難師), 어려운 것을 가르치고(자신도 이해 못하는 것)

30대 – 지사(知師), 아는 것을 가르치고(어려운 것+아는 것)

40대 – 요사(要師), 중요한 것 가르치고(시험에 나는 것, 생활에 필요한 것)

50대 – 사사(思師), 생각나는 것만 가르친다(기억나는 것)

60대 – 구사(口師), 입에서 나오는 대로 가르친다.

〔학사, 석사, 박사, 교수의 진화〕

학사 : 들은 적은 있으나, 설명할 수 없는 상태

석사 : 이제 무엇을 모르는 지 아는 상태

박사 : 나만 모르는 줄 알았더니, 남들도 다 모르는 것을 깨달은 상태

교수 : 어차피 모르는 거 끝까지 우겨야 되겠다고 다짐하는 상태

② **명(鳴)강사**는 진솔한 인생경험과 노하우에서 나오는 임팩트로 울림을 주는 강사이다. 강의를 듣다가 몰랐던 것을 깨달았을 때 '아하~!'하며 박수를 쳤다면 명(鳴)강사다. 대개 사내 강사가 이 부류에 속한다고 볼 수 있다. 영업의 남다른 노하우라든가, 자기만의 독특한 체험을 이야기할 때 우리는 '아하~!'하며 감동을 받는다.

〔조 지라드의 미소〕

어느 날 한 부인이 조 지라드의 자동차 매장을 찾아와 말했다.

– 부인 : 저는 맞은 편 자동차 매장에서 오는 길입니다. 한 시간 정도 시간이 남아서 여기서 차를 둘러보기만 하고 갈 건데 그래도 괜찮을까요?

– 조 지라드 : (미소를 띠며, 그녀를 반갑게 맞이했다) 어서 오십시오. 손님.

– 부인 : 사실은 오늘 55번째 제 생일입니다. 그래서 제 자신에게 자동차를 선물하려도 해요.

– 조 지라드 : (축하 인사를 드린 후 옆의 직원에게 귓속말로 지시를 내렸다. 그리고 부인이 이곳에서는 자동차를 사지 않겠다는 말을 했음에도 여러 가지 차를 보여주며 열심히 설명을 했다. 이때 직원이 달려와 꽃다발을 부인에게 안겼다.)

– 부인 : 고맙습니다. 꽃을 받은 게 얼마만인지… 사실 맞은 편 매장의 직원은 제가 낡은 차를 타고 왔다고 무시하더라구요. 자신은 다른 업무가 있으니, 한 시간 뒤에 오라고 했어요. 근데, 지금 생각해 보니 그곳에 가서 차를 살 필요가 없어졌어요.

(그녀는 결국 조 지라드가 추천한 자동차를 구입했다.)

– 조 지라드는 1966년~1978년까지 13,000여대를 판매해서 12년 연속 최고의 세일즈맨으로 기네스북에 오른 자동차 판매왕이다. 성실왕이다. 친절왕이다. 미소왕이다.

③ **명(明)강사**다. 학습자가 내용을 공감하고, 이해를 잘 할 수 있도록 전달할 수 있는 강사다. 마치 해(日)와 달(月)이 서로 번갈아 호응하며 세상을 밝게 비추듯이 서로 소통하고, 스토리텔링, 비유, 동기부여, 유머 등을 사용하며 언제나 강의장을 밝게 하는 강사이다. 유머 강사는 명(明)강사가 되어야 하지 않을까?

〔양주동 강의 재탕〕

우리나라 자칭 '인간국보 1호' 라는 양주동 박사의 일화다. 그는 인기 강사로 여러 곳에서 강연 할 때도 많았다. 양주동 박사가 1970년대 경상도 어느 대학에 초청강연을 마치고 일문일답 시간에 어느 학생이 질문을 했다.

- 학생 : 박사님, 지금까지 강의 잘 들었습니다. 하지만 얼마 전에 들었던 강의 내용과 똑같던데요.

- 양주동 박사 : 그래, 우리가 먹는 소뼈도 두세 번 우려먹질 않는가? 학생은 천하의 인간국보 양주동 명강의를 두 번쯤 들었기로서니 그게 어디 흠이 되는가? 신의 은총이지. 〈순식간에 온통 웃음바다로 변했다고 한다.〉

■ 양주동 박사는 박람강기(博覽强記)하고, 재기발랄하고, 유머러스한 그야말로 스스로 '인간국보 1호'라고 칭하고 다녔다고 한다. 양주동 박사 왈 '소뼈도 서너 번씩 우려야 제 맛이 나고, 게다가 인간국보의 말을 한 번 더 듣는 것은 특별한 은총이다.'라고 했다. 미인과 좋은 작품은 두 번 봐도 좋다. 유머도 그렇다. 암, 그렇구 말구.

【예시 82】

○ 명강사의 3대 원칙

① 재미있어야 한다.

② 선물을 준다

③ 짧게 해야 한다.

◇ 명강사의 3대 원칙

① **재미있어야 한다** - 우선 강의는 재미가 있어야 한다. 재미가 있으려면 강사는 부단히 재미있는 요소를 찾아 확대하도록 노력하여야 한다. 재미있는 강의안 구성, 재미있는 표정, 재미있는 복장, 재미있는 어투(사투리, 방언), 재미있는 퀴즈 등을 자신의 몸에 맞게

준비해야 한다. 강의 중에 청중이 졸고 있으면, 명강사는 '내 강의가 재미없구나'하고 자책을 한다. 그러나 우둔한 강사는 '강의를 듣는 기본자세가 안 돼 있는 사람들이구먼!'하고 청중을 질책을 한다. 명마(名馬)는 명조련사에 의해서 키워진다고 한다. 마찬가지로 명강사도 현장 분위기를 만들어야 한다는 사실이다.

〔두 개 자랑〕

첫 번째 꼬마 : 우리 아빠는 부자라서 차가 두 대야.

두 번째 꼬마 : 좋아하시네. 우리 아빠는 아파트가 두 채야.

세 번째 꼬마 : 흥, 웃기지마, 우리 아빠는 마누라가 둘이야.

② **선물을 준다** – '강의 선물'을 강조하니까 어떤 사람이 '나일강'이라고 말해서 웃었다. 아마 '이집트는 나일강의 선물이다.'를 연상해서 말했나 보다. 나의 이야기는 그리스 역사학자 헤로도토스가 말하는 '이집트 문명은 나일 강이 낳은 것이다.'라는 강의 선물이 아니라, '강의 중의 선물'을 말한다. 강의 중 적극적인 반응을 보였거나 질문에 답을 맞추면 적절한 선물을 주어야 한다. 그러면 견물생심(?)이라고 강의 분위기가 집중되고, 강의장이 뜨거워진다. 선물은 너무 비싼 것 보다는 작은 소품을 준비했다가 준다. 나는 주로 나의 저서를 준다.

〔500만원씩 선물〕

어떤 남자가 자신과 결혼을 전제로 소개를 받은 세 명의 여자 중에서 누구를 결혼 상대로 할까 고민하고 있었다. 그는 세 명에게 각각 500만원씩 선물하며, 한 달 후에 그녀들이 그 돈을 어떻게 사용하는지 보기로 했다.

첫 번째 여자는 값비싼 옷과 고급 화장품을 사고, 최고의 미용실에 가는 등 자신을 완벽하게 보이는 데 그 돈을 모두 사용한 뒤 이렇게 말했다. "나는 당신을 매우 사랑해요. 그러니까, 당신의 아내가 가장 미인이라고 모두가 생각하길 원해요."

두 번째 여자는 남편이 될지 모르는 그 남자를 위해 새 양복과 셔츠, 차의 정비 용품을 사는 데 돈을 남김없이 쓰고 이렇게 말했다. "나에게는 당신이 제일 소중한 사람이에요. 그래서 돈은 전부 당신을 위해서 사용했어요."

세 번째 여자는 500만원을 불려서 두 배로 만들어 남자에게 1,000만원을 돌려주었다. "나는 당신을 매우 사랑해요. 나는 당신의 돈을 낭비하지 않아요. 내가 영리한 여자인 것을 당신이 알아줬으면 해요." 남자는 오랜 고민 끝에 드디어 결정을 했다. 그는 세 명 중에서 '예쁜 여자'를 아내로 삼았다.

③ **짧게 해야 한다** - '강의는 짧게, 토론은 충분히'라는 말이 있다. 그게 훨씬 수업효과나 분위기를 살린다는 것이다. 적어도 강의 시간은 가급적 맞춰야 한다. 그러나 대부분 강사는 많은 것을 알려준다고 쉬는 시간도 없애가며 강의를 계속 하는 경우를 본 적이 있다. 3시간 강의 중에 2시간 20분 정도 쉬지 않고 강의하고, 15분 정도 쉬고 20분 강의하고 끝내는 강사도 보았다. 강의의 집중력이나 수강생의 휴식시간을 고려하지 않은 막가파식 강사의 횡포다. '휴식시간 10분은 강의 50분에 버금간다.'는 황금률을 어긴 것이다. 강의 시간의 양보다 강의 시간의 질로 승부를 걸어라. 어차피 쉬는 것이라면 수업 중간, 중간에 배려했어야 한다. 참고로 초등학생의 집중력은 7분, 중등학생은 10분, 성인은 15분 정도 된다고 한다. 강사는 얼마나 지루하지 않고, 재미있게 강의를 해야 하는지 분명해진다.

〔짧은 설교의 은혜로움〕

어느 목사가 설교를 했는데, 한 신도가 하는 말 '목사님은 설교를 어쩌면 은혜롭게 하세요?' 하더란다. 목사가 듣기에 얼마나 기분 좋은가? 어느 날 그 신도에게 물었단다. '요즘도 내 설교에 은혜를 받느냐?' 그리고 '내 설교가 어째서 그렇게 은혜롭게 느껴지냐?' 그랬더니 그 신도왈 '목사님 설교는 하나도 졸리지 않아요. 목사님은 교인들이 졸 시간을 주지 않잖아요. 이제 좀 졸려고 하면 설교를 끝내고 말아서 한 사람도 안 졸아요.'

■ 그래서 명강사는 5분 늦게 들어오고, 5분 일찍 나간다고 하지 않던가? 재미있는 강의에 자신이 없다면 차라리 짧게하는 게 더 낫다. 세상에는 두 종류의 강사가 있다. 재미있게 가르치는 강사와 재미없게 가르치는 강사.

【예시 83】
○ 세상에 없는 것
① 정답 ② 비밀 ③ 공짜

◇ 정비공 법칙이라는 게 있다. 세상에는 정답 없고, 비밀 없고, 공짜가 없다는 것이다.

① **정답 없다** : 인생에는 정답이 없다. 어떻게 사는 게 잘 사는 것이고, 어떻게 사는 게 행복한 삶인지 기준이 없다. 왕도 스트레스 받고 단명할 수 있고, 거지도 비록 다리 밑에서 살더라도 행복한 삶을 누릴 수 있다는 게 인간의 삶이다. 그래서 인간은 공평하다.

〔아들의 정답〕

아들 녀석이 하도 조르는 바람에 할 수 없이 공기총을 사주었다. 아들 녀석은 좋아라 하고 총을 들고 밖으로 나갔다. 얼마 후 신나게 총 쏘는 소리가 들렸다. 아빠는 남의 집 유리창이라도 깰까봐 주의를 줘야겠다는 생각으로 밖으로 나가 보았다. 그런데 담벼락과 나무 기둥에 잔뜩 그려진 동그라미들을 살펴보았더니, 총알이 모두 동그라미 중앙에 정확하게 명중돼 있었다. 그걸 본 아빠가 눈이 휘둥그레져서 물었다.

– 아빠 : 얘야, 이거 모두 네가 맞춘 거냐?

- 아들 : 응, 아빠

- 아빠 : 어디서 쐈는데?

- 아들 : 저기서(아들이 20m쯤 떨어진 곳을 가리켰다.) 아빠는 아들이 사격의 천재라고 생각하면서 어쩌면 그렇게 총을 잘 쏠 수 있는지 물었다. 그러자 아들이 태연하게 대답했다.

- 아들 : 뭐, 그까짓 거 아무것도 아니야. 먼저 총을 쏘고 나서 총알이 맞은 데에다 동그라미 과녁을 그리면 되잖아. 그게 정답이야~~!!

② **비밀 없다** : 비밀은 없다. 살면서 비밀이 없다. 언젠가는 다 밝혀지게 되고, 신뢰감마저 잃게 된다. "너 한테만 알려주니까 비밀 약속해야 돼?"하는 순간부터 비밀은 무너지게 된다. 역사를 보더라도 한 때 비밀처럼 꼭꼭 숨겨진 사건도 진실이 밝혀지면서 신뢰를 무너뜨린 사건이 많다. 5.18 광주민주화운동도 점차 실상이 드러나고 있다.

〔잭슨 장군의 비밀〕

미국의 남북전쟁 당시 잭슨 장군은 기자의 질문을 받았다.

- 기자 : 장군님, 적에 대한 공격을 언제 감행할 것인지 말씀해 주실 수 있겠습니까?

- 잭슨(장군은 기자의 귀에다 대고 속삭였다.) : 여보게, 비밀을 지킬 수 있겠나?

- 기자 : 물론이죠, 장군님.

- 잭슨 : 나도 지킬 수 있다네.

③ **공짜 없다** : 세상에 공짜는 없다. 미국에서는 '공짜 점심은 없다.'는 말이 있다. 얼마 안 되는 점심 한끼도 결국에 그에 상응하는 대가를 치러야 한다는 뜻이다. 2018.4.6. 모 증권회사에서 우리사주

에 대한 배당금을 주당 1000원 대신 1000주를 입금하는 초유의 사고를 냈다. 이로 인해 총 3980만원이 지급될 것이 무려 112조원 어치 주식이 뿌려지는 결과가 됐다. 그중 직원 16명은 500여만 주를 시장에 팔아치워 주가를 급락시켰다. 무엇보다 잘못 입금된 것을 뻔히 알면서도 팔아치운 증권 임직원들의 공짜심리 행태는 용서하기 힘들었다. 결국 잘못 입고된 주식을 매도한 직원 등 24명에 대해 징계가 내려졌다. 모럴 해저드(도덕적 해이)가 아닐 수 없다.

〔오늘은 공짜 이발소〕

공짜라면 사족을 못쓰는 어떤 사람이 이발소 출입문에 '내일은 이발이 공짜'라는 광고를 보고는 "옳다구나, 내일 공짜 이발을 하자 꾸나" 그렇게 마음먹고 다음 날 이발소로 직행해서 공짜 이발을 하고 그는 주인장에게 "고맙습니다"라고 인사를 하고는 그냥 문 앞으로 걸어 나오려는 그 찰나에 이발소 주인장이 팔을 붙잡으며 "이발을 하셨으면 돈을 주시고 가시지요" 하더란다. 놀란 그는 눈을 크게 뜨고는 "오늘은 공짜 아닌가요?" 그러면서 광고판을 가리켰다. 빙긋이 웃고 있던 주인장 왈 "손님, 저 광고를 잘 보십시요" 그는 〈공짜〉라고 명시된 것을 재확인하면서 저기 〈내일은 공짜〉라고 씌여있는 거 맞잖아요?

"내일은 공짜라고 했지 오늘은 공짜라고 안했잖아요?"

6
유머의 응용

유머감각이 없는 사람은 스프링이 없는 마차와 같다. 길 위의 모든 조약돌마다 삐걱거린다.

— 헨리 워드 비처(1813~1887). 미국 목사, 노예폐지운동가

【예시 84】

○ I have a dream. 내 꿈은?

① 유머리스트 ② 명강사 ③ 영화감독

〈해답 : ③〉

◇ I have a dream(나에게는 꿈이 있습니다.) 누가 한 말인가? 지금 내가 한 말이다. 그 이전에 1963년 8월 28일 미국 워싱턴 DC에서 인권운동가 마틴 루터 킹 주니어(1829-1968)가 행했던 연설이다. 이 연설은 에이브러햄 링컨의 '케티스버그 연설', 존 F. 케네디의 '나는 베를린 시민입니다."와 함께 미국에서 가장 중요한 위치를 차지하는 연설로 손꼽힌다. 이 연설은 1893년 링컨의 노예해방 100주년을 맞이한 행사에서 한 연설이다. "나에게는 꿈이 있습니다. 언젠가는 조지아주 붉은 언덕에서 노예였던 사람들의 후손과 노예를 소유했던 사람들의 후손들이 함께 식탁에 앉아 식사하게 되리라는 꿈이 있습니다." 〈이하 생략〉

〔봉주르의 꿈〕

I have a dream. 나에게도 꿈이 있습니다. 내 꿈은 뭘까요? 나는 그 꿈을 잊지 않기 위해 이름 뒤에다 '봉주르 dream'이라고 드림을 영어로 적습니다. 나에게는 꿈이 있습니다. 내 꿈이 뭔지 아세요? 시인? 유머리스트? 명강사? 놀라지 마세요. 내 꿈은 영화감독이 되어 영화를 만드는 것입니다. 그 꿈을 이루기 위해 나는 지금도 열심히 시나리오를 쓰고 있습니다. 혹시 내가 영화를 완성하고, 영화 시사회 때 여러분들을 레드 카펫(red carpet)으로 초대 할테니 여러분은 오시겠습니까? 아~, 영화 제목을 말씀 안 드렸군요. 그럼 제가 공들여 쓰고 있는 영화 제목을 공개하겠습니다. 제가 심혈을 기울여 만드는 영화 제목은 바로 "부귀영화"입니다.

〔꿈 보다 노력〕

- 선생님 : 사오정은 꿈이 뭐야?

- 사오정 : (거침없이) 제 꿈은 재벌 2세입니다. 그런데 아빠가 노력을 안 해요.

선생님은 기가 막혀서 사오정 아빠에게 이 허황된 이야기를 들려주었다. 그러자 사오정 아빠가 더 기막힌 대답을 했다.

- 사오정 아빠 : 나도 재벌 아빠가 꿈인데, 아이가 노력을 안 해요.

〔중국작가 임어당의 꿈〕

① 현실 - 꿈 = 동물

- 꿈도 없이 현실에 얽매여 사는 삶은 동물의 삶과 다를 게 없다.

② 꿈 - 유머 = 광신, 열광

- 유머감각도 없이 꿈만 쫓는 사람은 광신도와 다를 게 없다.

③ 현실 + 꿈 = 사랑하는 마음

- 이상주의자이나 여유가 없다.

④ 꿈 + 유머 = 환상, 망상

- 너무 하늘만 바라보고 사느라 발밑을 모른다.

⑤ 현실 + 유머 = 현실주의(보수주의)

- 인생을 즐기며 사는 사람이다.

⑥ 현실 + 꿈 + 유머 = 지혜, 예지

- 현실적인 바탕 위에서 자신의 꿈을 키우며 유머감각을 겸비한 지혜로운 사람일 것이다.

【예시 85】

○ 한국은?

① 미소공화국 ② 성형소공화국

〈해답 : ②〉

◇ 미국과 소련은 원조 미소공화국. 영국이나 독일은 짝퉁 미소공화국. 그러나 우리나라는 아직도 불만 있는 사람처럼 얼굴이 잔뜩 찡그려져 있다. 웃으면 대박, 찡그리면 쪽박이라는 말이 있다. 얼굴은 내 것이나 표정은 내 것이 아니다. 내가 가지고 있는 얼굴 표정은 나는 볼 수 없지만 다른 사람은 볼 수가 있다. 보는 것뿐만 아니라 영향을 미치게 된다. 우리 몸에는 모두 10개의 굴이 있다. 그 중에서 7개의 굴이 얼굴에 있다. 두 눈, 두 귀, 두 콧구멍 그리고 입이다. 그러나 그런 굴에는 얼이 들어 있다. 그래서 얼이 들어 있는 굴이라 해서 얼굴이라고 부른다. 얼굴의 겉모습을 표정이라고 한다. 사람들은 얼굴을 보는 것이 아니라 표정을 본다. 그 표정이 웃는 얼굴이라면 더욱 아름다울 것이다.

〔오바마 취임선언 두 번하다〕

2009년 1월 20일 세계의 시선이 집중된 미국 대통령 취임식장에서 오바마 대통령은 대법원장의 실수로 '성실히(faithfully)' 순서와 '전치사(of를 to로)' 를 잘못 읽었다. 오바마는 대법원장의 선창시 실수를 알았지만, 미소를 지으며 그대로 따라했다. 그리고 다음 날 백악관에서 기자들이 지켜보는 가운데 대법원장과 천천히 실수 없이 다시 했다. 기자들이 왜 다시 하느냐고 묻자, "너무 재미있어서 다시 한 번 했다.'고 했다. ㅎㅎㅎ

◇ 국제미용성형외과협회 보고서에 따르면 2011년 기준 전체 성형수술 즉 미용수술 건수는 약 18만 건으로 우리나라는 세계 7위였으며, 인구 1만 명당 건수로는 약 130건으로 1위다. 따라서 대한민

국 헌법 제1조 '대한민국은 민주공화국이다.'를 빗대어 대한민국은 성형공화국이 되었다. 옛말에 '신체발부 수지부모 불감훼상 효지시야(身體髮膚 受之父母 不敢毁傷 孝之始也)'라 했다. 내 몸은 부모가 주셨으니 조금도 훼손하지 않고 온전하게 보존함이 효도의 시작이라고 했다. 그러나 외모지상주의는 삶의 여유와 돈을 벌 목적으로 인간의 몸까지 영리추구의 대상으로 간주하기 때문에 생긴 시대변화다. 그래서 '나를 낳으신 분은 어머니지만, 나를 만든 이는 성형외과 "의느님(의사+하느님)"이다.'는 말이 생겼다. '남자는 돈이 없으면 어깨가 쳐지고, 여자는 얼굴이 박색이면 고개를 수그린다.'고 하는 세태가 한심스럽다.

〔성형수술 유머-① 찾을 수 없다〕

맹순이가 친구에게 고민을 털어놓았다.

- 맹순 : 초등학교 친구 영자가 급하게 성형수술을 한다기에 5백만원을 빌려줬는데, 큰일이야~!

- 친구 : 근데, 왜 큰일이야?

- 맹순 : 그 지지배 얼굴이 변해서 찾을 수가 없잖아~~~!!!

〔성형수술 유머-② 너 인줄 몰랐다〕

50대 한 여인이 심장마비로 종합병원에 실려 갔다. 수술대 위에서 거의 죽음 직전에 이르자 여인은 하나님을 만났다.

- 여인 : 하나님, 제가 죽을 때가 됐나요?

- 하나님 : 미안하구나. 저승사자가 실수로 잘못 데리고 왔다. 아직 40년은 더 남았다. 더 살다 오너라.

(그녀는 회복한 뒤 비싼 돈을 써서 병원에 남아 성형수술과 지방흡입술, 복부지방 제거 수술까지 몽땅 받았다. 하나님이 "앞으로 40년은 더 살 것이다." 라고 했으니 이왕이면 예쁘게 사는 것이 좋겠다고 생각하고 그녀는 마지막 수술을 무사히 끝나고 병원에 나오다가 그만 달려오는 앰뷸런스에 치여 사

망하고 말았다. 그녀는 다시 하나님 앞에 서게 되자 따져 물었다.)

- 여인 : 하나님, 제가 아직 40년이나 더 산다고 하셨잖아요?
- 하나님 : 미안하구나. 너 인줄 몰랐다.

【예시 86】

○ 예쁜 여자의 가장 큰 낭비는?

① 명품백 구입 ② 화장품 구입

〈해답 : ②〉

◇ 남자들의 로망이 명품 자동차라면 여자들의 로망은 명품백이다. 여성들이라면 누구나 명품백 하나는 가지고 싶어 할 것이다. 패션 완성은 바로 명품백이다. 명품백의 가치는 나를 표현함에 있어서 말하지 않아도 드러내 놓고 노골적으로 "나 이런 사람이야" 라고 대변해 주는 역할을 한다. 인기 명품백도 순위가 있다. 2016년 1월 네이버 검색 조회수를 기준으로 우리나라에서 인기 있는 명품가방의 브랜드 선호와 가방 조회 수를 합산(PC 검색+모바일 검색) 결과 ① 루이뷔통(프랑스 브랜드, 명품에 관심 없는 사람들도 아는 대중적 브랜드 뤼이비통. 1930년대에 출시했던 '스피디 백'은 오드리 햅번이 가장 좋아했던 백으로 유명하며, 현재까지도 '베스트셀러'를 차지하고 있다.)

② 에르메스(프랑스 브랜드, 전 세계 여성들의 꿈의 가방, 완성도와 희소성이 있어서 1년 이상 대기자 발생)

③ 샤넬(프랑스 브랜드, 여성에게 최적화된 디자인, 최상류층을 겨냥한 '귀족 마케팅'으로 유명하다.)

④ 프라다(이탈리아 브랜드로 프라다는 왕실 공식 납품 업체다.

⑤ 구찌(이탈리아 브랜드이며, 젊고 세련된 감각을 상징) 순으로 나타났다.

[할머니의 똥가방]

어느 할머니가 저녁 늦게 집으로 가는 도중 갑자기 똥이 마려웠다. 그래서 아픈 배를 움켜잡고 이리저리 정신없이 화장실을 찾았다. 그런데 인심도 고약하게 화장실 문을 잠가 놓았다. 도저히 참을 수가 없어 힘들어 하는데 건너편에 〈24시 현금인출소〉가 보여 무작정 뛰어 들어갔다. 마침 아무도 없고 다니는 사람도 없는지라 신문지를 깔고 똥을 시원하게 쌌다. 할머니는 양심상 그냥 나올 수가 없어서 나중에 집에 가지고 와서 버리려고 신문지로 잘 포장해서 루이뷔똥마냥 옆구리에 끼고 나왔다. 그런데 문을 열고 나오자마자 어디선가 검은 오토바이 한 대가 소리도 요란하게 다가오더니 할머니의 신문지 뭉치를 휙 낚아채더니 번개처럼 달아났다. 그때 할머니는 외쳤다. "하나님, 이렇게 감사할 수가."

■ 똥을 루이뷔똥으로 알았나? 그러나 진짜 중요한 것은 장영희 서강대 교수가 쓴 글에 '내가 살아보니까 정말이지 명품백을 들고 다니든, 비닐봉지를 들고 다니든 중요한 것은 그 내용물이더라!'라고 말하고 있다. 화장품도 많은 명품이 있으나 여기에서는 논의하지 않겠다. 다만, 화장품을 안 발라도 예쁜 여자들까지도 화장품을 사서 화장을 하므로 큰 낭비(?)가 아닐 수 없다는 유머다.

[명화 - 거꾸로 거나, 바로 거나]

1961년 10월 18일 뉴욕의 현대미술관에서 열린 〈프랑스의 표현주의자 앙리 마티스 후기 작품전〉에 마티스(1869~1954)가 1952년에 그린 그림 〈보트 Le Bateau〉가 내걸렸다. 그러자 당대의 저명한 화가와 미술평론가, 화상을 포함한 11만 여명의 마티스 애호가들은 모처럼 보게 된 거장의 명작을 감상하며 연신 찬사를 보냈다. 그해 12월 4일, 마티스의 아들 피에르는 아버지의 작품을 잠깐 벽에서 떼어냈다가 다시 걸었다. 왜 그랬을까? 그 47일 동안 마티스의 작품은 위아래가 뒤바뀐 채 걸려 있었다.

〔명강의 - 헤밍웨이〕

미국의 소설가인 헤밍웨이가 강연 약속이 생겨서 시카고 행 여객기를 타려고 할 때였다. 갑자기 상원의원 한 사람이 나타나더니 중요한 일 때문에 급해서 그런다며 헤밍웨이가 예약한 좌석을 가로채고 말았다. 헤밍웨이는 할 수 없이 비행기를 포기해야 했다. 다음 비행기를 타고 시카고 강연장에 도착한 헤밍웨이는 깜짝 놀라 뒤집어질 뻔 했다. 자기에게 급하다며 예약된 좌석을 가로 챈 그 상원의원이 맨 앞줄에서 강연을 듣고 있었기 때문이다.

【예시 87】

○ 선생님은 김태희처럼 예쁘다?

① 직유법 ② 풍유법 ③ 과장법

〈 해답 : ③ 〉

◇ 수사학에서 비유법은 표현하고자 하는 대상을 다른 대상에 비겨서 표현하는 방법을 말하며 비유법은 직유법 · 은유법 · 활유법 · 의인법 · 대유법 · 풍유법 · 의성법 · 의태법 등 여러 가지가 있다. 유머에서도 비유법을 활용하면 일상적 · 표준적 용어에서 벗어나 긴장을 풀어주고, 신선하게 느껴지고, 수준도 높아지며, 메시지도 확장되고, 재미도 증폭된다.

〔주유소 알바〕

한 졸업생이 오랜만에 연구실에 찾아왔다.

- 교수 : 그래, 취업은 잘 했지?

- 졸업생 : 네, 교수님 덕분에 석유회사에 취업했습니다.

(교수는 이 불경기에 장한 일이라며 어깨를 두드려 주며 칭찬했다.)

- 교수 : 그래 어느 석유회사에 취직을 했나?

- 졸업생 : 아, 네……동네 주유소에서 알바하고 있습니다.

〔속담,격언 과장법〕

一笑一少, 一怒一老(한번 웃으면 한 번 젊어지고, 한번 화내면 한 번 늙어진다. 한국 속담)

웃으며 보낸 시간은 신들과 함께 지낸 시간이다.(일본 속담)

모든 날들 중 가장 완벽하게 잃어버린 날은 웃지 않고 지나간 날이다.(프랑스 속담)

웃어라, 온 세상이 너와 함께 웃을 것이다. 울어라, 너 혼자 울게 될 것이다.(미국의 여류시인 엘라 윌러 윌콕스)

〔부모님의 직업〕

학교에서 부모님의 신상정보를 적는 종이를 학생들에게 나누어 주었다. 그 종이에는 부모님의 직업을 적어 넣는 칸이 있었다. 한 녀석이 머리를 한참 쥐어뜯더니 휙~ 적어 넣더니 그 종이를 제출했다. 잠시 뒤 그 교실은 뒤집어졌다. 선생님이 아이들에게 퀴즈를 냈다. "부모님이 뻥튀기를 시장에서 파는 분이다. 이 직업을 뭐라고 하는지 아는 사람?" 고민 고민하던 학생들이 기권을 했다. "모르겠습니다!" 그러자 선생님은 칠판에 다섯 글자를 적었다. 교실은 뒤집어졌다. 곡물팽창업!

【예시 88】

○ 우리나라 3대 도둑 중 가장 큰 도둑은?

① 홍길동 ② 간장게장 ③ 가수 비

〈 해답 : ③ 〉

① **홍길동** : 조선 연산군 때 얼자(孼子)의 신분으로 충청도 일대를 중심으로 활약한 도적떼의 우두머리. 홍길동에 대하여는 탐관오리를 혼내주고 핍박받는 서민들을 위해 싸운 의적으로 인식하고 있다. 선조 때 허균이 지은 『홍길동전』의 모델이 되었으며, 인조 때 학자 이익은 『성호사설』에서 임꺽정, 장길산과 더불어 조선시대의 3대

도적으로 꼽기도 했다.

〔도둑의 유언〕

이름난 도둑이 임종을 앞두고 친한 친구와 가족들을 불러 유언을 남겼다. "내가 그동안 자네에게 신세를 많이 졌네. 그래서 소중한 것을 주려고 하네." 도둑은 눈물을 흘리며 말했다.

- 친구 : 다 죽어가는 마당에 뭘 준다고 그러나 이 사람아..

- 도둑 : 다이아몬드 반지 10개, 금괴 100개, 현금 100억… 자네에게 모두 주지

- 친구 : 어허 과분하네… 자네가 그런 돈이 어디 있다고 그러나…

- 도둑 : 아… 강남 재벌 OOO 안방 서랍에…

② **간장게장** : 봄과 가을에 가장 깊은 맛을 자랑하는 꽃게는 그 중에서도 1월과 3월이 특히나 제철이다. 찜이나 탕은 물론이고 예로부터 '밥도둑'으로 불려왔다.

〔늑대밥〕

어떤 노처녀가 결혼 이야기만 나오면 이렇게 말하곤 했다. "남자들은 모두 늑대야. 난 절대 늑대밥이 되지 않을 거야!" 그러던 어느 날 그녀가 갑자기 결혼을 하겠다고 발표를 했다. 친구들이 놀라서 물었다. "늑대밥은 되지 않겠다더니 어찌된 거야?" 그러자 그녀가 대답했다. 늑대도 먹고 살아야지…

③ **가수 비** : 우리나라 3대 도둑 중에 가장 큰 도둑은 가수 비(본명 정지훈). tvN에서 2015에서 가장 예쁜 얼굴을 가진 스타들의 외모를 공개했는데, 이영애, 전지현 등 기라성 같은 배우들을 제치고 김태희가 1위에 올랐다는 것이다. 아마 무결점 외모를 갖추었다는 탤런트 김태희를 뺏었다는 남자들의 질투심에 공공의 적 '도둑'이라는 반

응을 보인 듯하다.

〔도둑의 거짓말〕

어느 날 한 집에 도둑이 들었다. 도둑은 집에 집주인인 할아버지를 위협하며 "있는 돈 다 내놓으시오. 그러면 목숨만은 살려주겠다." 라고 했다. 그러자 할아버지가 도둑의 뺨을 때리며 하는 말 "예끼 이놈아, 병원 의사도 못 살린다는데 니가 어떻게 내 목숨을 살려 주겠다고."

【예시 89】

○ 모기가 좋아하는 가방은?

① 루이뷔똥 ② 구찌

〈 해답 : ② 〉

◇ 파리가 좋아하는 것은 루이뷔똥이다. 보통 '똥'이라고 부르며, 똥 중에서도 가장 비싼 똥은 루이뷔똥 클루니.

◇ 짝퉁과 명품의 구별법

① 비 올 때 머리에 쓰고 뛰는 것은 짝퉁, 가슴에 품고 뛰면 명품

② 남편이 사준 것은 짝퉁, 애인이 사준 것은 명품

③ 지하철에서 무릎에 놓고 있으면 명품, 선반에 올려두면 짝퉁

④ 낮 예배 때 꼭 챙기는 건 명품, 새벽기도 때 챙기는 건 짝퉁

⑤ 동창회에 들고 가는 것은 명품, 가족모임에 들고 가는 것은 짝퉁

⑥ 구입비용을 알면 명품, 구입비용을 모르면 짝퉁

⑦ 본인이 직접 구입한 것은 명품, 누군가에게 선물 받으면 짝퉁

⑧ 잘 보이는 곳에 보관하면 명품, 장롱 구석에 처박아 두면 짝퉁

⑨ 친구에게 빌려주지 않는 것은 명품, 쉽게 빌려 주는 것은 짝퉁

◇ 구찌는 베트남 구찌터널을 가리킨다. 무려 250km에 달하는 구찌터널은 원래 프랑스 식민 정부에 대응하기 위해 1948년부터 지하 1층 규모로 터널 형식의 땅굴로 개발하기 시작했다고 한다. 터널의 넓이와 높이는 80cm로 체형이 큰 미군들이 들어갈 수 없었고, 출입구도 위장되어 있어 발견이 어렵다. 현재 구찌터널 중 일부 지역이 관광객에게 개방되어 있다. 좁은 입구를 확장했고, 내부를 한 눈에 볼 수 있도록 했다. 내부에는 부엌, 식당, 침실, 학교, 심지어 조산소까지 설치되어 있다. 많은 사람들이 드나들다 보니 피를 빼는 모기들도 극성일 수밖에 없다. 따라서 구찌는 모기들이 좋아한다.

〔모기들의 문상〕

한 나그네가 하룻밤을 묵기 위해 싸구려 객줏집에 들어갔다. 그런데 방에 들어가 보니 빈대가 한 마리 있었다.

- 나그네 : 아이구, 여기 빈대가 있는 걸.

- 주인 : 걱정하실 것 없습니다. 이 빈대는 죽은 것입니다.

주위에 다른 객줏집이 없던 터라 그 나그네는 할 수 없이 그 방에 묵기로 했다. 이튿날 아침 주인이 와서 물었다.

- 주인 : 안녕히 주무셨습니까, 나리. 빈대는 확실히 죽은 것이었습죠?

- 나그네 : 음, 확실히 죽은 것이더군. 하지만 문상객이 굉장히 많더군.

◇ 세계보건기구 2014년 자료에 의하면, 사람을 가장 많이 해치는 생명체로는

1위 : 모기. 72만 5천명 사망. 일본뇌염, 황열병, 말라리아, 뎅기열, 지카바이러스 등 원인

2위 : 사람. 47만 5천명 사망

3위 : 뱀. 5만 명 사망.

인류와 모기의 전쟁은 오랜 역사를 가지고 있다. 그리고 그 전쟁

에서 인류는 번번이 패배를 경험했다. 그 중 가장 유명한 것은 1881년 시작된 파나마 운하 건설이 모기로 인해 중단된 사건이다. 모기에 물린 노동자들이 황열과 말라리아에 걸려 1,200여 명이 사망했고, 공사는 1884년 중단됐다. 기원전 2세기 대제국을 건설한 알렉산더 대왕 역시 모기에 물려 말라리아로 죽었다는 설도 있다. 모기의 천적은 새, 박쥐, 개구리, 잠자리 등이 있다. 모기의 천적은 박쥐다. 박쥐는 하루 3,000마리 모기를 먹어치운다. 미꾸라지는 모기 유충을 하루 1,100마리 이상 잡아먹는다.

【예시 90】

○ 누가 더 행복할까?

① 꽃을 주는 사람 ② 꽃을 받는 사람

〈 해답 : ③ 꽃을 파는 사람 〉

〔누가 더 행복할까?〕

우리는 어떤 행사가 있을 때 꽃을 주고받는다. 꽃은 보기에도 아름답지만, 꽃이 피면 달콤한 향기가 매력적이기 때문이다. 또한 꽃에는 '축하해요' '사랑해요' '고맙습니다' 라는 의미가 들어있기 때문이다. 그래서 입학식, 졸업식, 결혼식, 개업식이나 각종 축하 용도로, 어버이 날, 스승의 날 등 사랑과 존경, 고마움을 표현할 때, 연인에게 사랑을 표현할 때 꽃을 주고받는다. 꽃을 주고받을 때마다 궁금한 게 하나 있었다. 꽃은 주는 사람이 행복할까, 받는 사람이 행복할까? 정말로 궁금했다. 그래서 우리 동네 꽃집 사장님한테 물어봤더니, '사장님, 꽃은 주는 사람이 더 행복해요? 받는 사람이 더 행복해요?' 물었더니 사장님 껄껄껄 웃으시더니 '그야 파는 제가 가장 행복하죠!'

■ 그래서 깨달았다. '아하~!' 꽃은 주는 사람, 받는 사람, 파는 사람 심지어 보는 사람까지 행복하겠구나. 그때 피는 꽃이 '웃음꽃'이

겠구나 하고 생각했다. 웃음꽃은 계절에 관계없이 핀다. 그래서 행사 있을 때 꽃을 선물하나 보다 라고 결론을 내렸다.

◇ 의외의 답에 사람들은 웃게 된다. 거기 질문지에서 찾는 답이 두 개 중에서 하나 찾는 것인데 …… 하며 시비 거는 사람도 봤다. 그냥 하하하 웃는 사람도 있다. 의외의 답에 웃는 것이다. 산 너머 산이요, 꿈 너머 꿈을 꾸어야 한다. 때론 지문에서만 해답을 찾지 않는 게 유머의 창의성이다. 유머의 의외성이다. 유머의 유연성이다.

〔채찍 대신 화환〕

스위스 알프스에서는 저녁이 되어 소 떼를 몰고 집으로 돌아갈 때가 되면 농부는 들꽃으로 화환을 만들어 그날 우유를 가장 많이 만들어 낸 소의 목에 걸어준다고 한다. 화환을 목에 건 소는 다른 소들보다 고개를 조금 더 쳐들고 걷는다고 한다. 알프스의 소들은 채찍이 아니라 화환을 받음으로써 더 많은 젖을 내고, 주인에게 더 잘 순종한다고 한다. 행복한 젖소가 우유도 많이 만든다.

■ 탤런트 김혜자의 『꽃으로도 때리지 말라』는 책이 있다. 제목에서 풍기는 인도주의, 평화주의적 냄새가 짙다. 꽃으로도 때리지 말고, 말로도 때리지 말라. 상대를 폄하하는 유머로도 때리지 말라.

〔내 마음의 시 / 박완규〕

길을 가다가 길가에 핀
꽃 한송이를 보고
"너 참 예쁘구나" 라고 말하면
꽃이 행복할까요?
내가 행복할까요?' 〈이하 생략〉 ------- 내가?

◇ 그럼, 지금 옆 사람한테 "당신 참 예쁘네요"하고 말하면 '옆 사람이 행복할까? 내가 행복할까?' - 둘 다 행복하다. 꽃을 주고받는 행

위는 언제부터 였을까? 미국에서 꽃가게를 운영하는 남자가 연인에게 꽃가게의 모든 장미를 바치면서 사랑을 고백하는 데서 시작되었다고 한다. 꽃을 주는 의미는 주는 손에 아름다운 향기가 남아있기 때문이다. 만약 칼을 준다면 피비린내가 날 것이다.

〔성형수술의 여왕 장미〕

붉은색 장미는 정열적인 '사랑'의 상징이다. 그런데 피처럼 붉고 탐스러운 장미꽃 속에는 불편한 진실이 숨겨있다고 이우상 칼럼니스트는 말한다. 오늘날 꽃집에서 볼 수 있는 장미의 모습은 사실 사람들이 오랫동안 '성형수술'을 해온 결과이다. 꽃의 성형수술은 18세기 영국 왕실까지 거슬러 올라간다. 당시 사람들은 정원을 예쁜 꽃으로 채우기 위해 '교배육종'방식을 통해 꽃의 빛깔과 모습을 입맛대로 개량했다. 가령 붉은색 짙은 장미끼리 계속 교배해 더욱 짙은 꽃잎의 장미를 만들었고, 꽃잎수가 100장이 넘는 탐스런 장미도 꽃잎이 많은 품종끼리 교배시켰다고 한다. 가시가 적은 품종끼리 교배해 장미의 상징과도 같았던 가시를 거의 없앤 품종도 나왔다. 오늘날 절화용 장미도 꽃을 자르면 사계절 관계없이 60일 후면 새로운 꽃으로 올라온다. 그러나 25,000여 종의 다양한 장미를 만들어 낸 교배육종이지만, 만들지 못한 장미가 있다. 바로 '파란장미'다. 그래서 파란장미의 꽃말은 '불가능'이다. 파란색을 만드는 유전자가 존재하지 않기 때문이다.

【예시 91】

○ 생일 선물은?

① 백합꽃 ② 장미꽃 ③ 케익

◇ 결혼은 남녀가 함께 했는데, 선물은 왜 남자가 해야 하고, 여자

는 왜 선물을 기다릴까? 그것이 항상 궁금했다. 여자는 시집을 와줬기 때문에 받기만 해야 하나? 아니면 결혼으로 남편 밥해 주고, 아이 낳아 잘 키워서인가? 사실 그것하고 결혼 선물하고는 다르지 않은가? 함께 한 결혼이었으니 함께 선물 주고받든지, 함께 외식하든지, 함께 퉁~치든지 하면 되지 않을까?

〔백합꽃-장례식장〕

한 번은 장례식장에 갔더니 백합꽃 화환이 많이 진열돼 있었다. 마침 내일 결혼기념일도 다가 왔길래, 어차피 이 꽃들은 나중에 다 버릴 거라는 생각에 싱싱한 것 몇 송이를 뽑아서 집으로 가지고 왔다.

– 남편 : 여보, 내일 결혼기념일 축하해. 자, 꽃~~~!!!

– 아내 : 고마워, 아니 그런데 웬일로 꽃을 다 사오고?

– 남편(이 말을 하지 말아야 하는데 솔직해서) : 응, 장례식장 갔다가 내일 결혼기념일이고, 당신 생각도 나서 몇 송이 뽑아왔어.

〈그날 이후로 3박 4일 동안 혼자 밥을 먹어야만 했다.〉

〔장미꽃-예식장〕

한 번은 결혼식장에 갔더니 장미꽃이 예쁘게 진열돼 있었다. 마침 내일 아내의 생일이라 뭐 해줄까 생각했는데 …… 그래서 결혼식 끝나고 한 묶음 뽑아서 가지고 집으로 왔다.

– 남편 : 여보, 내일 아침 생일 축하해, 미리 꽃 받아

– 아내 : 아니, 어쩐 일로 이렇게 아름다운 꽃을 다 사왔데 …… 함박꽃처럼 웃는 모습이 천사 같았다.

– 남편(또 이 말을 하지 말아야 하는데, 다른 말로 돌렸어야 했는데, 난 너무 솔직해서) : 응, 예식장 갔다가 꽃이 너무 예쁘길래 몇 송이 뽑아왔어. 내일 당신 생일이잖아.

〈그날 이후로 2박 3일 동안 혼자 밥을 먹어야만 했다.〉

〔케익 글씨〕

꽃으로 낭패를 보자 이번에는 생일에 꽃 대신 케익을 준비하려고 동네 케익점에 전화로 배달 주문을 했다. 케익점 직원은 생일 메모를 넣어서 보내 드릴테니 멋진 글을 불러달라고 했다. 나는 "여보, 사랑해" 그 밑에는 "더욱 건강해" 이렇게 써주세요 라고 전화로 주문했다.

- 드디어 저녁에 케익이 왔다. 그런데 케익을 개봉하고서 우리 모두 놀라 뒤집어졌다. 생일 케익에는 이렇게 글씨가 쓰여 있었다. "여보, 사랑해 그 밑에는 더욱 건강해" 라고 한 줄로 쓰여 있었다. 아뿔사 '그 밑에는' 이라는 뜻은 '줄 바꾸어서' 라는 것이데 …… 한 줄로 붙여 쓴 것이다.

〔하필 20송이죠?〕

결혼 25주년을 맞이해서 아내에게 장미꽃 20송이를 선물했다.

- 아내 : 꽃이 왜 하필 20송이죠?

- 남편 : 우리 결혼생활 중에 행복했던 횟수를 꼽아보니 20년이었어. 25년을 함께 살아오면서 20년 동안 행복했으면 꽤 괜찮은 편 아니오?

- 아내 : (그 말을 듣고 잠시 고민하더니, 꽃병에 15송이를 꽂고 나머지 5송이는 휴지통에 버리는 것이었다.)

【예시 92】

○ 선호하는 글자는?

① 子(아들 자) ② 女(딸 여) ③ 妻(아내 처)

① **子(아들 자)** : 아들 자(子)를 좋아하시는 분은 매우 건강하신 분이다. 이런 분들은 음양탕(陰陽湯)을 꾸준히 드시는 분이다. 소주와 맥주를 섞으면 폭탄주가 되지만, 끓인 물과 찬물을 섞으면 건강수인 음양탕이 된다. 동의보감에 음양탕을 아침 공복에 마시면 위벽을 보호하고, 장내 연동운동을 하게 해서 건강하다고 했다. 21세기 건강의 적은 불규칙적인 생활 습관이다. 비만, 당뇨, 고혈압 등도 생활

습관 병인데, 이 분은 자기 관리가 철저하다. 저녁 늦게 주무시는 건강형이다. 왜냐하면 저녁에 아들이 자야 뭘 하지. 아들 잘 때만 기다리는 건강한 체질이다.

〔잠자는 아들〕

단칸방에서 가난하게 사는 부부와 그 아들이 있었다. 아들이 자랄 만큼 자라서 혹시나 볼까봐서 바쁜 일을 제대로 하지 못했다. 바쁜 일을 할 때마다 남편은 아들이 자나 안 자나 확인하려고 성냥을 켜서 아들 얼굴 위를 비춰 보고 잠이 든 것을 확인한 후 바쁜 일을 하곤 했다. 그러던 어느 날 밤, 역시 성냥을 켜서 아들 얼굴 위로 비추는데, 그만 성냥의 불똥이 아들 얼굴 위로 떨어지고 말았다. 그때 아들이 벌떡 일어나면서 하는 말 "앗 뜨거워, 내 언젠가는 나한테 불똥이 튈 줄 알았다니까…" ㅎㅎㅎ

② **女(여자 여, 딸 여)** : 이 글자를 좋아하는 사람은 대기만성 형이다. 이 분은 포기를 모른다. 한번 뭔가를 잡았다 하면 불도저처럼 밀고 나간다. 누군가 소크라테스에게 '선생님보다 더 똑똑한 사람이 있습니까?' 라고 물어보았다. 이 질문에 소크라테스는 "난 내가 무지하다는 사실을 알고 있지만, 저들은 저들이 무식하다는 것을 모른다. 내가 무지하다는 것을 알고 있기 때문에 나는 내가 더 똑똑하다고 본다."라고 대답했다고 한다. 그래서 소크라테스는 "너 자신을 알라"고 했나 보다. 저 분은 소크라테스하고 비슷하다. 즉 자신을 안다. 그래서 계속 공부한다. 주경야독하면서 석사, 박사 학위 따는 분은 다 이 글자를 좋아한다. 왜? 실력이 딸리니까…ㅎㅎㅎ

〔박사보다 높은 학위〕

석사. 박사보다 더 높은 학위는 "밥사"란다. 함께 밥 먹자. 언제 밥 한 번 먹자. 까칠한 세상 내가 먼저 따뜻한 밥 한 끼를 사는 마음이 석사. 박사보다 더 귀하다고 한다. 밥사보다 더 높은 것은 "술사"라고 한다. 힘들 때 고민을 함께 들어주고 술 사주는 사람이 더 높은 경지의 학위란다. 술사보다 더 높은 경지의 학위는 "다사"라고 한다. 밥도 사고 술도 다사면 눈물이 날 정도로 감동하게 된다. "다사"보다 더 높은 학위는 "감사"라고 한다. 항상 감사하고 사는 마음은 박사, 밥사, 술사, 다사보다 더 차원이 높다고 한다. 감사보다 더 높은 것은 "봉사"라고 한다. 어려운 이웃에게 재능과 재물 등의 기부로 나눔을 베풀면서 사회를 따뜻하게 만들어 가시는 분들이 계시기 때문에 행복한 삶을 맛볼 수 있는 것 같다. 그리고 공자. 맹자. 순자. 노자. 장자 보다 더 훌륭한 스승은 "웃자"라고 한다. 웃어라~! 웃음이 최고의 스승이다. 웃음이 최고의 명의다. 웃음이 최고의 마케팅이다. 웃음이 최고의 화장술이다. 웃음이 최고의 장식품이다.

[신사보다 유사]

(1) 열사(열심히 사는 삶) : 과거 우리 부모세대는 대가족을 부양하기 위해 자신을 삶을 포기하고, 희생하고, 인내하며 억척스럽게 살았다. 삶의 버거움을 벗어나기 위하여 먼 나라 중동이나, 월남 파병도 서슴지 않았던 세대이다. 열사는 인생을 눈물반 웃음반으로 살았던 세대다.

(2) 신사(신나게 사는 삶) : 밤낮없이 일하고 나니, 이제 내 집 마련, 노후 준비도 갖추게 되었다. 자식들도 시집 장가가고 나니 내 몸은 구부러지고, 아프고, 상처투성이가 되었다. 그러나 이렇게 살 수는 없다며 이제부터라도 내 삶을 찾자며 즐겁게 사는 방법을 찾기 시작한다. 노래 연습장에 가고, 골프도 배우고, 여행도 가고, 하고 싶은 취미 생활도 하면서 즐겁고 적극적으로 신나는 사는 삶을 찾아가는 세대이다.

(3) 멋사(멋있게 사는 삶) : 한번뿐인 인생길 과욕은 금물이다. 기계와 수단의 노예가 되어 권태롭게 사는 삶 보다는 자신의 행복을 중시하면서 사는 욜로(You Only Live Once)인생이다. 현재를 멋있게 즐기며 사는 인생이다. 내가 하고 싶은 것 찾아서 하고, 작은 것에서 행복을 찾고 내 자신을 멋지게 가꾸며 사는 삶이다.

(4) 유사(유머있는 삶) : 건강하게 살면서 흥미와 관심을 가지고 일을 즐긴다. 만나는 삶의 인연을 소중히 생각하며, 소유하기 보다는 공유하는 삶에 더 의미를 둔다. 긍정적인 태도로 즐겁고 재미난 삶을 추구하는 워라벨(Work-Life-Balance) 인생이다. 언제 어디서나 즐겁게 할 수 있는 장점 하나는 개발해서 즐겁게 이야기하고, 재미난 취미생활로 삶의 여유와 재미를 느끼며 이웃과 즐겁게 조화롭게 감동을 주고받으며 사는 삶이다. 상대가 "나이가 들어보이네요." 라고 말하면 "네 맞아요. 이따금 박물관에 화석으로 전시되기도 한답니다." 라고 말해 함께 웃기도 한다. 가족을 위해, 자신을 위해 열심히, 신나게, 멋지게 살았다면 이제부터는 자신과 이웃을 위해, 사회를 위해 유머러스한 삶을 누려보자.

③ **妻(아내 처)** : 아내 처(妻) 글자를 좋아하는 사람은 아내를 때리는 사람이 아니다. 요즘은 아내를 공경하지 않으면 못사는 시대이다. 한자를 보면,

- 인명재천(人命在天)이라는 말이 있는데 사람의 명은 하늘에 달렸다는 말이다. 그런데 이 말이 요즘 바뀌었다. 하늘 天자가 아내 妻로 바뀌었다. 인명재처(人命在妻), 사람의 명은 아내에 달렸다는 것이다.

- 명심보감에 순천자(順天者)는 흥(興)하고, 역천자(逆天者)는 망(亡)한다는 말이 있다. '하늘을 따르는 자는 흥하고, 하늘을 거스르는

자는 망한다.'는 뜻이다. 그런데 이 글자도 하늘 天(천)자가 아내 처(妻)로 바뀌었다. 즉 '順妻者는 興하고, 逆妻者는 亡한다.' '마누라를 따르는 자는 홍하고, 마누라를 거역하는 자는 망한다.' 라는 뜻이다.

- 운칠기삼(運七技三)도 운삼처칠(運三妻七)로 바뀌었다. 종전에는 운이 칠할, 자신의 기량은 삼이었으나, 요즘에는 운이 삼할(三割), 처에 의해서 칠할(七割)이 좌우된다는 것이다. 인류 역사상 마누라 말을 잘 들어서 출세한 사람이 있다. 처칠이다. 그래서 한자도 처칠(妻七)이라고 쓴다.

〔못 말리는 애처가들〕

- 햄릿형 : 다른 여자를 사랑하느냐, 마느냐 그것이 문제로다.
- 칸트형 : 순수 바람둥이 비판
- 예수형 : 안방에 계신 우리 마나님, 그 이름을 거룩하게 하시옵소서
- 링컨형 : 아내의, 아내에 의한, 아내를 위한 나
- 케네디형 : 아내가 나에게 무엇을 해줄 것인가 바라지 말고, 내가 아내에게 무엇을 해줄 것인가를 먼저 생각하라.
- 데카르트형 : 나는 아내만을 생각한다. 고로 존재한다.
- 소크라테스형 : 내 아내를 알자.

【예시 93】

○ 해석은?

① 人人人人　② can can can can

③ 者者者者　④ 長長長長

⑤ 師師師師　⑥ 가 가 가 가?

◇ 이것은 유머의 기법 중에서 펀(Pun : 말장난, 농담, 언어유희,

말놀이 등)이나 Wordplay(재담, 재치있게 말 주고받기, 곁말 등)으로 볼 수 있다. 말장난, 언어유희를 잘하려면 순발력이나 머리회전이 빨라야 한다.

① 人 人 人 人 : 사람 위에 사람 없고, 사람 밑에 사람 없다. 사람이면 다 사람이냐 사람다워야 사람이지로 해석할 수 있다.

② Can can can can : 캔은 통조림을 딸 수 있다.

Can〈사람이름〉 can(조동사), can(동사), can(통조림)

③ 者 者 者 者 : 잣자(者字) 붙인 사람이면 다 그런 者냐, 잣자(者字)를 붙일 만 해야 그런 者이지. 정치인이면 다 정치인이냐 정치인다워야 정치인이지. 후보자면 다 후보자냐 후보자다워야 후보자지

④ 長 長 長 長 : 어른이면 다 어른이냐 어른다워야 어른이지.

⑤ 師 師 師 師 : 스승이면 다 스승이냐 스승다워야 스승이지

⑥ 가 가 가 가 ? : 가(그 아이가) 가(가씨 성을 가진) 가(너 친구) 가?(그 아이지? 맞지?)

◇ 얼마든지 같은 말을 중복해서 해볼 수 있다. 이런 말의 시초는 아무래도 『논어』에 나오는 말로 중국 제(齊)나라 경공(景公)이 공자에게 정사에 대해 묻자 공자가 대답한 '군군신신부부자자(君君臣臣父父子子)'가 아닐까 한다. 임금은 임금다워야 하고, 신하는 신하다워야 하고, 아버지는 아버지다워야 하고, 아들은 아들다워야 한다. 각자의 직분에 충실할 때 모든 일이 잘된다는 것이다. 같은 말을 나열하면 재미있는 유머가 될 수 있다.

〔따,따,따불〕

밤에 할머니가 택시를 잡는데 택시들이 서지 않았다. 그래서 옆 사람들을 보니 따,따불이라고 하니 서는 것이다. 그걸 본 우리 할머니 따, 따, 따불하니 그 앞에 6대의 택시가 섰다. 그중 가장 맘에 드는 택시를 타고 골목골목으로 들어가서 할머니 집 앞에 내렸다. 요금이 5000원 나왔다. 할머니가 '요금

여기 있쑤다' 하고 5000원을 줬다. 그러자 택시기사 하는 말

- 택시기사 : 할머니! 아니, 따, 따, 따블이잖아유?
- 할머니 : 예끼 이눔아, 나이 먹으면 말도 못 더듬냐?

〔화장실 낙서 유머-①〕

① 신은 인간에게 "똑똑"할 수 있는 능력을 주셨다. 그는 똑똑했다. 나도 똑똑했다.

② 문밖의 사람은 나의 "똑똑"함에 어쩔 줄 몰랐다.

③ 젊은이여, 어서 일어나라. 그대가 지금 편히 앉아 있을 때가 아니다.

④ 내가 사색(思索)에 잠겨 있는 동안, 밖에 있는 사람은 사색(死色)이 되어간다.

⑤ 내가 밀어내기에 힘쓰는 동안, 밖에 있는 사람은 조여내기에 힘쓴다.

〔화장실 낙서 유머-②〕

지금 당신이 앉아 힘쓰는 이 자리는 20년 전 사장님이 앉아 고민하던 자리입니다. 오늘 당신은 사장이 되는 확실한 자리를 잡았습니다. 좀 더 힘을 쓰세요. 끙~~!!

【예시 94】

〈1〉 月火水木金土日　　〈2〉 日月火水木金土

〈3〉 月火水木金金金　　〈4〉 日月木火土金水

〈5〉 日木水金火土月　　〈6〉 日月火水金土日

2. 위의 요일 중 맞는 요일은?

① 읽는 방법은?　② 신이 만든 요일은?

③ 인간이 만든 요일은?　④ Can경영은?

⑤ Fun경영은?　⑥ 똑부는?

⑦ 똑게는?　⑧ 미친 요일은?

⑨ 인간을 지배하는 요일은?　⑩ 실행력이 뛰어난 요일은

① 月火水木金土日 읽는 방법은?

1. 동생 : 월화수목김토일

2. 형 : 월화수목금사일

3. 엄마 : 월화수목금토왈

4. 삼촌 : 육화수목금토일

5. 아빠 : 야~, 왕편 가지고 오너라.

② 신이 만든 요일은?〈2〉 신은 먼저 쉬고 놀으라고 했다.

③ 인간이 만든 요일은?〈1〉 인간은 일부터 하고 나서 쉬라고 한다.

④ Can경영은?〈1〉 열심히 일하라. 안되면 되게 하라.

⑤ Fun경영은?〈3〉 일이 즐거우면 토, 일요일도 잊고 일한다.

⑥ 똑부는?〈2〉 목표를 정하고, 잦은 회의와 지시를 하며 못 믿어 한다.

⑦ 똑게는?〈3〉 알아서 하리라 믿고 기다린다.

⑧ 미친 요일은?〈5〉 요일에 순서가 뒤죽박죽이다.

⑨ 인간을 지배하는 요일은?〈4〉 음양과 오행으로 되어 있다.

⑩ 실행력이 뛰어난 요일은?〈6〉 목(木)이 없다. 생각한 것을 바로 몸으로 실천할 수 있다.

〔요일별 웃기〕

① 월 – 원래 웃음이 많으면 건강, 대인관계에 좋고

② 화 – 화가 나도 웃으면 기분이 풀리고

③ 수 – 수시로 웃으면 좋은 인상을 남기고

④ 목 – 목이 쉬도록 소리 내어 웃으면 주위가 즐겁고

⑤ 금 – 금방 웃었는데 또 웃으면 기쁨이 두 배, 세 배

⑥ 토 – 토라진 얼굴보다 웃는 얼굴이 더 예쁘고

⑦ 일 – 일상에 지쳐 힘들더라도 웃을 줄 아는 유머리스트가 되자.

【예시 95】

○ 보신탕집 옆에 애견센타가 들어섰다.

① 무슨 효과는?

② 사자성어는?

③ 떡 돌렸을까?

◇ 한 동네 이면도로 옆에 보신탕집과 애견센터가 나란히 붙어 있다. 한쪽은 개를 죽여야 먹고사는 식당이고, 한쪽은 개를 필사적으로 살려야 먹고사는 집이다. 아마도 지나가는 사람들은 이 희한한 동거에 눈을 흘기거나, 묘한 웃음을 흘리는 건 뻔한 이치다. 혹시 한 사람이 다 운영하는 건 아닐테지? 선과 악을 함께 함으로써 중화시킨다고 믿는 건 아닐테고.

① **무슨 효과가 날까**? - 광고의 시너지 효과는 엄청날 것이다. 보신탕집과 애견센터를 한 번 보면 기억할테니까. 그러나 고객의 이용률은 매우 저조할 것이다. 보신탕 맨들이 보신탕 맛을 제대로 느끼겠는가? 마찬가지로 개를 데리고 보신탕집 옆 애견센터로 가자니 기분이 찝찝해서 다른 곳으로 피하고 싶을 것이다.

② **사자성어는**? - 보신탕집은 "죽기살기"로 버티려고 할 것이고, 애견센타는 "살기등등"하여 살리려고만 할 것이다.

③ **떡 돌렸을까**? - 개업식 때 떡을 돌렸을까 묻는 말인데, 애견센터 입장에서는 보신탕집은 지옥 같은 곳이라 떡을 안 돌렸을 것이다. 그러나 보신탕집에서는 애견센터는 천국 같은 곳이고, 사람이든 개든 밥이든 떡이든 먹어야 하므로 떡을 돌렸을 것이다. 그러다가 떡(?)이 돼서 돌아오지 않았을까?ㅎㅎㅎ

〔보신탕 주문-①〕

여직원과 함께 다섯 명이 삼계탕과 보신탕을 하는 집으로 갔다. 손님들에게 주문을 받는 아주머니가 와서 이렇게 말했다. "개 아닌 분 손드세요. 아저씨도 개? 아저씨도 개? 아저씨도 개? 아저씨도 개?" 이렇게 파악하더니, 주방을 향하여 "여기. 개 넷, 닭 하나요~!"

■ 사람이 개인지, 개가 개인지 헷갈리는 날이었다.

〔보신탕-②〕

대학에 들어간 딸이 '동물보호운동' 동아리에 들어갔다. 집에 와서 엄마에게 "세상에 사람들이 어떻게 개를 잡아먹어?"하면서 "아빠도 개고기 먹어?"하고 묻는다. 한참 생각하던 엄마가 점잖게 "애야, 그나마 아빠가 개고기라도 먹었으니까 너를 낳은 거야!" 헐~~!!

【예시 96】

○ 최고의 짝퉁은?

① 채플린 ② 이그노벨상

〈 해답 : ② 〉

〔찰리 채플린 닮은 꼴 대회〕

20대 시절 전성기를 누리던 찰리 채플린은 휴가차 모나코 휴양지 몬테카를로에 들렀는데, 마침 그곳에서 '찰리 채플린 닮은 꼴 대회'가 열렸다. 장난기가 발동한 찰리 채플린은 신분을 숨기고 그 대회에 참가했다. 당연히 본인이 찰리 채플린이기에 연습할 필요가 없었다. 그러나 심판관들은 그에게 3등을 주었다. 도대체 뭐가 어디서 잘못되었단 말인가? 대회를 마치고 찰리 채플린은 이런 말을 했다고 한다. "어쩌면 나를 잘 아는 사람은 내가 아닐 수도 있다." 명품 채플린이 참석했는데도 진짜 같은 가짜가 있었다.

◇ 짝퉁과 패러디(Parody)

짝퉁은 모조품을 가리킨다면, 패러디는 본래 문학작품에서 유명한 작가의 작품을 모방해 익살스럽게 변형하거나 개작하는 수법을 말한다. '개작시문(改作詩文), 풍자적으로 모방, 우스꽝스러운 것의 흉내' 등의 뜻으로 쓰인다. 명품을 그대로 복사해서 파는 짝퉁이 아니기 때문에 패러디는 상품으로 인정받고 합법적으로 유통이 가능하다. 패러디도 잘 활용하면 재미있는 유머가 될 수 있다.

〔술타령〕 / 시인 신천희

날씨야
네가
아무리 추워봐라
내가
옷 사입나
술 사먹지!

■ 술집에 걸려 있어 주당들의 웃음을 자아내게 하는 시이다. 그것을 패러디한 '물가야 아무리 올라봐라 우리가 안주값 올리나'는 원자재 인상으로 음식가격이 올라도 '우리는 올리지 않겠다'는 식당 사장님의 결연한 의지를 '술타령' 시를 패러디하여 재치있게 표현했다.

〔속담 패러디〕

■ 호랑이에게 물려가도 정신만 차리면 산다 → 호랑이에게 물려가도 휴대전화만 꽉 쥐면 산다.

■ 사공이 많으면 배가 산으로 간다. → 사공이 많으면 배가 빨리 간다.

■ 서당개 삼년이면 풍월을 읊는다 → 서당개 삼년이면 보신탕 감이다.

■ 소문난 잔치에 먹을 게 없다 → 소문난 잔치에 주차할 곳 없다.

■ 낮말은 새가 듣고 밤말은 쥐가 듣는다 → 낮말은 네티즌 수사대가 듣고 밤말은 트위터에 뜬다.

■ 콩 심은데 콩나고 팥 심은데 팥난다 → 콩 심은데 팥도 나고 팥 심은데 콩도 난다(유전공학의 발달)

■ 지렁이도 밟으면 꿈틀 댄다 → 지렁이도 밟으면 몸 개그 작렬한다.

■ 개천에서 용난다 → 강남에서 용난다.

■ 짚신도 짝이 있다 → 짚신도 짝이 없다.

■ 고생 끝에 낙이 있다 → 고생 끝에 골병 든다.

■ 가는 말이 고와야 오는 말이 곱다 → 가는 말이 거칠어야 오는 말이 공손하다.

◇ 노벨상을 패러디한 짝퉁 노벨상 '이그노벨상'

노벨상은 돈과 명예, 그 업적을 인정받을 수 있는 인류 최고의 상이다. 그런데 이 노벨상에도 짝퉁 노벨상이 있다. 이그노벨상(IG Nobel Prize)이다. 미국 하버드대에서 발간하는 과학유머잡지인 '『황당무계 연구 연보』(AIR, Annals of Improbable Research)'가 지난 1991년에 제정했다. 이 상의 이름인 '이그'는 '명예롭지 못한 진짜(Improbable Genuine)'라는 단어의 약자이다. 이그노벨상은 상금이 주어지지 않는다. 실제 논문으로 발표된 과학적인 업적 가운데 상식과 다른 재미있거나 엉뚱한 점이 있는 연구와 가치가 있는 업적이 있는 경우 이그노벨상을 수여한다. '엽기노벨상' '짝퉁노벨상'으로도 불리지만 올해로 28년을 이어왔다. 노벨상은 알프레드 노벨의 이름을 딴 것처럼 이그노벨상은 상을 만든 가공의 인물로 매년 10월 노벨상 수상을 발표하기 전에 9월에 시상식이 열린다. 수상자 심사와 선정은 노벨 수상자들이 맡는다. 이그노벨상은 평화, 사회학, 물리학, 문학, 생물학, 의학, 수학, 경제학, 환경보호, 위생의 10개 분야에 주어진다. 한국인 최초로는 '향기 나는 정장'을 개발한 공로로 1999년 FnC코오롱의 권혁호씨가 '환경보호상'을 받았다. 2000년에는 1960년 36쌍을 시작으로 1997년까지 국적과 이념, 성별을 넘어 3,600만 쌍을 합동결혼식을 성사시켜 세계 경제 공로에 기여했다는 이유로 문선명 교주가 '경제학상'을 수상했다. 2017년 수상자는 한국인 한지원 씨다. 민족사관고등학교 재학 당시 천천히 걷고 있는데도 손에 들고 있는 컵에서 커피가 주르륵 밖으로 흘러넘치는 이유는 무엇인가를 밝혀 '유체역학' 부문 수상자로 선정됐다. 한 씨는 같은 강도로 움직일 때 음료가 머그잔에서는 튀고, 와인 잔에서는 튀지 않는 사실에 주목하고 실험한 결과 사람이 걸을 때 컵에서 발생하는 공명진동수(4Hz)가 와인 잔보다 원통형 머그잔의 공명진동수가 더 컸다고 밝혔다. 수상자에게는 상금 10조 달러(한화로 약 1경 1075조원)나 되는 어마어마한 상금을 수여한다고 합니다. 그런데 아쉽게도 상금으로 준 돈은 남부 아프리카의 짐바브웨 달러입니다. 한화로 약 4천원이 조금 넘는다고 하네요.

◇ 아프리카의 짐바브웨는 2008년 하이퍼 인플레이션으로 2008년 1월에서 7월까지 물가상승은 300,000,000%, 하루 평균 물가 상승 98.66%. 미화 1달러 = 300조 짐바브웨 달러. 100조 짐바브웨 달러 인터넷 경매 가격은 2,000원~3,000원이라고 한다.

【예시 97】

○ 이세돌의 대국자는?

① 알파고 ② 알바고

〈해답 : ②〉

◇ 2016년 3월 9일부터 3월 15일까지 서울에서 이세돌 9단과 알

파고의 대국이 진행되었다. 총 5국으로 치러진 경기에서 알파고는 이세돌에게 4:1로 승리했다. 알파고(AlphaGO)는 구글 딥마인드가 개발한 인공지능 바둑 프로그램이다. 알파고는 바둑을 둘 때 알바생 대리인을 세웠다. 구글 딥마인드의 대만계 직원이자 아마추어 6단인 아자황이라는 엔지니어가 알파고를 대신해 바둑을 놓았다. 다시 말하면 이세돌 9단이 바둑돌을 놓으면 구글 딥마인드에서 채용한 알바생인 알바고 '아자황'이 알파고가 원하는 곳을 지정해 주면 그곳에 바둑을 놓는 방식으로 진행되었다. 알파고의 CPU(중앙처리장치)가 1200개다. 이세돌은 바둑 천재 훈수꾼 1200명하고 싸운 것이다.

[손님이 알바생을 임신시킴]

알바생이 신발가게에서 알바를 하는데, 손님의 발 냄새가 너무 심해서 헛구역질을 했다. 손님은 기분이 나빠질려고 할 때 알바생이 한마디 했다.

"죄송합니다. 제가 임신중이라서…"

■ 그 알바생의 센스있는 대처 능력으로 그 손님은 평생 고객됨은 물론 자기 회사 직원들의 스포츠 운동화나 등산화 단체 구입시 꼭 그 알바생을 찾았다고 한다.

[알바생이 고마워하는 손님 유형]

제1위 : 물건 가격 딱 맞춰서 돈 주는 손님 – 거스름 돈도 필요 없고, 카드 긁을 일도 없고, 그냥 돈 받아서 돈 통에만 쏙 넣으면 된다.

제2위 : 인사 받아주는 손님 - '안녕하세요, 수고하세요' 등 인사를 받아주는 손님이다. 들어오면서부터 환하게 인사해 주는 손님은 괜히 기분을 좋게 한다고 한다.

제3위 : 예쁘거나 잘 생긴 손님 – 지루하게 알바할 때 훈훈한 외모의 소유자분들이 손님으로 오실 때 반가웠다고 한다. 그냥 보는 것만으로도 안구정화가 된다고 한다.

제4위 : 오지 않는 손님 – 사장님이랑 같이 일하는 알바생들은 사장 눈치봐야 하지만, 혼자 일하는 경우 손님 없으면 혼자만의 공간이 되므로 놀면서 돈 벌 수 있으니 오지 않는 손님이 싫을 리가 없다는 것이다.

【예시 98】

○ 바둑 특성화 고등학교는?

① 알파고 ② 한바고

〈해답 : ②〉

◇ 2016년 이세돌과 알파고와의 대국 시 각종 신문이나 방송 MC들이 유머로 던진 말이 "요즘 중3 학부모들이 많이 찾는 바둑 특성화 고등학교는 어디인가?"라고 물었다. 그때 다른 MC는 주저 없이 '알파고'라고 이야기 했다. 그러나 앞에서도 언급했지만, 알파고는 구글 딥마인드가 개발한 바둑프로그램이다. 한바고는 전남 순천시 주암면에 있는 한국바둑특성화고등학교의 약자이다. 줄여서 '한바고'라고 한다. 인터넷에서 한바고를 치면 한국바이오고등학교가 나올 수도 있다.

〔바둑 아다리〕

한 교회의 장로님이 바둑에 푹 빠졌다. 밥 먹어도 바둑 생각, 일 하면서도 바둑 생각~ TV를 봐도 바둑 채널만 보신다. 틈만 나면 기원에 가는 것은 기본. 이런 장로님이 어느 날 교회에서 대표 기도를 하게 되었다. 정말 감동적인 기도를 하신 장로님… 기도를 마무리 하시면서 하신 말씀… 예수님의 이름으로 기도합니다~~~ "아다리~!"

〔바둑 이세돌〕

① 바둑은 3가지만 알면 된다 – 흰돌, 검은돌, 이세돌

② 알파고와 이세돌 – 알파고는 답을 모르면 오류발생, 인간은 모르면 알려고 한다.

③ 알파고가 이길 수 있지 뭐 – 인간이 기계한테 졌다고 감성을 팔고 그래? 우리 집 쿠첸(전기밥솥)은 나한테 밥하는 걸로 오래 전에 이겼는데 ……(http://me2.do/FtVhr6i3)

◇ 인터넷에 떠도는 각종 특목고를 보면

① 알파고 : 바둑 명문 고등학교

② 리디아고 : 골프 명문 고등학교

③ 미스고 : 미모 관리 명문 고등학교

④ 생활고 : 가난을 극복하는 학교

⑤ 냉장고 : 상하지 않게 보관해 주는 학교

⑥ 반창고 : 찢어지면 수습을 해주는 학교

⑦ 화약고 : 화약 전문 학교(한국화약부설)

⑧ 무기고 : 방위 산업 고등학교

【예시 99】

○ 이 없으면 (　　)로 산다?

① 잇몸　② 틀니

〈해답 : ②〉

◇ '이 없으면 잇몸으로 산다'는 속담은 낙천성을 보여주는 속담이다. 치아는 우리 몸에서 중요한 역할을 한다. 치아는 실을 끊거나, 맥주병을 따는데 이용도 하지만, 먼저 가장 중요한 기능은 음식을 자르고, 찢고, 부수고, 씹어서 소화하기 좋은 상태로 만드는 것이다. 즉 저작(咀嚼)기능이다. 또 하나는 발음기능이다. 치아는 우리가 정

확한 발음을 낼 수 있게 도와준다. 앞니 빠진 아이들이나 영구치가 빠진 어른신들의 발음이 부정확한 것만 보아도 알 수 있다. 마지막 기능은 아름다운 표정을 만들어 준다. 깨끗하고 고른 치아 상태는 신뢰가는 이미지를 준다. 다리가 없는 뱀은 온몸으로 기어간다. 그러나 요즘 의술의 발달로 이가 없으면 틀니나 임플란트로 이를 대신하기도 한다.

〔틀니를 바꿔 낀 목사님〕

틀니를 한 목사님이 계셨다. 그런데 틀니를 해서인지 설교 내용은 정말 좋은데 설교 중에 더듬거렸다. 그러던 어느 날 목사님의 설교가 전혀 더듬지 않고 청산유수와 같았다. 성도들이 큰 감동을 받아서 목사님께 물었다.

- 성도 : 아니, 목사님! 이렇게 유창한데 왜 그동안 더듬거리셨어요?

- 목사 : 예. 아침에 깜빡하고 아내 틀니를 끼고 왔더니 설교가 따발총처럼 마구 쏟아지네요.

〔틀니 잃은 시어머니〕

시어머니와 며느리가 모두 과부인, 종갓집에서 시어머니는 늘 며느리에게 말했다. “얘야, 우리 어금니 꽉 깨물고 참기로 하자” 그러던 어느 날 시어머니 방에서 한 남자가 나오는 것을 본 며느리가 화가 나서 시어머니에게 말했다.

- 며느리 : 어머님, 어금니를 꽉 깨물며 참자고 하시더니, 어떻게 그러실 수 있어요?

- 시어머니 : 아가야, 사실은 어제 틀니를 우물에 빠뜨려서 어금니를 깨물 수가 없었단다.

〔치아 교정〕

이가 삐뚤삐뚤해 친구들의 놀림을 받던 아이가 엄마에게 말했다.

- 아이 : 엄마, 이 교정해 줘. 이가 이상하다고 아이들이 놀려요.

- 엄마 : 얘, 그거 너무 비싸
- 아이 : 다 엄마 때문이야, 엄마가 날 이렇게 낳았잖아
- 엄마 : 아냐, 내가 너 낳을 땐 이가 없었어.

〔할머니 틀니〕

할머니가 양치질을 하기 위해 틀니를 빼서 세면대에 놓았다. 이를 본 어린 손자 녀석이 놀라움에 찬 목소리로 말했다.

- 손자 : 우와~! 할머니 대단하다. 이제 눈알도 빼봐.

【예시 100】

○ 시니어(senior)는?

① 짐이 된다. ② 힘이 된다.

〈해답 : ①〉

◇ 전통적인 할아버지, 할머니 호칭으로는 담을 수 없는 '더 건강하고 더 똑똑해진' 만 60~75세 사이의 사람들을 신중년이라고 한다. 과거에는 50대를 중년, 60~70대를 노년이라고 했지만 일본의 어느 학자는 요즘 사람은 옛날 사람보다 훨씬 영양과 의료발달로 젊게 생활하기 때문에 현재 자기 나이에 0.7을 곱해야 육체적으로, 정신적으로 실제적인 체감나이가 된다는 것이다. 이 나이 계산법에 따르면 지금 50세는 30년 전에는 35세이다. 지금 60세는 30년 전에는 42세이다. 70세인 사람은 49세가 된다. 120세는 84세가 된다는 것이다. 65세를 노인으로 정한 것은 1889년 독일에서 노인연금을 65세부터 지급한 것에서 비롯했다고 한다. 당시 평균연령이 50세도 안 되었다고 한다. 이제 노년은 몸 아프고, 돈 없고, 외롭거나 힘들고 외로운 시기라는 생각에서 벗어나야 한다.

〔주차금지〕

할아버지 할머니가 부부퀴즈 쇼에 출연했다. 할아버지가 문제를 내고, 할머니가 맞추는 것이다. (정답 : 주차금지였다.)

- 할아버지 : 차를 여기다 세우면 안 된다는 것을 네 글자로 하면?
- 할머니 : 대지 마라
- 할아버지 : 그거 말고 고사성어로
- 할머니 : 딴 데 대라.

◇ 그리스에 이런 속담이 있다. "노인이 없으면 빌려 오라" 아프리카의 어떤 나라는 "한 명의 노인이 사라지는 것은 소중한 도서관 한 개가 불타는 것과 같다." 우리 속담에는 "노인의 말을 들으면 자다가도 떡이 생긴다" 농경사회에서 노인은 존경의 대상이요, 지혜의 대상이었다. 그런데 요즘 노인은 어떠한 평가를 받는가? 판단 미숙아나 꼰대로 대접받는다. 시니어(senior)는 단순한 고령자가 아니라 인생 선배다. 시니어(senior)는 짐(쓸모없는 물건)이 아니라 짐(朕, 왕)이다. 그래서 백발은 인생의 면류관이다.

〔노인의 지혜-①〕

노인의 고려장 풍습이 있던 고구려 때 박정승은 노모를 지게에 지고 산으로 올라갔다. 그가 눈물로 절을 올리자 노모는 '네가 길을 잃을까봐 나뭇가지를 꺾어 표시를 해두었다'고 말했다. 박정승은, 자기를 버리려고 하는 상황에서도 자식을 생각하는 노모를 차마 버리지 못하고 몰래 국법을 어기고 노모를 모셔와 봉양을 했다. 그 무렵 당나라 사신이 똑같이 생긴 말 두 마리를 끌고 와 어느 쪽이 어미이고 어느 쪽이 새끼인지를 알아내라는 문제를 냈다. 못 맞히면 조공을 올려 받겠다는 것이었다. 이 문제로 고민하는 박정승에게 노모가 해결책을 제시해 주었다. "말을 굶긴 다음 여물을 주렴, 먼저 먹는 놈이 새끼란다." 이러한 노모의 현명함이 나라를 위기에서 구하고 왕을 감동시켜 이후 고려장이 사라지게 되었다는 일화가 전해진다. 왕도 해결 못한 것을 한 노인이 풀었다.

◇ 영국 런던정치경제대학 사회과학 교수 캐서린 하킴이 제시한 '매력자본'이라는 개념이 있다. 매력자본은 돈과 재능, 인맥 못지않게 제4의 자본이라고 한다. 매력자본의 요소는 ①아름다운 외모, ②성적인 매력(인간관계 기술), ③활력(신체적 건강함, 사회적 에너지, 훌륭한 유머), ④사회적 표현력(패션, 헤어스타일, 화장법 등) 등이 있다. 매력자본의 가치는 나이가 들어도 쇠퇴하지 않는다. 오히려 더 좋아질 수 있다. 노인에게는 지혜와 여유가 있기 때문이다.

〔노인의 지혜-②〕

오래전 인디언들은 넓은 평원 한복판에 장막을 치고 살았다. 그러던 어느 날 평원에서 불이 나더니 마을을 향해 사방에서 덮쳐오는 거센 불길에 마을 사람들은 발만 동동 구르고 있었다. 그때 한 노인이 모두에게 큰소리로 외쳤습니다. "큰 원을 그려 그 안에 불을 지르자!" 마을 사람들은 이해가 되지 않았지만, 노인의 말대로 했다. 불에 타버린 공간이 어느 정도 나타나자, 노인이 외쳤다. "모두 그 불탄 자리 위에 올라서시오!" 노인은 한 번 불에 탄 자리는 다시 불이 탈 수 없다는 사실을 알았기에 마을 사람들을 지혜로 무사히 구해내었다.

【예시 101】

○ 오 마이 갓! (oh my god!)의 해석은?

① 오 주여! ② 오 주모!!

〈 해답 : ② 〉

◇ oh my god!은 놀람, 충격, 믿을 수 없는 상황 등에 무심결에 외치는 말이다.

〔자식 자랑〕

천주교 신자 다섯 명이 로마의 한 카페에서 커피를 마시며 대화를 나누고 있었다.

– 첫 번째 신자가 말하기를 "내 아들이 신부인데, 그 애가 나타나면 사람들은 'Father' 라고 부르지요.(Father는 신부(神父), 사제의 존칭)

– 두 번째 신자가 말하기를 "내 아들은 주교인데, 그 애가 나타나면 사람들은 'Your Grace' 라고 불러요.(Your Grace는 예하(猊下), 주교의 존칭)

– 세 번째 신자는 "내 아들이 추기경인데, 그 애가 나타나면 사람들은 머리를 숙이고 'Your Eminence' 라고 부른답니다.(Your Eminence는 전하〈殿下〉 추기경의 존칭)

– 네 번째 신자는 "내 아들이 교황인데, 그 애가 나타나면 사람들은 허리를 숙이고 Your Holiness' 라고 부르지요(Your Holiness는 성하〈聖下〉, 교황의 존칭)

(네 명의 신자들은 자랑스런 표정으로, 다섯 번째 신자를 쳐다봤다.)

– 마지막 신자는 "나는 딸이 있는데, 38-24-36 몸매를 가진 그 애가 나타나면 사람들은 모두 'Oh my god!' 이라고 외친답니다.

〔갓길의 유래〕

강의를 하러 가는데 늦게 출발한데다 설상가상으로 교통체증으로 길도 막히고 있었다. 이 상태로 가다간 10분 정도 늦을 수 있다. 300명이 기다린다. 아, 갑자기 불안해지고, 현기증이 난다. 짜증을 내봐야 혈압만 오른다. 이럴 때는 눈감고 기도하는 게 상책이다. 우리 몸에 힘이 있듯이 기도에도 힘이 있다. 하나님의 힘을 빌려야 한다. 눈을 감고 기도했다. "신이시여! 약속시간에 맞춰서 갈 수 있도록 저에게 길을 열어주소서!" 그리고 눈을 떴더니 거짓말 같이 앞길이 뻥 뚫려 있었다. 열심히 달렸다. 최선을 다해 열심히 달려왔다. 그래서 지금 도착했다. 여러분, 이 길이 무슨 길인지 아십니까? 갓길입니다. 신이 주신 길, 갓(god)길~!〈유머작가 신상훈〉

◇ '주모~!'는 한국인이나 한국팀이 스포츠 분야에서 두각을 나타내면 네티즌들이 너도너도 '주모!'를 찾는다. 그들의 활약에 취했다

는 뜻이다. 최근 테니스 선수 정현이 호주오픈 남자 단식 준결승에 진출하자 온라인 곳곳에서는 '주모'를 찾는 목소리가 끊이질 않았다. 한국 박항서 감독이 이끄는 베트남 U-23(23세 이하) 축구 대표팀이 AFC(아시아축구연맹) U-23참피언전에서 준우승을 차지했을 때는 "내가 베트남 경기를 보며 '주모'를 외치다니"라며 열광했다. 2015년 영국 토트넘으로 이적한 손흥민 축구 선수가 잘 할 때마다 "주모"를 오치는 한국인들을 보고 현재 팬들이 "Jumo!"라며 외치기 시작한 것이다. 영국 출신 프로게이머 해리슨 폰드도 이 표현을 배워 게임에서 승리할 때마다 "오~주모!"를 부른다.

'주모'라는 표현은 원래 인터넷 게시판에서 한국 사람들이 술, 마약에 취한 듯 현실을 부정하고 한국을 찬양한다며 붙인 비난조의 단어였다. 그러나 이 단어가 신분세탁을 한 건 2013년 미 프로야구(MBL)에 진출한 LA다저스 소속 선수 류현진이 그해 3월 LA 에인절스와 벌인 시범 경기에서 4이닝 동안 12명의 타자를 단 한 명도 내보내지 않는 퍼펙트 피칭을 선보이자 이 표현은 야구 관련 인터넷 게시판에서 응원의 구호로 불리기 시작했다. 〈조선일보. 2018.2.10.〉

【예시 102】

○ 맛이 어때요? 공통으로 들어갈 내용은?

1. 양주 +(　　)

2. 라면 +(　　)

① 소주　② 오줌　③ 김치　〈해답 : ②〉

◇ 어느 사람이 복권에 당첨되어서 이제는 떵떵거리며 살겠다고 필리핀으로 이민을 갔다. 경치 좋은 곳에 저택을 지어놓고 가정부도 몇 명 두고 살았다. 그는 고급 술병도 몇 개 진열해 놓고 만족한 듯

살고 있었다. 어느 날 진열장에 있던 고급 양주가 조금씩 없어지는 것 같았다. 아니 없어지고 있었다. 그는 가정부의 짓일 거라고 생각하고 가정부에게 물었다.

- 사장 : 아주머니, 술 좀 한잔 하세요?

- 가정부 : 아니요, 저는 술은 입에도 안 댑니다.

사장은 가정부가 손사래 치며 완강히 거절하기에 궁리 끝에 양주가 다 떨어지자 새로운 양주병을 진열해 놓았다. 그런데 그 양주병에는 양주와 비슷하게 자신의 오줌을 넣었다. 가정부를 골탕 먹이려는 속셈이었다. 며칠 후 양주가 거의 다 비워갈 즈음에 다시 가정부를 불렀다.

- 사장 : 아주머니, 양주 조금씩 마시죠?

- 가정부 : 전혀 안 합니다.

- 사장 : 에이, 그러면 저기 진열장에 양주가 왜 조금씩 없어지죠?

- 가정부 : 아하, 그거요. 말씀드린다는 게 깜빡 잊었네요. 음식 요리할 때 술의 알콜 성분이 재료의 잡내를 잡아주고, 음식의 맛과 향 그리고 감칠맛까지 더해주기 때문에 제가 조금씩 넣었어요.

[오줌 라면]

군대 생활할 때 밤 10시만 넘으면 고참은 나에게 라면을 끓여오라고 했다. 어느 날 감기 몸살이 나서 쉬고 싶은데 고참은 예외 없이 나를 흔들며 라면을 끓여오라고 했다. 나는 몸살감기로 오늘 하루 쉬면 안 되겠냐고 사정했지만, 고참은 군기가 빠졌다며 빨리 끓여오라고 했다. 나는 찌뿌둥한 몸으로 라면을 끓이러 나갔다. 서럽고 한심하다는 생각이 들자 라면에 물 대신 오줌으로 상당히 채웠다. 그리고 수프를 넣고 잘 저어서 고참한테 드리고 잠을 청했다. 그런데 조금 후에 고참이 부르는 것이다. 빨리 오라는 것이다. 도둑이 제발 저리다고, 혹시 이상한 냄새를 맡고 눈치 챘나 걱정이 되었다. 고참은 옆에 앉으라고 하면서 라면을 먹으라는 것이다. 나는 괜찮다고 적극 사양의 의사표시를 했음에도 고참은 "너 오늘 아프다며, 오늘 특별히 봐줄테니 이거 먹어!" 오~ 마이 갓~! 안 먹을 수도 없고 깨작거리며 먹자, 국물까지 시원하게 다 마시라는 것이다. 그날 저녁 나는 오줌으로 끓인 라면을 울며 겨자 먹기로 먹어야만 했다. 그런데 이상한 일은 아침에 일어나니 신기하게도 몸살 감기는 거짓말처럼 싹~ 나았다. 몸도 가뿐해졌다. 혹시라도 여러분 중에 감기 몸살 날 때 나한테 말해주면 내가 군대 라면처럼 맛있게 끓여 주겠습니다.

【예시 103】

○ 강원도인의 평균수명은?

① 100살 ② 500살

〈해답 : ②〉

◇ 내 나이가 몇 살로 보이는가? 놀라지 마라. 내 나이는 350살이다. 강원도 사람은 평균수명이 500살이다. 그러니 나는 아직도 피끓는 청춘이다. 그런데 이곳 대전에 내려오니까 100살 정도 되면 최장수하는 것이고, 곧 죽을 것으로 받아들인다. 내가 왜 강원도 사람은 500살을 사는데, 이곳 사람들은 100살을 한계수명으로 알고 있는가? 조사를 해 보았다. 문제는 노래 가사에 있었다. 예를 들면 우리 고장 강원도의 3대 민요인 강원도 아리랑, 정선 아리랑과 더불어 '한오백년'이다. 한오백년 가사는 이렇다. '한 많은 이 세상 야속한 님아 / 정을 두고 몸만 가니 눈물이 나네 / 아무렴 그렇지 그렇고말고 / 한오백년 살자는데 웬 성화요 / 〈이하 생략〉 강원도 사람들은 이 가사 내용대로 한오백년을 산다. 그런데 이곳 남쪽 사람들은 왜 100년 이상을 못 내다볼까? 조사해 보니 이 또한 노래 가사에 문제가 있었다. 남쪽 사람들이 잘 부르는 노래는 남진의 '님과 함께' 가사인데, 내용은 '저 푸른 초원 위에 / 그림 같은 집을 짓고 / 사랑하는 우리 님과 / 한백년 살고 싶어 / 〈이하 생략〉 이 가사 내용대로 한백년을 산다.

◇ 내 나이를 공개하면 나이60세+공무원37년+결혼30년+공부25년+시인26년+등산30년+강원도20년+대전40년+테니스25년+큰아들30년+작은아들27년. 350년 이것이 다 내가 살은 거다.

〔340년 된 후배 요절〕

어느 날 340년 된 후배가 죽었다고 연락이 왔다. 깜짝 놀라서 그 젊은 후배가 왜 요절했느냐고 물어봤더니, 그 후배의 직업이 장의사인데, 죽는 사람이 없어서 굶어주었다고 한다.

〔약장수 나이〕

강원도 시골 전통시장에서 두 명의 약장사가 불로장생한다는 약을 팔고 있었는데, "내 나이가 300살이 지났건만 이렇게 팔팔하게 원기 왕성합니다." 지나가던 행인이 옆에 있던 조수에게 물었다. "저 사람 그렇게 나이가 많다는데 맞소?" 조수가 말했다. "그건 저도 알 수가 없소. 이 분과 일한 지 겨우 200년 밖에 안 되었으니까요."

〔495살 된 노인 이혼〕

강원도 우리 동네 495살 된 동네 어르신이 이혼하겠다고 한다. 성격이 안 맞아서 이제는 함께 못살겠다는 것이다. 그래서 제가 이혼 하려면 진작 하시지 왜 495년이 지난 지금 이혼하려고 하느냐고 물었더니, 젊었을 때는 아이들 때문에 못했고, 이제는 아이들도 다 컸으니 이혼해야겠다는 것이다.

〔노인 부부〕

100미터 밖에서 아내를 불렀는데 대답이 없으면 아내가 조금 늙은 거고, 50미터 밖에서 불렀는데 대답이 없으면 많이 늙은 거고, 10미터 밖에서 불렀는데 대답이 없으면 심각한 상태라고 회사에서 들었다. 이 남편은 자신의 아내가 어느 정도 늙었을까 궁금해져서 이 방법을 써보기로 했다. 회사를 나오면서 100미터쯤에서 아내를 불렀다. "여보~, 오늘 저녁 메뉴가 뭐야~" 대답이 없었다. 아, 마누라가 늙긴 늙었나 보다. 다시 50미터쯤 거리에서 아내를 불렀다. "여보~ 오늘 저녁 메뉴가 뭐야~" 역시 대답이 없다. "아~ 내 마누라가 이렇게 늙었단 말인가" 다시 10미터 거리에서 아내를 불렀다. "여보! 오늘 저녁 메뉴가 뭐야?" 또 대답이 없다. "아!!! 내 마누라가 완전히 맛이 갔구먼" 탄식을 하며 집에 들어섰는데 주방에서 음식을 열심히 만들고 있는 아내의 뒷모습이 애처롭게 보였다. 측은한 마음이 든 남자가 뒤에서 아내의 어깨를 살포시 감싸 안으며 나직히 물었다. "여보~ 오늘 저녁 메뉴가 뭐야~?" 아내가 말했다. "야~! 이 영감탱이야, 내가 수제비라고 몇 번을 말했어!"

〔99세 시집낸 일본 할머니 시바타 도요〕

99세의 시바타 도요(1911~2013), 일본 열도를 감동시킨 시인. 92세에 아들 권유로 처음 시를 쓰기 시작. 신문사에 투고, 6000대 1의 경쟁률을 뚫고 등단. 산케이신문 '아침의 노래' 코너로 첫 데뷔. 자신의 장례비용 100만 엔으로 98세에 첫시집『약해지지마』발간. 초판 3000권이 1주일 만에 품절, 다시 재판을 찍은 후 1만부 판매. 7개월 만에 70만부. 2012년 160만부 돌파. 동시처럼 단순하고 일상소재가 대부분이지만 많은 사람이 감동!

〔늙지 않는 쥐〕

인터넷 기업 구글의 생명공학 계열사인 '칼리코'는 늙지 않는 두더지쥐 '벌거숭이두더지쥐'의 노화가 진행되지 않는 이유를 밝혔다. '벌거숭이두더지쥐'는 수명이 32년으로 같은 몸짓의 쥐보다 수명이 10배나 길다(사람으로 치면 800살 산다). 암에도 걸리지 않고, 통증도 느끼지 않는다. 심지어 산소가 없어도 18분을 견딜 수 있다. 칼리코의 버펜스타인 박사는 '벌거숭이두더지쥐는 DNA나 단백질 손상을 바로 잡는 능력이 탁월하다. 나이가 들어도 그 능력이 계속 유지되는 것이 늙지 않는 비결이다'라고 밝혔다.

【예시 104】

○ 극장 조조할인은?

① 鳥鳥할인 ② 早朝할인

〈해답 : ①〉

◇ CGV 영화관 매표소 앞에 鳥鳥할인이라고 붙여 있었다. 나는 순간 왜 早朝할인이 아니고 는 鳥鳥할인이지? 하며 약간 갸우뚱 했지만, 곧 알 수 있었다. 앞자 새 조(鳥)자의 鳥는 아침반이다. 오전 10시 이전에 오는 커플(종달새족)에게는 8,000원×2명=16,000원인데, 50%할인 해주고, 8,000원만 받는다. 뒤에 鳥자는 심야(23시)에 오는 커플(올빼미족)에게는 8,000원×2명=16,000원인데 10,000원만 받는다는 것이다. 일종의 편경영이다.

즉 조조(鳥鳥)할인… 鳥(종달새족 〈鷭, 종달새 약〉) : 2매 = 8,000원, 鳥(올빼미족 〈梟, 올빼미 효〉) : 2매 = 10,000원

〔장비할인〕

조조할인만 하자, 장비가 화가 나서 고래고래 소리 지르며 극장을 두들겨 부수며 아수라장으로 만들었다.

- 극장 사장 : 장비 어른 왜 그러십니까?

- 장비 : (화가 나서) 야, 왜 조조만 할인해 주고 장비는 할인 안 해주는 거야?

- 극장 사장 : 아이고, 잘못했습니다. 앞으로는 무조건 장비도 할인해 드리겠습니다.

그 후부터 장비도 할인을 받게 되었다. 등산장비 할인, 골프장비 할인, 테니스장비 할인

〔나이 할인〕

어떤 50대 중년 여성이 마트에 갔다. 한 매장의 점원이 반갑게 맞으며 말했다.

- 점원 : 어서 오세요. 젊고 멋져 보여요!

- 중년 여인 : (기분이 좋아진 중년 여성이 물었다.) 그래요? 제가 몇 살이나 돼 보이는데요?

- 점원 : 30대 초반 아니세요?

- 중년 여인 : (헤벌쭉해진 중년 여성이 말했다.) 어머나, 그렇게 봐주니 고맙네요.

- 점원 : (그러자 방정맞은 점원의 입에 붙은 멘트가 나왔다.) 뭘요, 저희 마트는 뭐든지 30% 할인해 드려요!

〔어느 마트의 할인 기준〕

1. 생활보호대상자 10% 할인해 드립니다.
2. 전통한복 차림으로 오신 분 15% 할인해 드립니다.
3. 짚신 신고 오신 분 20% 할인합니다.
4. 경운기 타고 오신 분 20% 할인해 드립니다.
5. 검정 슈트에 빨간 양말 신고 오신 분 20% 할인합니다.
6. 여친 소개시 50% 할인해 드립니다.

【예시 105】

○ 한자 교육은?

① 똥(糞) ② 오줌(尿)

〈 해답 : ① 〉

〔 힌트 〕다음의 예문 중에서 공통으로 들어가는 한자는?

① 똥에 소비세를 붙이는 건 말도 안 된다.

② 국외로 똥을 가지고 나가려다 세관에 걸렸다.

③ 세무서 앞에서 미인이 똥을 싸고 있다.

■ 짐작은 했겠지만, 위 예문의 정답은 "세(稅 : 세금 세, 거둘 세)"이다. 최근 일본의 한자 교재 베스트셀러는 똥 시리즈로 만든 책『똥벼락 초등한자 300』이 인기다. 2개월 만에 200만부 이상이 팔렸다고 한다.

○ 다음의 중국말은 무엇인가?

① 화장실은 어디입니까? - 워따똥싸?

② 참았다가 보시면 안됩니까? - 이따똥싸?

③ 저기가 화장실입니다. - 저따똥싸

■ 일본에서는 '웅꼬(똥)'을 모티브로 한 독특한 한자 학습서가 인기를 얻고 있다. 기존의 딱딱한 학습서가 아닌 '웅꼬(똥)'라는 언어와 한자라는 의외의 조합이 어린이들의 관심을 끌고 있다. 일본 초등학생은 6년간 1006자를 배운다. 한자 1개당 3문장씩 총 3018의 예문이 모두 "똥"으로 된 문장 시리즈이다.

◇ 똥을 한자 학습서의 소재로 만든 발상을 2년 전 영상 디렉터인 후루야 유사쿠 씨가 만든 '똥 센류'의 상품화를 계획했던 본쿄사의 야마모토 슈지 사장이 "어린이가 배우는 한자와 똥을 묶으면 어린이들이 좋아할 수 있겠다"며 아이디어를 낸 것이다. 호세이대 심리학의 와타나베 야요이 교수는 '부모와 어린이가 커뮤니케이션하면서 공부하면 학습 효과를 높일 수 있다고 강조했다.'

◇ 그동안 한자 공부하면서 재미있다는 소리를 거의 안 했는데, "똥"으로 한자 교재를 만들자 어린이들이 너무 흥미(興味) 있어 하며 아이 스스로 책을 떠들어 보고 있다고 한다.

◇ 예시 〔感 : 느낄 감〕

① 똥똥이는 돌고래의 똥을 보고 감동을 받아 엉엉 울었다.

② 저 똥은 자신감이 넘쳐 보인다.

③ 나의 지극한 정성에 똥은 감사의 눈물을 흘렸다.

■ 일본인들은 똥 예문과 똥 이미지가 너무 재미있고 머리에도 쏙쏙 들어와 기억에도 오래 남는다는 것이다. 무엇보다 어휘력을 확장시키는데 도움이 될 것으로 기대하고 있다.

【예시 106】

○ 박근혜 꽈당~!

⇒ 처칠이라면?

◇ 2013.11.06. 영국으로 국빈 방문 중이던 박 대통령이 런던시장 주최 만찬에 참석하던 중 차에서 내리다가 한복에 걸려 꽈당 넘어졌다. 박 대통령의 '아이구' 하는 신음과 주변에서 '오오오~' 염려하는 소리가 들렸다. 박 대통령을 영접하기 위해 기다리던 기포드 런던시장 내외와 청와대·정부의 의전·경호 관계자들은 화들짝 놀랐으나, 다행히 총탄에 맞았거나, 다리가 부러지지는 않았다. 박 대통령은 염려하는 사람들에게 영어로 "Dramatic entry(극적인 입상이네요)"라고 우려를 웃음으로 반전시키며 주위를 안심시킨 뒤 행사장으로 들어갔다. 박 대통령은 3시간에 걸친 만찬을 끝마치고 나오면서 환송하는 기포드 시장 내외에게 "Quiet exit(퇴장할 땐 조용히)"라고 또 한 번 재치 넘치는 유머로 영국 측 인사들을 웃음바다로 만들었다. 여기서 보면 처음 "Dramatic entry(극적인 입장이네요)"만으로 끝났다면, 미안하니까 그럴 수도 있겠지 하고 끝났을 수도 있다. 단막극의 유머로 40점 정도의 유머일 수 있다. 그러나 뒤에 "Quiet exit(퇴장할 땐 조용히)"가 앞의 유머와 결합됨으로써 박 대통령의 "Dramatic entry(극적인 입장이네요)와 "Quiet exit(퇴장할 땐 조용히 가겠습니다.)" 이 두 마디는 곧바로 조합이 되면서 유머의 극적인 상승효과는 몇 배가 되었다. 영국 언론은 박대통령의 뛰어난 유머감각을 칭찬했다.

〔처칠이라면〕

이런 경우 처칠이라면? 영국 역사상 가장 위대한 지도자라는 윈스턴 처칠이 연설하러 의사당 강단으로 올라가다 꽈당~! 하고 넘어졌다. 이때 의원들이 와~~하고 웃자. 처칠은 "제가 넘어져서 영국 국민들이 즐겁게 웃을 수만 있다면 다시 한 번 넘어질 수도 있습니다."라는 위트에 의원들은 폭소를 터뜨렸다는 유명한 일화가 있다. 두 지도자는 난처한 상황에서 유머로 반전시키는 뛰어난 능력을 가지고 있었다.

【예시 107】

○ 박근혜, 대전은요?

⇒ 레이건 대통령이라면?

◇ 2006년 5월 20일 지방선거 유세 중 가해자가 휘두른 문구용 칼에 피습당하여 안면에 깊은 자상을 입었다. 다음 날 대전 유세 지원이 있을 예정이었으나 못가고, 수술에서 깨어나자 '대전은요?' 하며 끝까지 당원들에게 선거 판세를 물어보면서 오히려 당 안팎에서 높은 지지를 얻은 계기가 되었다고 한다. 그 사건 이후로 선거의 여왕으로 자리 잡았다고 한다.

〔레이건 총격〕

헐리우드 배우 출신인 레이건은 캘리포니아 주지사를 거쳐 1981년 미국의 제40대 대통령으로 당선되었다. 그러나 워싱턴 DC에서 1981년 3월 30일 당시 6번의 총성이 울렸고, 대통령은 왼쪽 가슴에 총을 맞고 쓰러졌다. 백악관 대변인과 경호원들도 총상을 입고 병원에 옮겨졌다. 저격범은 25세의 존 헝클리였다. 레이건은 중상을 입었을 때의 일이다. 간호사들이 지혈하기 위해 레이건의 몸을 만졌다. 레이건은 아픈 와중에도 간호사들에게 "우리 낸시에게 허락을 받았소?"라고 해서 웃음을 자아냈다. 얼마 후, 낸시 여사가 나타나자 "여보, 미안하오. 내가 헐리우드 있을 땐 총알도 잘 피했는데, 납작 엎드리는 걸 깜빡 잊었어."

〔레이건 연주회 유머〕

레이건 대통령은 백악관으로 유명 피아니스트를 초청해 연주회를 열었다. 연주회가 끝난 뒤 무대로 올라가던 낸시가 실수로 발을 헛디뎌 우스꽝스럽게 넘어지고 말았다. 당황한 나머지 얼굴이 빨개진 아내를 보고 레이건이 큰소리로 말했다. "여보, 분위기가 썰렁해서 박수나 웃음이 필요할 때 넘어지기로 하지 않았소?" 그 순간, 많은 사람이 큰 박수와 환호를 보냈다.

【예시 108】
○ 북한 3인방 아시안게임 폐막식 방문?
⇒ 오바마 대통령이라면?

〔북한 3인방 깜짝 방문〕

2014년 10월 4일 인천아시안게임 폐막식에 참석한 북한 실세 황병서 총정치국장, 최룡해 당 비서, 김양건 대남비서 3인방의 깜짝 방문을 두고 국내뿐만 아니라 세계의 이목을 끌었다. 정부 당국과는 사전에 어떠한 의제 조율도 없었다고 한다. 또한 김정은의 메시지조

차 없었다. 청와대 방문도 사양했다. 남북관계가 냉각된 상태에서 대통령 예방까지 가능한 특사 이상의 고위급 인사들이 단순히 북한 선수들의 사기진작을 위해 갑작스럽게 참석을 결정했다고 보기는 어렵기 때문이다. 어쨌든 우리는 폐막식 끝나고 그들을 보내고 말았다.

〔오바마와 하퍼의 맥주내기〕

2010년 2월 28일 벤쿠버 동계올림픽의 화려한 피날레는 캐나다와 미국의 남자 하키 결승전이었다. 미국의 오바마 대통령은 남자 하키 결승전 승부를 놓고 캐나다 스티븐 하퍼 총리와 맥주내기를 하였다. 그런데 결과는 캐나다팀이 연장전까지 가는 접전 끝에 미국팀을 3:2로 제압함으로써 캐나다 하퍼 총리는 미국 대통령으로부터 미국에서 가장 오래된 상표의 맥주로 동부지역에서 가장 인기를 끌고 있는 잉링 맥주 1박스를 받게 되었다. 참고로 하키는 캐나다의 국기(國技)이다. 미국은 미식축구.

〔미국-캐나다 백악관 대변인 경기복 입기 내기〕

미국 로버트 기브스 백악관 대변인도 지난 26일 열린 미국-캐나다 여자 하키 결승전을 앞두고 캐나다 총리실 대변인과 내기를 걸었다. 내기에서 패한 쪽이 상대팀의 경기복 상의를 입고 기자회견을 해야 한다는 것이다. 백악관 대변인은 미국 여자 하키팀이 2대 0으로 패하는 바람에 백악관 기자회견 때 캐나다 유니폼을 입고 브리핑을 하였다. 기자들이 낯선 유니폼에 깜짝 놀라며 그 이유를 묻자 대변인은 게임에서 져서 이 유니폼을 입게 되었다고 설명했다.

〔오바마 유머〕

한창 경선 중인 대선 후보들이 도마에 올랐다. 오바마는 야당의 대선 후보인 트럼프는 외교경험이 없다고 지적하자 트럼프는 "수년 동안 숱한 세계 정상을 만났는데 무슨 걱정이냐?"고 반문했다. 오바마가 그 정상들을 하나씩 예로 들면서 박장대소가 쏟아졌다. "미스 스웨덴, 미스 아르헨티나. 미스 파나마…" 1990년대 미스유니버스 조직위를 인수해 미인대회를 주최한 트럼프를 비꼰 것이다.

〈 참고문헌 〉

강헌구, 『박수받는 힘』, ㈜위즈덤하우스, 2014.
김계옥, 『유머가 능력이다』, 스몰빅라이프, 2017.
김진배, 『유머로 여는 3분 스피치』, 도서출판무한, 2000.
김진배, 『성공하는 리더를 위한 유머기법』, 뜨일돌, 1999.
만프레트 가이어, 『웃음의 철학』, 글항아리, 2018.
박남기, 『최고의 교수법』, 쌤앤파커스, 2017.
박봉주, 편(fun)경영에 대한 교직원들의 인식 연구. 한국교원대 석사학위 논문. 2015.
박인옥, 최원호, 『유머로 리드하라』, 북인, 2011.
밥 돌, 『대통령의 위트』, 도서출판 아테네, 2014.
밥 로스, 『펀경영』, 시아출판사, 2008.
신상훈, 『유머가 이긴다』, ㈜쌤앤파커스, 2010.
신상훈, 『유머있는 사람과 일하고 싶다』, 도어즈, 2015.
앨런 클라인, 『유머의 힘』, 밀라그로, 2017.
이동규, 『행복은 유머를 먹고 자란다』, 북코리아, 2012.
이상훈, 『유머로 시작하라』, 살림, 2011.
이상근, 『해학 형성의 이론』, 경인문화사, 2004.
이상근, 『성공하는 사람들의 유머테크』, 매월당, 2009.
이상준, 『웃음과 유머, 그 비밀의 문을 열다』, 오피니언리더커뮤니티, 2005.
이윤석, 『웃음의 과학』, ㈜사이언스북스, 2011.
이요셉, 『인생을 바꾸는 웃음전략』, 뜨인돌, 2005.
임붕영, 『유머의 법칙』, 미래지식, 2009.
오익재, 『펀경영』, 월간조선사, 2005.
유머를 즐기는 모임, 『IMF유머로 단숨에 끝내기』, 시인과촌장, 1998.
조관일, 『이기는 유머 끝내는 유머』, 현문미디어, 2016.
조관일, 『강의 유머 기법』, 위즈덤하우스, 2009.
최규상,황희진, 『긍정력 사전』, 도서출판 보보스, 2010.
최규상, 『유머 손자병법』, 도서출판 작은씨앗, 2015.
후나세 순스케, 『우리가 몰랐던 웃음치료의 놀라운 기적』, 중앙생활사, 2017.
한광일, 『펀(fun) 경영 리더십』, 미래북, 2007.

유머를 알면 인생이 바뀐다

유머리스트 봉주르 박봉주

발 행 일 | 1쇄 2018년 7월 17일
2쇄 2018년 12월 17일
지 은 이 | 박봉주
발 행 인 | 李憲錫
발 행 처 | 오늘의문학사
출판등록 | 제55호(1993년 6월 23일)
주 소 | 대전광역시 동구 대전로867번길 52(한밭오피스텔 401호)
전화번호 | (042)624-2980
팩시밀리 | (042)628-2983
전자우편 | hs2980@hanmail.net
카 페 | cafe.daum.net/gljang(문학사랑 글짱들)
| cafe.daum.net/art-i-ma(아트매거진)

공 급 처 | 한국출판협동조합
주문전화 | (070)7119-1752
팩시밀리 | (031)944-8234~6

ISBN 978-89-5669-929-5
값 15,000원